BENJAMIN V. STUCKRAD-BARRE

Livealbum

W0326605

*Buch*

Ein Autor auf Lesereise, unterwegs mit dem eigenen Werk: mal vor ratlosen Müttern in der alternativen Stadtteilbibliothek, dann vor einer popkonzertartigen Zusammenkunft junger Menschen in einem Club, auf dessen Bühne sonst Gitarrenbands auf Applaus warten, immer schwankend zwischen Größenwahn und Aufgabe. Wie verändert sich ein Mensch, wenn er jeden Nachmittag Interviews und jeden Abend den Entertainer gibt? Das Foto in Zeitschriften vertrauter erscheint als das Spiegelbild? Was sucht und findet man auf einer Bühne und dahinter, wer steht davor, und wer steht das durch?

»Livealbum« erzählt von Höhenflügen und Abstürzen, von skurrilen Erlebnissen mit dem Kulturbetrieb und dessen Personal, von überwältigendem Feedback und irritierenden Rückkopplungseffekten.

*Autor*

Benjamin v. Stuckrad-Barre wurde am 27. Januar 1975 als viertes Kind einer Pastorenfamilie in Bremen geboren, lebt in Berlin, schreibt Bücher und arbeitet journalistisch für verschiedene Zeitungen, darunter die »FAZ«, »Die Woche«, »Allegra«, »Stern« und »Welt am Sonntag«. Darüber hinaus moderiert er für den Fernsehsender MTV.

Von Benjamin v. Stuckrad-Barre außerdem
als GoldmannTaschenbuch lieferbar:

Remix 1. Texte 1996-1999 (45167)
Blackbox. Unerwartete Systemfehler (45166)
Soloalbum. Roman (45203)
Philip Reichardt (Hrsg.): Eine Woche in Deutschland.
Das neue jetzt-Tagebuch (54113)

Benjamin
v. Stuckrad-Barre

# LIVEALBUM

GOLDMANN

*Umwelthinweis:*
Alle bedruckten Materialien dieses Taschenbuches
sind chlorfrei und umweltschonend

Der Goldmann Verlag ist ein Unternehmen
der Verlagsgruppe Random House GmbH

Genehmigte Taschenbuchausgabe Oktober 2002
Copyright © der Originalausgabe 1999
by Verlag Kiepenheuer & Witsch, Köln
Lizenzausgabe mit freundlicher Genehmigung
Umschlaggestaltung: Walter Schönauer
Druck: Elsnerdruck, Berlin
Verlagsnummer: 45204
JE · Herstellung: Sebastian Strohmaier
Made in Germany
ISBN 3-442-45204-X
www.goldmann-verlag.de

3 5 7 9 10 8 6 4 2

In der Moral eines Unterhaltungskünstlers muß nur eines Priorität haben, das Wissen nämlich, daß die Leute, die gekommen sind, ernsthaft bedient werden wollen.

FALCO

*dies – wie ohnehin alles*
*für Anke*

*to know you is to love you*
*to love you is to be part of you*

*(Versmaß! Aber von Madonna gesungen,*
*kommt es magischerweise hin.)*

# LET ME ENTERTAIN YOU!

## Show #1

Unmöglich. DAS konnte es doch nicht sein. Ich guckte durch das mit schwarzen Vögelwarnvögeln beklebte Fenster hinein in die hall of blame – da saßen 40 Neunjährige! Andererseits natürlich besser als neun 40jährige, also ging ich durch die mit meinem Plakat beklebte Tür.

– Guck mal, da isser, murmelten die Kinder. Ich sagte in bester Michael Schanzemanier

– Guten Abend, na? Dann wollen wir mal loslegen, oder?

Statt mir zu antworten, kicherten sie und riefen

– Frau Bender, er ist daha!

Da kam Frau Bender um die Ecke, und ich sagte den Vertretersatz Nummer 1

– Ah, Frau Bender, richtig, wir hatten telefoniert.

Frau Bender schüttelte mir die Hand und bestätigte gerne, daß wir telefoniert hatten. Richtig. Viel sonst war leider nicht zu sagen, und ich war deutlich zu früh da.

– Kommen Sie doch erst mal mit in mein Büro.

Ja, gerne. Backstage wollte ich. Aber es gab ja gar keine Bühne, bloß eine Ecke mit Tisch, Lampe und einem Mikrophon, mit dem wahrscheinlich im Ersten Weltkrieg schon Hörbücher von Ernst Jünger aufgenommen worden waren: „The Stahl Tapes Vol. 1–7“; also so ein GANZ altes Mikrophon, bei dem man auf eine Sprechtaste drücken muß, als würde man den „nächsten, bitte“ reinrufen.

– Hier können Sie sich aufhängen, probierte sie einen Witz.

– Da haben Sie recht, das ist ja alles ganz merkwürdig hier.

– Och, finden Sie? wurde sie nun schnippisch und reichte mir einen dieser labbrigen schwarzen Plastikkleiderbügel, für die es überhaupt nur eine einzige Bezugsquelle gibt: mit „Bitte mitnehmen! Gratis!!" beschriftete Pappkartons vor dem Eingang schlechtlaufender Boutiquen.

– Kleiner Scherz, sagte ich hilflos. Können wir?

Sie war beleidigt

– WIR können. Die Frage ist, ob SIE können.

– Ja, ok, gut, also von mir aus können wir dann.

– Guten Abend, sprach ich in das museale Mikrophon hinein. Und – ein Wunder, daß sie nicht salutierend aufsprangen – im Chor scholl es zurück: Guten Aaaabend!

Mit einem Finger mußte ich die ganze Zeit auf den Mikrophonknopf drücken, mit der anderen Hand das Buch aufhalten, denn noch stellten sich die Seiten auf, wenn man es aufgeklappt auf den Tisch legte. Am Ende meiner Lesereise würde das bestimmt nicht mehr so sein. Da wäre dann der Lack ab, der Leim auch, und das Papier gewellt, weil soviel Champagner draufgeflossen war. Rascheln, Husten, Lachen, Ratlosigkeit. Andere begannen ihre Welttournee in einem überfüllten Stadion in San Diego, ich in der Kinderbuchecke einer Samtgemeinden-Bibliothek in Bad Irgendwas. Etwas war schiefgelaufen, Koordinationsmängel, keine Ahnung. Ich wünschte meine in solch ausweglosen Situationen ganz bestimmt patent reagierende Agentin herbei. Sie würde mit einem einzigen Anruf aus Holland einen Bus Rentner herbeikommandieren, die den Saal vollmachten, also mit sich. Ich wollte ein Applausband! Und Bonbons für gute Stimmung. Ich wünschte, Jostein Gaarder zu sein, nur einen Abend lang, und solche Situationen zu lieben und für meine Arbeit zu benötigen, auf jeden Fall, das stand fest, mochte ich nicht mehr dort sitzen. Um die Bilderbücher-Rollcontainer schlängelte sich eine lange, verwanzte Plüschpython, auf der die Kinder saßen, an ihren Fingern lutschten und mich erwartungsvoll anstarrten. Ich begann zu lesen. Da kam einmal das Wort „Scheiße“ vor, und sie lachten. Ich probierte es nochmal, baute einfach zwei Sätze später ein weiteres „Scheiße“ ein – und es funktionierte, sie lachten schon wieder! Zustimmung ist dem Bühnenarbeiter der konstruktivste Ratgeber, doch sollte ich jetzt eine knappe Stunde lang dauernd Scheiße sagen? Und würden sich das die mitgekommenen Eltern bieten lassen? Die Eltern hatten sich an die sogenannten Packtische vor den Schließfächern gelehnt. Dort soll man die ausgeliehenen Bücher in die vorher weggeschlossenen Rucksäcke oder Taschen füllen, nach dem Entleihen, damit nicht soviel geklaut wird.

– Jaaaaa, sagte ich. Ich habe auch Musik mitgebracht. Wollen wir vielleicht ein bißchen Musik hören?

– Ok, warum nicht, war so der Tenor.

Gut. Neben mir stand auf einem Teewagen ein Kompaktanlagenmodell, das Jugendliche in den 80er Jahren oft zur Konfirmation bekamen, heute ist man da technisch weiter, und es gibt viel bessere (zugleich billigere) Geräte aus Japan, Taiwan oder so. Kinderarbeit aber auch hier in der Bibliothek: Weil mein Buch viel zu selten das Wort Scheiße beinhaltete, mußte ich improvisieren. Den Kindern war es ziemlich egal. Hauptsache, es passierte was.

– Wollen wir vielleicht Reise nach Jerusalem spielen?

Ein höchstens 11jähriger fragte, ob vorher eine Rauchpause drin sei.

– Jaa, ja klar, sagte ich, dankbar für jeden Vorschlag, dachte an die Eltern auf den Packtischen und revidierte schnell

– Nee, Quatsch, rauchen, dafür bist du doch noch viel zu jung, gewöhn dir das gar nicht erst an.

Da lachten alle Kinder, sie lachten lauter als bei jedem „Scheiße" zuvor. Das Eis war nicht gebrochen, aber Tauwetter setzte ein, notierte ich in den Blankoseitenanhang für eigene Beobachtungen und Weisheiten in meinem kleinen Taschenratgeber „Evangelische Kommentare für viele Lebenslagen".

Dann spielten wir Reise nach Jerusalem. Die erste Runde gewann ein schielendes Mädchen namens Claudia, und ich schenkte ihr ein Buch, in das ich „für Claudia" reinschrieb, dabei sehr profihaft hochguckte und „Mit C, nehme ich doch an" sagte. C war richtig.

– Jetzt wollen wir mal eure Eltern spielen lassen, paktierte ich geschickt, und die Eltern winkten ab, aber die Kinder riefen alle zusammen einschüchternd „Angsthasen, Angsthasen, Angsthasen, Angsthasen!", und, na gut, dann machten die Eltern doch mit.

Herr Schönefeld gewann, aber ich hatte kein Buch mehr zum Verschenken dabei, und da sagte der Herr Schönefeld netterweise, daß er das überleben werde. Herr Schönefeld hatte meiner Meinung nach auch geschummelt, denn zum Schluß, als nur noch er und die Frau Brandauer um den letzten verbliebenen Stuhl herumliefen und ich ganz laut den ungefähr zwölfminütigen Aphex Twin-Remix von Celine Dion laufen ließ, schlich er feige beinahe in der Hocke um den Stuhl herum, er saß schon fast und hat auch ein bißchen geschubst. Aber da es ohnehin keinen Preis für Herrn Schönefeld gab, sah ich davon ab, ihn nachträglich zu disqualifizieren.

– Gut, danke, das war's, sagte ich, weil mir nichts mehr

einfiel, und die genügsamen Dorfbewohner applaudierten freundlich, die Kinder holten sich Autogramme, jeder wollte plötzlich eins haben, weil irgendwer damit angefangen hatte. Im Zug hatte ich Autogramme schreiben geübt, verschiedene Varianten, übrig blieben der dadaistische Fußballprofikringel und der kompliziert ausgeschnörkelte Trickbetrügeralptraum. Jetzt am Anfang fiel noch jede Widmung individuell aus. Einige Kinder kamen wieder und beschwerten sich

– Hier, bei Mario haben Sie viel mehr geschrieben.

Meine erste Lesung war überstanden, und nun gab es Geld. Hinterzimmer, Geldkassette, nachzählen, herrlich. Meine Agentin hatte mir erklärt, manchmal gebe es das Geld schon vorher, aber zumindest hier auf dem Dorf galt noch die alte Chris de Burgh-Regel: Don't pay the ferryman – untill he gets you to the other side. Ich unterschrieb eine Quittung, so ein Standardformular aus dem Schreibwarenladen, zu dem der Jingle gehört

– Tut's der Kuli, ich hab sonst noch einen anderen, ah, er tut's, gut, das Original behalte ich, und der Durchschlag ist für Sie, und dann bekam ich noch den Hotelschlüssel, denn nach 22 Uhr öffnet einem niemand mehr in Kleinstadthotels.

– Und jetzt gibt es sicher noch ein paar Fragen aus dem Publikum, mutmaßte die Bibliothekarin.

Wir gingen zurück in den großen Raum, und tatsächlich war niemand gegangen. Die Bibliothekarin verscheuchte die Eltern vom Packtisch, schüttete eine Tüte Chips und zwei Schachteln Butterkekse darauf aus, öffnete einen Kanister preisbewußtes Tafelwasser, ließ es in Plastikbecher plätschern und sagte

– So, und jetzt ist Party.

Ich setzte mich auf den Lesetisch, und um mich rum stellten sich die Kinder auf und fragten

– Rauchen Sie?

– Warst du schon mal betrunken?

– Von welcher Marke sind Ihre Schuhe?

– Wissen Sie, wieviel meine Uhr gekostet hat?

– Was wollen Sie später mal werden?

– Bist du verheiratet?

– Haben Sie das Buch selber geschrieben?

Ein Junge wedelte aufgeregt mit einem gelben Wegwerf-Fotoapparat, der beim Druck auf den Auslöser blechern loslachte. Der Junge sagte

– Gibt's bei Aldi, kannste haben, ich habe noch ganz viele davon.

War es nicht Lesereisenden vielleicht wie Beamten untersagt, Geschenke mit einem Warenwert von über 8 Mark 90 anzunehmen? Ich nahm den Fotoapparat aber gerne und fotografierte den Jungen zum Dank.

– Hähähähähähä, sagte der Apparat.

Ein Vater, der die ganze Lesung über wackeldackelig genickt hatte, begann sehr langsam und ausführlich zu sprechen über „die Beatniks, die ja im Grunde ähnlich gelagert waren", und da hauten die Kinder so langsam ab, liefen zwischen den Regalen umher und bewarfen sich mit Spielfiguren aus den dann noch unvollständigeren Spielesammlungen, das war ihnen wirklich zu langweilig mit den Beatniks. Die bei der Reise nach Jerusalem nur knapp unterlegene Frau Brandauer fragte

– Ist Ihnen John Lennon ein Begriff?

Ich fragte Wer? und Müßte er denn?, ging zum Hotel,

durch den Nachteingang, und rief meine Agentin an. Die hatte mir schließlich untersagt, auf der Tournee jeden Abend auszugehen, weil ich dann schon am dritten Tag so aussähe, daß die Fotografen nur noch Briefmarkenbilder in den Blättern placieren mögen. Um trinken gehen UND postergroß in Regionalzeitungen abgebildet werden zu können, hatte ich, das war ein Kompromiß, für 70 Mark in einer BMW-Cabrio-Fahrerinnen-Drogerie eingekauft: eine Tonerdenmaske, irgendein Fluid und einen *daily eye benefit* genannten Gelee für jene Gesichtszone, die einem morgens immer am meisten leid tut. Die Verkäuferin hatte mich gefragt, ob sie es als Geschenk einpacken solle, und als ich das verneint hatte, sagte sie, so einen Freund hätte sie auch gerne, der seiner Freundin die Kosmetikeinkäufe abnimmt, das sei ja toll. Vorbereitet war ich also. Ich hatte mir sogar noch eine Grippeimpfung in die Armbeuge schießen lassen. Wie immer bei Spritzen war es zu Komplikationen gekommen, und jetzt hatte ich einen ziemlichen Junkiearm, mein kurzärmliges Lieblingshemd hatte ich also zuhause lassen müssen.

Meine Agentin fragte mich, ob ich wüßte, wie spät es sei, und ich antwortete nicht, weil sie das rhetorisch gemeint hatte, dabei war es noch gar nicht so spät.

– Sag schon, wie war's? fragte sie dann aber doch noch, und ich hörte es ritschen und sie süchtig Luft einsaugen – erst mal eine Zigarette, meine Agentin war wirklich ein Profi, und ich erzählte ihr, daß es ganz in Ordnung war, daß ich aber nie wieder in einer Kinderbuchecke lesen wolle. Ist notiert, sagte sie. Am nächsten Tag sei ja eine Großstadt dran, da würde sie auch vorbeikommen und Händchen halten (mütterlich klang das, aber immerhin war sie mit 20%

an sämtlichen Einnahmen beteiligt, meine Rührung hielt sich also in Grenzen), sowieso sei dort alles entspannter und angenehmer, voller sogar, für den Anfang aber wäre doch so ein *warm-up* nicht das schlechteste. Na, eben.

Beim Frühstück am nächsten Morgen blätterte ich in der Regionalzeitung hektisch zum Kulturteil, obgleich ich ja wußte, daß die Kritik einer Abendveranstaltung immer erst am übernächsten Tag drin ist, zumindest bei einer Regionalzeitung, denn die sind wenigstens ehrlich: In der Nachtausgabe einer Großstadttageszeitung kann man ja oft nachlesen, wie das Konzert war, aus dem man gerade kommt. Diese Artikel beweisen aber immer, daß der Reporter höchstens ein Lied gehört und dann schnell ein Ohr zugehalten und 20 Zeilen Blödsinn durchs Handy gesprochen hat. Da wartet man doch lieber einen Tag. Und tatsächlich kein Wort von der Lesung, auch nicht in der Rubrik „Stadtgeflüster". Ich hätte natürlich schon gerne gelesen, wie es war. Wie ich war. In der Großstadt, in die ich nun reiste, hätte ich sogar schon VORHER lesen können, wie ich wahrscheinlich gewesen sein würde. Da gab es so viele Blätter, daß alle Meinungen vertreten waren; einmal der Tip des Tages, und ein Blatt weiter verbot der Ankündiger es seinen Lesern geradezu, die Lesung zu besuchen. Naja, ich mußte auf jeden Fall hin.

# Show #2

Von der Kleinstadt zum nächsten Flughafen war es viel zu weit. Ich wünschte mir einen Tourbus. Ich war nicht in der Stimmung, vom Bus in den Nahverkehrszug zu steigen, weiter in den InterRegio, von dort in den InterCity und schließlich ins Taxi und dann endlich ins Flugzeug. Ich war kein Vielflieger, der letzte Flug lag Jahre zurück, war damals billig, in die Sonne und pauschal gebucht, und deshalb verhielt ich mich sehr uncool am Flughafen: 4 Stunden zu früh da, dann der Versuch, zollfrei einzukaufen, obwohl ich nur innerhalb Deutschlands flog, und schließlich gab ich auch noch mein Handgepäck aufs Band, obwohl ich doch im Flugzeug darauf zugreifen wollte, und deshalb mußte die Mitarbeiterin der Fluggesellschaft das Band zurückschnurren lassen und das Papierschleifchen wieder abreißen. Hinter mir guckten die Menschen abwechselnd in den Himmel und auf ihre Uhren. Ich setzte mich in die Wartehalle und fing an, Gratiszeitungen zu lesen. Dann machte ich mir einen gänzlich würdelosen Tee: Der Fluggast selbst muß handwarmes Wasser auf Beutel gießen, und die Beutel gibt es nur in nichtschmeckenden Billigsorten wie *Früchtecocktail* und *Ostfriesenmischung*. Der Fruchtteebeutel entläßt rote Schlieren ins Wasser, und nach 3 Minuten schmeckt das Gemisch nach nichts mit Zitrone. Zum Glück war die Tasse sehr klein. Wäre sie größer gewesen, hätte ich sie aber auch ausgetrunken, denn wartend schöpft man jede Zerstreuungsoption demutsvoll aus.

Im Flugzeug saßen Henry Maske, Birgit Schrowange, Uwe Ochsenknecht, Ingo Appelt, Ilona Christen, Frank

Elstner, Otto Waalkes und lauter andere Berühmtheiten, weil in der großen Stadt ja meine Lesung angekündigt war, haha, und obendrein sogar noch irgendein Fernsehereignis. Einige Minuten lang versuchte ich wie alle anderen Nichtprominenten an Bord, mich normal zu verhalten, also unauffällig, niemanden um ein Autogramm zu bitten, weder meinen Gangplatznachbarn zu fragen, wer denn der da vorne noch gleich ist, noch zu informieren, daß mir der Name auf der Zunge liege, ich aber partout nicht drauf komme, woher ich den nochmal KENNE, ob der Sportler ist oder Moderator oder was es sonst so gibt. Die Prominenten taten mir leid – so künstlich normal verhielten sie sich aus lauter Angst, exaltiert zu wirken und deshalb irgendwann als *Leute von gestern* in *Bunte* zu stehen (arrogant! abgehoben!), daß sie verdammt alles erklärten und kommentierten, jeden Furz anmoderierten:

– So, dürfte ich gerade nochmal, ich muß nochmal an meine Tasche ran/Ach, ich zieh mir doch mal meine Jacke aus, ist ja doch nicht so kalt jetzt/Ist das Ihre Lüftung, so, nach rechts schrauben, ja, begreife ich auch nie, diese Zeichnungen/Stört es Sie, wenn ich die Lehne etwas zurückklappe?

Als die Stewardeß Zeitschriften verteilte, traute sich keiner, die Branchenschülerzeitungen *Gala* und *Bunte* zu bestellen, weil die Anlässe der Berichterstattung ja direkt nebenan saßen, und es jedem einzelnen offiziell natürlich vollkommen egal war, die schreiben ja doch, was sie wollen, das muß man professionell sehen, das gehört zum Job, schließlich verdienen wir auch eine Menge Geld, wenn es dir in der Küche zu heiß wird, geh doch in die Speisekammer. Ich hatte mir das lässiger vorgestellt, gedacht, da sagt dann Schrowange zu Maske: Guck mal, wie albern ich da schon wieder aussehe und was ich da für blöde Sachen sage, nur damit ich in die Zeitung komme. Und dann würde Maske sagen: Ja, sicherlich, aber ich hier im Klatschteil bei der mit vier Tröten bewerteten Karnevalsparty in Polonaiseverstrickung mit dem amerikanischen Botschafter, und dann noch Ulla Kock am Brink im Arm, auch nicht unpeinlich, ich meine, ich rauche sonst nie Zigarre, und da eben dann doch, weil die Ulla gesagt hat, daß man dann öfter fotografiert wird, und zack, schon hat es geklappt.

Stattdessen stieß Henry Maske sich tolpatschig an der Belüftungsdüse, rieb sich mißgelaunt den alpecinnassen Hinterkopf, und dann fiel sein Kleidersack aus dem Handgepäckfach direkt auf den Schoß von irgendeinem RTL-Infogesicht, und das RTL-Infogesicht sagte „Hopsala", darauf Maske: „Sorry". Ich begann, die Prominenten gezielt anzugaffen, sie waren so interessant langweilig. Vor mir saßen Ingo Appelt und seine Frau, und aus einer Klatschzeitung, die ich mir unter den neidischen Blicken der anderen bestellt hatte, konnte ich nachlesen, daß Ingo Appelts Manager einen Haufen Geld veruntreut hatte, und deshalb jetzt seine Frau das Management übernommen hat. Wenn man solches beim Zahnarzt oder beim Gynäkologen oder auf dem Ausflugsdampfer „MS Loreley" liest, glaubt man es gar nicht, also daß diese Leute wirklich leben und diese Dinge TUN, die da STEHEN, aber nun, bitte schön, konnte ich es direkt überprüfen, und tatsächlich las die Frau des Komikers Ingo Appelt ihm mit Sklaventreiberstimme seinen Terminkalender vor. Und der Seriendarsteller, dessen Namen ich zwar nicht parat hatte, sehr wohl aber, daß er im Sommer auf Anfrage bekannt gegeben hatte „Ja, ich habe ein paar Pfunde zugelegt, richtig", und sich brav vorgenommen hatte wieder sein „Kampfgewicht zu erlangen, 10 Kilo müssen runter", der also wedelte verneinend mit der Hand, als ihm die Stewardeß ein Menütablett reichte. Auch das war also wahr und wirklich, das Image dieser Zeitschriften hinsichtlich der Zuverlässigkeit ihrer Mitteilungen bedurfte offenbar einer Korrektur. Dann mußte Henry Maske einer Stewardeß erklären, daß er sie nicht gerufen, möglicherweise aber mit dem Kopf den Rufknopf angedötscht hatte.

Am Großstadtflughafen warteten am Ausgang viele Menschen auf die Leute aus den Zeitungen – Abholer und vor allem Autogrammsammler. Die elektrische Schwingtür summte auf, und die Erwarteten traten heraus, grinsten, winkten und nickten mittelgerührt, als sei dies keine Ankunftshalle, sondern eine Galabühne. Mädchen mit Autogrammbüchern sondierten das Angebot und hielten den Ausgewählten wortlos ihre Blankobüchlein hin. Anders als ich gehörte das offenbar dazu. Unangenehm war es meinen Mitfliegern nicht etwa, angesprochen, angegangen und -gefaßt zu werden, der Super-GAU war, vor den Augen der Kollegen nicht erkannt zu werden, oder noch härter, wenn einem das gerade gereichte Buch entrissen wurde, weil ein noch prominenterer des Weges kam. Diese Wackelkandidaten kurz vor der Ausfahrt Gnadenhof, gleichbedeutend mit Einladungen bloß noch zum MDR-Riverboat oder ZDF-Fernsehgarten, gingen deutlich langsamer, damit doch noch jemand kam, und der kriegte es dann richtig besorgt – hallo, Marktwert, schrie jede Bewegung: die Tasche abgestellt, die Sonnenbrille ins Haar geschoben, des Sammlers Stift abgewehrt, Moment, ich habe meinen Spezialstift dabei, umständlich wird der aus der Mantelinnentasche gepellt, so, für wen ist denn das? Heute haben wir den? Und so. Extended Version. Daß die anderen mal bloß nicht denken, es ginge langsam zu Ende. Zwei Mädchen ließen, weil bei dem viele standen, auch Tommi Ohrner in ihr Buch schreiben und fragten den routiniert Signierenden rücksichtslos: Wer sind Sie nochmal? Da fiel Tommi Ohrner überhaupt keine Antwort ein, ja, wer bin ich denn nochmal? Na, der Typ aus dem Fernsehen. Er sagte

– Gute Nummer, muß ich mir merken.

Da guckten die Mädchen mich an und riefen

– Ey geil, da ist Lars Ricken.

Ich überlegte, daß ich meine Haare doch etwas zu kurz geschnitten hatte, und schon hielten sie mir einen Stapel Hefte hin. Ich schrieb ganz ordentlich Lars Ricken, zuerst noch beinahe in Blockschrift, am Ende sah es schon sehr autogrammig aus, mit Schwung und in einem Zug, statt eines exakten i-Punktes ein fahriger leider-keine-Zeit,-ich-muß-weiter-Mädels-Strich. Und da sagten sie Danke, und das war's. Ich hatte mich immer gefragt, woher die Leute aus *Bunte* und *Gala* sich alle gegenseitig kennen. Ob die sich einmal vorgestellt werden, so, das ist der Soundso aus dem Fernsehen, und das ist die Dingens aus dem Kino, und der da spielt ja Gitarre dort, und sie, kennt ihr euch, also, sie hat früher bei Spiegel TV-Berichten nachträglich am Schneidetisch die Bilder verwackelt, damit es authentisch und investigativ wirkt, und ist die Frau von ihm, und er war mal Assistent beim Tatort, und jetzt grüßt euch bitte in Zukunft und laßt euch zusammen fotografieren. Jedenfalls gehörte ich plötzlich dazu, bloß weil die Mädchen gedacht hatten, ich sei Lars Ricken, denn nun drehte sich Uwe Ochsenknecht nach mir um und sagte

– Unser Bus ist da vorne, glaube ich, Sie fahren doch auch zur Preisverleihung, oder?

Zwar mußte ich ja keineswegs zur Preisverleihung, aber in die Stadt auf jeden Fall, und warum nicht Geld sparen und mit Uwe fahren. Ich ging hinter Uwe Ochsenknecht her und war überrascht, daß er Lars Ricken nicht duzte. Da schrie Birgit Schrowange

– Wartet ihr auf mich?

Natürlich warteten wir gerne, und ich merkte, spätestens ab zwei Promis wird sich geduzt. Ein netter Mann („Fahrbereitschaft, Möller mein Name, grüße Sie ganz herzlich") hoffte, daß wir einen guten Flug hatten, stapelte unser Gepäck in den Kofferraum eines VW-Busses, und Frau Schrowange bat, ihre Tasche nach ganz oben zu legen, weil da ein Kleid drin sei, sie zwinkerte

– Ihr Männer könnt doch ruhig verknittert sein, und da sagte Uwe Ochsenknecht mit einer merkwürdigen Sammelduschenintimität in der Stimme

– Ach, na sicher doch, mehr Falten als mein Gesicht kann auch der zerknittertste Anzug nicht haben, was?

Ich lachte, damit ich nichts sagen mußte. Ein Notthema gab es auf jeden Fall, Flugangst nämlich, aber das durfte ich nicht zu früh verpulvern. Wir fuhren los, und ich fragte mich, was Lars Ricken nun tun würde. Ich hatte Angst, daß Uwe Ochsenknecht eventuell auf die Idee kommen könnte, mit mir über Fußball zu sprechen, wohlmöglich gar Internes aus der Nationalmannschaft zu erfahren begehren könnte, und da wäre ich dann aufgeschmissen gewesen, denn Uwe Ochsenknecht wirkte auf mich wie jemand mit ziemlich detaillierten Fußballkenntnissen. Recht bald standen wir in einem Stau, und ich wurde nervös. Ein Gespräch war nur noch schwerlich zu verhindern, so langweilig war es. Herr Möller von der Fahrbereitschaft guckte in den Rückspiegel und fragte höflich, ob er Musik andrehen dürfe. Die Rettung! Auch für eventuelle Geschmacksdebatten war ich gerüstet, da ich durch den Sampler „Lars Ricken's Hot Shots" um Rickens Vorliebe für unter anderem Metallica und REM wußte, und wir antworteten

Birgit: Musik ist immer gut!

Uwe: Wenn es kein Techno ist, nur zu.

Lars, also ich: Kein Problem.

Damit hatte ich den Ton gefunden, der mich vor Gesprächen bewahren konnte: freundlich, aber kurz angebunden, ein bißchen genervt – der Flug, die Gala, die *Gala*, dann noch „englische Wochen", was immer das war, aber Ochsenknecht sah mich die Augen schließen und attestierte das mitfühlend, und dann hatte ich also englische Wochen, meinetwegen, klang doch gut, Hauptsache Ruhe. Der Fahrer legte eine Free Jazz-Kassette ein. Der Bus gehörte wohl zu einem öffentlichrechtlichen Fuhrpark. Ich behielt die Augen geschlossen. Birgit sagte mit komödiantisch gemeintem Empörungsanflug

– Nun guck dir unseren Leistungssportler an, doch Uwe fand das normal und erzählte, wie ihm jetzt noch der Rükken schmerzte vom Tennis am Wochenende. Ach, ich wünschte behaupten zu können, Schrowange hätte daraufhin NICHT gesagt, daß sie es aber, hoho, immer noch mit Churchill halte, no sports, haha. Es war so bedauerlich, daß nicht eine Frau mit Klasse wie etwa Senta Berger in diesem Bus saß, die hätte sich nach zwei Sekunden zum 630 Marks-Fahrer gelehnt und mit freundlicher Autorität klargestellt

– Du, Liebling, tust einer alten Frau den Gefallen und drehst den Schmarrn ab, ja? Stattdessen war nur Birgit Schrowange da, die unmusikalisch den Takt zu halten versuchte und übertrieben volksnah nachfragte

– Superguter Sound, was hören wir denn da?

Uwe Ochsenknecht hörte seine Mailbox ab und erzählte allen, die er daraufhin anrief, daß wir gerade im Stau standen, er seine Leopardenstola im Hobbykeller hatte liegenlassen, es darüber hinaus regnete, und er auch nicht wisse, wann genau wir da seien. Keine hot shots, keine hot news, ganz einfach. Der Fahrer fluchte. Alles wegen der Schreinemakers, sagte er. Sonst sei hier um diese Zeit nie Stau, aber die müsse ja nun ausgerechnet ihren Benefizmarathonlauf mitten über die Zubringerstraße legen. Naja, sagte da Frau Schrowange, ehrlich gesagt, sie selbst unterstütze das auch, sie habe eine Patenschaft für jeden von Michael Schanze gelaufenen Kilometer übernommen zugunsten eines Schulprojekts in Mosambik, der Stau sei zwar etwas nervig, aber sie sei so unglaublich froh, bei dieser Aktion mitzuspenden, zumal das Geld auch wirklich bei den Bedürftigen ankomme, das sei ja keineswegs immer gewährleistet, aber hier eben doch. Am Straßenrand stand „Sugar Sugar Baby"-singend Peter Kraus und bat die Passanten, im Takt zu klatschen, doch die meisten hatten Tüten in der Hand und konnten folglich nicht. Als wir endlich in Zentrumsnähe angelangt waren, bat ich, aussteigen zu dürfen, ich hätte noch was Persönliches zu erledigen, und das war kein Problem. Der Fahrer drehte die Musik leiser und fragte, ob ich den Ablaufplan habe, und ich sagte

– Natürlich, klar, bis später dann.

Ich nahm mir ein Taxi zum Hotel. Dort war ich am frühen Abend mit einem Kamerateam verabredet, danach wollte der Veranstalter mich zur Lesung abholen. Das Hotel war außerordentlich vornehm, und die Rezeptionistin sprach mich dauernd mit meinem Namen an, nachdem ich ihn ihr einmal gesagt hatte. Ich nahm mir einen unrettbar verwachsten Apfel aus der BittegreifenSiezu-Schüssel, biß hinein und fühlte mich willkommen, es lag sogar schon eine Nachricht für mich vor. Meine Agentin hatte ein Fax mit neuen Interviewanfragen geschickt, und ihre Sekretärin hatte unten drauf eine kleine Sonne gemalt. Das fand ich alles sehr nett. Ich setzte mich in die Badewanne und überlegte mir, wie ich abends das Programm optimieren konnte, um vor dem kritischen Großstadtpublikum zu bestehen. Reise nach Jerusalem würde ich mit ihnen nicht spielen können. Vielleicht kamen ja auch nur hämische Journalisten und sonst niemand.

Ich trocknete mich ab und war erfreut, daß meine Haut ganz in Ordnung war, das ist ja immer wichtig, wenn man gefilmt wird. Ich hätte sonst lieber abgesagt, denn mit schlechter Haut gut gelaunt in eine Kamera zu sprechen ist praktisch unmöglich, da starrt man kaninchengleich auf die brutale weiße Lampe, kriegt Depressionen und wird später rausgeschnitten. Und sicherlich würden die auch keinen Maskenbildner mitbringen für das bißchen Film. Ich war gespannt, ob ich das hinkriegte: ein Fernsehinterview. Zwar war es nicht live, aber was hieß das schon, aufgeregt war ich trotzdem. Vielleicht würde ich stottern, oder die Scheinwerfer waren wirklich so heiß, wie immer behauptet wird, oder die Interviewerin war bösartig und würde mein Werk in Frage stellen, und schlagfertig wäre ich dann erst hinterher, und dann wäre es zu spät.

Die Nervosität hätte ich mir für wichtigere Gelegenheiten sparen können – die Fernsehtante und ihr Team kamen, stellten einen Gummibaum neben eine Stehlampe, dazwischen einen Sessel für mich, das war's auch schon mit der Kulisse, und dann mußte ich mein Buch in die Hand nehmen und erdulden wie es ist, wenn Kultur im Fernsehen von Frauen bearbeitet wird, die sich für nichts interessieren, aber prima aussehen, weshalb sie auch den Job gekriegt haben. Die Frau sagte in jeder Hinsicht aus dem off heraus

– So, ich habe das Buch nicht gelesen, aber soll ja ganz witzig sein, sag mal einfach was so zur Stadt und zu dir und wieso du schreibst und was du dir so in Zukunft vorstellst, nicht länger als zwei Minuten, und schön mich angucken dabei, nicht die Kamera, also, zwei Minuten, nicht zu lange Sätze, und ruhig ein bißchen was Freches.

Das hatte man dann davon, daß man diese werbefinanzierte Bande in sein Zimmer ließ, im festen Glauben, sie könnten einem zumindest nützen, man könnte mit ihnen vielleicht sogar ein erbauliches Gespräch, eine anregende Diskussion führen. Ruhig was Freches. Ich sagte frech was Ruhiges, da klingelte das Telefon, und der Tonmann nahm gereizt seine Kopfhörer ab und sagte

– Ja, der Take ist dann für'n Arsch, vielen Dank auch.

Der Veranstalter war dran und sagte, er warte in der Lobby, wir sollten bald los, es würde sehr voll werden. Daraufhin war ich natürlich gut gelaunt und war zwei Minuten lustig oder frech oder so, jedenfalls bauten die Kulturbeauftragten ihre Geräte ab, und die Redakteurin klemmte sich ihre Notizenklarsichtfolie zwischen die Beine, band sich einen Pferdeschwanz und bat, auf die Gästeliste genommen zu werden, das wolle sie sich nicht entgehen lassen. Plus zwei, wenn das ginge, sie käme also zu dritt, mir war es egal, und ich sagte, ich würde sehen, daß es klappt. Ich hob die Hand zur Verabschiedung und begann laut zu husten, um ihr „Ciao-ie“ nicht hören zu müssen.

Am Tag zuvor war mein abendlicher Arbeitsplatz nichts weiter als eine Ecke gewesen, da mußte ich nicht lange überlegen, mich bloß hinsetzen, los ging es. Nun aber eine richtige Bühne, Treppe rauf, und die Menschen blickten HOCH. Und da oben saß bloß: ich. Hätte ich doch eine Gitarre gehabt! Eine Gitarre ist ein allgemein akzeptierter Grund, auf eine Bühne zu treten. Daß Kinder sich mit einem Tennisschläger vor einen Spiegel stellen und Konzert spielen, später dann Popstars werden und allen erzählen, daß sie sich als Kind immer mit einem Tennisschläger vor einen Spiegel gestellt und Konzert gespielt haben, na gut. Aber hörte man je einen Autor beichten, daß er sich als Kind immer schon mit einem Buch vor einen Spiegel gesetzt und Lesung gespielt hat?

Ok, alles vergessen. Die Lokalkoloritschnurre, die ich mir genau zurechtgelegt hatte für den Anfang, die Kurzzusammenfassung des Buches und anschließende pointierte Überleitung mitten hinein in den Text – kein Wort mehr da. Wie heiße ich denn nochmal? Da blickten jetzt lauter Augen direkt auf den noch leeren Tisch mit Stuhl und Wasserglas, Spot war schon ausgerichtet, die Leute guckten erwartungsvoll und wurden ruhiger, jetzt mußte mal bald was passieren, und zwar mit mir, von mir, jedenfalls ohne mich nicht. Die Musik wurde ausgeblendet, es ging jetzt einfach wirklich los. Ich mußte was sagen und am besten nicht so viele Äs. Was für ein schwieriger Job doch das Entertainment ist. Irgendwas würde mir doch schon einfallen. Vielleicht einfach hinsetzen und hallo sagen, ich soll hier lesen, guten Abend, verkehrt wäre das nicht. Es würde schon werden. Bei aller Sorge – es gibt ja auch Menschen, die müssen bei einem Unicef-Galadinner am Tisch mit Michael Schumacher, Franziska van Almsick und Marie-Luise Marjan ein Gespräch zustande kriegen und es mit ständigen Einwürfen siedend halten. Dagegen war doch so eine Lesung gar nichts. Nicht stolpern, leichte Verbeugung, ah, höfliche Menschen, sie klatschten noch vor dem ersten Wort, das machte doch alles viel leichter, und dann saß ich ja wenigstens, konnte also gar nicht umkippen, und begann nach kurzer Stegreif-Ouvertüre mit dem Text, und den kannte ich ja, da lag das Buch und war besser als jeder Teleprompter, denn ich mußte nicht so tun, als fiele mir all das gerade erst ein, es war ja eine Lesung. Der Rest würde sich entwikkeln. Jetzt bloß nicht mir selbst zuhören, die eigene Stimme merkwürdig finden und aus dem Takt kommen, weiter im, genau, Text. Und Absatz und blättern, überleiten, weiter, Musik. Zurücklehnen, Schluck nehmen, Masse in Einzelgesichter diversifizieren, ach so seht ihr aus, dann aber auch schon weiter, einen Zwischenruf passabel gekontert und – Pause. Lief doch gut. Hinter die Bühne, ausatmen und hören, wie es drinnen weitergeht. Gemurmel hob an, Soulmusik, ja, meine Güte, man kann sich nicht um alles kümmern. Backstage in der Pause, das ist so wie ein Zwischenstopp an einer Autobahnraststätte: Klo, Spiegelblick, Luft holen, strecken, rauchen, trinken, irgendwo abbeißen, vielleicht telefonieren, und dann fädelt man sich wieder ein.

Mein Publikum an diesem Abend war nett und zahlreich, es lachte angemessen häufig und erduldete wohlwollend auch ruhigere Textpassagen, ohne gleich in Scharen aufs Klo zu rennen oder sabotierend zu brabbeln. Die, die hin und wieder so enthusiasmiert schrie, war wohl meine Agentin. Ich wagte einige improvisierte, vom Text losgelöste Ausführungen und gewann an Stimmsicherheit, ich hatte das Mikrophon, und wenn es kein Scheiß war, ließen sie mich reden. Wenn es doch Scheiß war, merkte ich das früh genug und bog ab, weiter auf Seite soundso, meine Lieblingskapitel in der Hinterhand für den äußersten Notfall, so wie Inge Meysel immer etwas Arsen bei sich führt, falls sie mal nicht mehr lesen, Quatsch, leben will. Es gab jede Menge zu trinken, die Leute rauchten so viel, daß ich ganz heiser wurde, und am Bühnenrand stand meine Agentin und stach verschwörerisch den Topdaumen in die rauchige Luft, den Fußballer immer machen, wenn sie fotografiert werden. Top! In manchen Zeitschriften werden mit Topdaumen auch Filme und Platten bewertet. Einige Fernsehzeitschriften betreiben etwas dezidiertere Analysen und unterscheiden in der Kurzwertung die Qualität des Films hinsichtlich

– Action
– Spannung
– Erotik
– Humor

Es kann ein Film erotisch top, aber unspannend sein. Und Action ist beileibe nicht immer spannend, aber hin und wieder durchaus lustig. Meine Lesung war also gerade top. Nicht allzu erotisch wahrscheinlich, und die Action beschränkte sich im wesentlichen auf einige Interaktionen mit dem nicht ganz zuverlässigen Musikabspielgerät, aber zumindest ging keiner raus, und irgendwann hörte ich einfach auf, sagte danke, und die Leute klatschten lange und herzlich, nicht aus Mitleid, es hatte ihnen tatsächlich gefallen.

Sollte ich mich jetzt verbeugen, eine Verbeugung andeuten? Eine Zugabe lesen? Aufstehen, eine Verbeugung bloß andeuten und mich zugabenlos unter die Menschen mischen, und wenn ja, auf wen sollte ich zugehen? Ich blieb sitzen, trank Wasser, blickte umher und versuchte, niemandem in die Augen zu sehen. Die Leute hörten auf zu klatschen, der umsichtige Veranstalter verhinderte durch umgehend losflirrende elegante Musik peinliche Stille, ich packte meine Tasche, stand auf, sprang von der Bühne und ging auf den Pulk der Sitzenden, Stehenden und Gukkenden zu. Wo sollte ich stehenbleiben? Ich konnte ja nicht den Raum verlassen, ich mußte ja jetzt locker hier rumstehen und nickend und zuhörend Bierflaschen aussaugen, so lief das doch. Oder? Weggehen wäre lächerlich gewesen, und hinter der Bühne war es allein auch nicht weiter spannend.

In einem Interview mit dem Menschenrechtler Peter Gabriel konnte man einmal lesen, wie gefährlich Publikumszuwendungen enden können: Mit Herrn Gabriel waren nach eineinhalb Stunden Mistmusik die Pferde durchgegangen, vom Applaus balsamiert hatte er die Fähigkeit eingebüßt, sein Dasein realistisch zu bewerten, er wollte sich gemein machen und sprang von der Bühne ins Publikum. Doch statt ihn aufzufangen, waren die Leute zur Seite gewichen, so daß Herr Gabriel auf dem Boden landete und sich die Gliedmaßen verstauchte. Recht so. Mir ging es jetzt ähnlich. Ich wollte mich unauffällig in eine Gesprächsrunde eingliedern, doch kaum war ich auf einen halben Meter bei so einem Grüppchen, tat sich vor mir eine Gasse auf.

Niemand lud mich ein stehenzubleiben. Wahrscheinlich war es in ihren Augen jetzt für den Künstler an der Zeit, sich frisch zu machen, Drogen zu nehmen oder Mami anzurufen. Das Ganze zu verarbeiten.

Meine Agentin schlug mir aufmunternd auf den Rücken und sagte, das sei ganz ordentlich gewesen, sie werde sich gleich noch bei dem etwas mißlaunigen, „aber doch superwichtigen, das weißte ja" Typen vom Deutschlandfunk oder so auf den Schoß setzen.

Am Ausgang hatte ein Buchhändler einen Büchertisch aufgebaut, er verkaufte eine ganze Menge, und ich durfte signieren, inzwischen schon fast professionell: Namenskrikkel, Datum und für soundso, das reichte. Von wegen Lars Ricken. Ein absolut angenehmer Tagesordnungspunkt: Die Leute machten mir Komplimente, während ich sie nach der korrekten Schreibweise ihrer Vornamen fragte. Daß da nichts schiefgeht: mit c oder k/mit einem oder zwei l/mit w oder v/mit ph oder mit f/kurz: Wie man's spricht, aber wie spricht man's denn?

Anders als am Vorabend in den Fängen der Plüschpython, fand ich es nun vollkommen in Ordnung, Geld für meinen Auftritt zu bekommen. Es waren Menschen gekommen, nicht wenige, sie hatten Eintritt bezahlt, und ich war nicht schlecht gewesen, hatte aus meinem Buch gelesen und nicht bloß eine moderierte Reise nach Jerusalem veranstaltet. Die ruhig-was-Freches-Frau hatte ich nicht gesehen. Sollte ich jetzt ausgehen und meine Gage ins Nachtleben investieren? Oder bald ins Bett, um meinem Publikum auch am nächsten Abend ein ausgeschlafener Gastgeber zu sein? Immerhin, die Stadt war anders als am Vorabend groß, ich sah offenbar aus wie Lars Ricken und hatte einiges Bargeld in der Tasche, ich war doch auch Künstler! Ein Künstler auf Tournee muß es krachen lassen, der kann nicht einfach auftreten und dann sofort schlafen gehen, der muß offenen Auges durch die Metropole spazieren, hierhin, dorthin, sammeln, was er kriegen kann, da einen Schluck, da eine Nase, guten Geschichten auf der Spur, schlechter Laune abhold, noch eine Mark in die Musikbox und hoch die Tassen – so vielleicht? Ich war ratlos. Meine Agentin war nach kurzem Schoßsitzen wieder nach Hause gefahren, schließlich war ich nicht ihr einziger Klient.

– Und, wo geht's noch hin? fragte der Veranstalter. Es schien mir unprofessionell und provinziell, die Schultern zu heben, und deshalb murmelte ich etwas von einer privaten Verabredung, weißt du zufällig wie spät, oh, so spät schon, dann muß ich wirklich los. Ich ging zur Straße und wartete auf ein Taxi. Manche hatten die gelbe Lampe an und hielten trotzdem nicht, hatten offenbar Gäste geladen, ich glaube, auf diese Weise betrügen sie die Zentrale; *machen wir Festpreis*. Ich nahm die S-Bahn, damit ich endlich wegkam von meinem Auftrittsort, es schien mir uncool, den als letzter zu verlassen. Vielmehr muß das Publikum noch johlend eine weitere Zugabe herbeisehnen, obwohl das Saallicht schon anflackert, nicht wahrhaben wollen, daß es vorbei ist für heute, er ist doch bestimmt noch da, kommt nochmal raus, na hoffentlich – doch dann der Alarm:

Elvis has left the building.

So wäre es richtig.

Ich brachte meine Sachen ins Hotel und beschloß, gleich dort zu bleiben, ich war müde und erst am Anfang, ich mußte meine Kräfte einteilen, welche Kräfte, also dann aber mal wenigstens noch an die Bar. An der Bar war es still. Ich setzte mich wie die paar anderen auf einen Schemel und guckte in das Flaschenarsenal gegenüber, weil das erstens beruhigt, zweitens Durst macht und weil drittens dahinter ein Spiegel angebracht ist, in dem man sich angucken kann. Wie sieht es denn aus. Wie sehe ich denn schon wieder aus. Wie sehen denn die anderen aus. Wie sieht es denn mit einem Getränk aus. Das sieht doch schon besser aus. Ich bestellte Wodka Lemon. Natürlich wäre dieser einsame Abend eine gute Gelegenheit gewesen, verschiedene interessante Cocktails auszuprobieren, aber erst mal einen Wodka Lemon, um überhaupt Klarheit zu erlangen. Wollte ich hier sein, hier bleiben, hier trinken? Ich lutschte die Zitrone und trank sehr schnell. Gleich noch einen. Ich bekam furchtbar eintönige Gedanken, dachte nochmal an den Applaus und war froh. Yea, dachte ich, alles Dienstleistung. Ich in Unterhaltungsdingen, und hier an der Bar ist es umgekehrt, da werde ich bedient, morgen abend bin ich wieder dran, jeder hat seine Aufgabe, es ist für alle gesorgt. Man kann es schaffen. Ich ging aufs Klo und hielt mein Gesicht 4 Zentimeter vor den Spiegel. Gut, sagte ich zu mir, gutgut, und du bist also glücklich, ja, froh und erfolgreich, und es läuft und so weiter, ja? Ich schlug auf den Handtrockner, der friedlich zu summen begann. Zurück zur Bar, vielleicht einfach die Jacke nehmen und schlafen gehen, aber da stand schon der nächste Drink, das ist in Hotelbars wahrscheinlich so, da wird nicht lange gefragt; wer an diesem trostlosen Ort sitzt, trinkt eben, ganz einfach, was sonst soll er da tun. Erdnüsse essen? Na gut, und was kriegt man von Erdnüssen? Ich meine, außer Pickeln und Übergewicht – genau, Durst, also.

Neben mir saß eine dicke Frau mit einem Cocktail, der so

vollgestopft war mit bunten Karibikrequisiten, daß das Getränk selbst kaum zu sehen war. Sie schlürfte und fummelte sich in der Hochsteckfrisur herum, als könne sie dort noch Wesentliches ausrichten, retten wohl gar. Wir guckten uns per Spiegel in die Augen, und ich hob das Glas und sagte mit Handlungsreisendenüberschwang in der Stimme

– Auf – ach, weiß nicht, vielleicht auf diese Stadt, oder?

Die Frau schubste einige Schuppen von ihrem weinroten Samtkragen und sagte

– In Ordnung, warum auch nicht.

Der trostlos routinierte Barkeeper schmiß die Anlage an, der ruckzuck hohles Sentiment fördernder Klagegesang entkroch, und fragte die nette Dicke, wie es heute war, und sie sagte, daß es heute ganz gut war, naja, was hieße schon gut, aber es hätte gelangt. Wie WAS war? Weil man in einer Bar jedes Klischee bedienen darf, fragte ich nach und zündete mir eine von ihren Zigaretten an, bloß weil ich so Lust hatte auf dieses wortlose Initiations-Ritual: Blick auf die Schachtel, fragend die Augen aufreißen, Kopf senken, Hand ausstrecken – sie nickt, öffnet die Schachtel, streckt sie einem entgegen, man fummelt eine Zigarette raus, dankt nickend, steckt sie in den Mund, in der Zeit kramt die Dame nach Feuer, man tut so, als habe man vielleicht selber welches, aber wenn ja, dann wo denn – und schon wird die Flamme angereicht, vorgebeugt entgegengenommen, kurz angepafft, wiederum kopfnickend quittiert, dann zurücklehnen in die Ausgangsposition, Kopf leicht nach hinten, Beine übereinanderschlagen und – die erste richtige Rauchwolke ausatmen. Dauert alles zusammen keine halbe Minute.

Man weiß es hinterher nie genau – waren es jetzt Geschichten oder vielleicht doch die Wahrheit? Auf jeden Fall hat sie mir erzählt, sie sei Sängerin. Ich fragte höflich und unwissend nach

– So klassisch?

Sie lachte und bestellte noch eine Karibikbowle, nee, schon lange nicht mehr, sie singe heute im Backgroundchor von Sabrina Setlur und außerdem viel für die Werbung, so kleinere Sachen. Im Moment müsse sie gerade einen Natreen-Spot vertonen. Darauf mal gleich noch einen Wodka, ohne Lemon jetzt, das geht schneller.

Ich hatte nie ernsthaft geglaubt, die durch die Spots laufenden Models würden auch selbst sprechen und singen können. Aber daß diese Frau, die wirklich überhaupt nicht nach Trennkost aussah, ihr Geld, ihre Brötchen, ihre Whopper damit verdiente, ausgerechnet für Natreen ein Lied zu singen, das war auf jeden Fall eine tolle Geschichte. Auch tragisch auf gewisse Art, aber sie erzählte recht uneitel und gelassen, wie sie tagelang vor einem Bildschirm stand und sang, immer wieder sang, bis der Natreenbeauftragte der Produktionsfirma endlich zufrieden war. Besonders grotesk dürfte eine Doppelaufnahme sein: links die zu synchronisiernde 48-Kilofrau, die lebensfroh, grazil und fettarm 30 Sekunden durch diverse Paradiese wie Topjob, Haus im Grünen und Dinner mit Traummann springt und rechts die dicke Sängerin, die inbrünstig immer wieder singt:

„Das Leben ist für mich 'n Tanz
Alles voll in der Balance
Ich muß alles Neue ausprobier'n
Ich kann's ja wieder ausbalancier'n"

So ging das Lied, sie sang es mir vor, und es klang sehr glaubhaft nach Natreen, wenn man die Augen schloß. Gute Stimme, zweifellos. Ich fragte sie, warum sie nicht Platten aufnehme und auf Tournee ginge, mit DER Stimme, also bitte?

– Ich bin doch nicht bescheuert, mach mich da vor aller Welt zum Affen, sagte sie seltsam überzeugend. Ich überlegte, ob denn ich mich zum Affen gemacht hatte einige Stunden zuvor. Die Antwort lautete zumindest nicht eindeutig Nein, und so trank ich aus und verabschiedete mich. Im Fahrstuhl hatte ich Schwierigkeiten – der Zimmerschlüssel mußte in einen Schlitz gesteckt werden, damit es losging und hotelfremde Menschen von den Etagen ferngehalten wurden, aber dieses System siebte auch Betrunkene aus, die eigentlich zugangsberechtigt, bloß gerade leicht desorientiert waren. Ein sich das Lachen verkneifener Page half mir, und dann war ich endlich oben, knallte die Schuhe in die Ecke, lachte über den Jurastudentengedanken, ob ich es noch schaffen würde, die Schuhspanner zu laden, und fiel aufs Bett, weiterhin umtrieben von der Frage, ob das Leben jetzt für mich 'n Tanz war oder ob ich mich zum Affen machte oder beides. Am nächsten Morgen weckte mich der Staubsauger auf dem Flur, und schnell ging ich in die Kellersauna, in der vagen Hoffnung,

*Ich kann's ja wieder ausbalancier'n.*

Zum Frühstück folgerichtig nur Obst und Kaffee, und eigentlich ging es mir passabel. Also weitertanzen, an diesem Abend in einem Studentenwohnheim, sagte der Tourplan. Der Unterhaltungsbetrieb konnte auf mich zählen. Zum Frühstück erwartete ich zwei Herren von einem Fanzine. Sie hatten mich ursprünglich direkt nach der Lesung interviewen wollen, waren dann aber schon zu betrunken gewesen, und das hatte ich ganz sympatisch gefunden, wie sie da so lallten, und hatte ihnen meine Hoteladresse gegeben und gesagt, am Morgen sei es mir dann auch lieber, vielleicht seien sie ja dann wieder nüchtern, und sie versprachen, die Nacht bald im Bett enden zu lassen, um anderntags dann aber auch wirklich ausgeschlafen und auf Ballhöhe zur Konversation anzutreten, sie hatten, fiel ihnen da ein, ohnehin ihr Aufnahmegerät zuhause liegengelassen, das würden sie dann selbstverständlich dabeihaben zum Frühstück. Wir hatten uns altmodisch dienernd die Hände geschüttelt, und weg waren sie. Ich rechnete eigentlich nicht mit ihnen und dachte gerade darüber nach, wie lecker frische Ananas nach einer Trinknacht, aber wie mühsam die Zahnzwischenraumsäuberung hernach ist, zumal, wenn man keine Zahnseide griffbereit hat, das war so eine richtig schöne Denkschleife für den Morgen, doch mußte ich sie beenden, um den Nachbartisch zu belauschen, das klang sehr interessant, was ich da hinter mir vernahm, es wurde auch immer lauter, ein richtiger Zombiechor schwoll da an, das war hochgradig mysteriös, ich wagte nicht, mich abrupt umzublicken, das wäre nicht elegant gewesen. Es handelte sich offenbar, das verrieten die Stimmen, um drei Menschen, die allesamt weit vor Ende des Zweiten, wenn nicht Ersten Weltkrieges geboren zu sein schienen, sie knarzten ganz prächtig, und auch diese Angewohnheit, dem anderen das Wort zu entreißen, indem man einfach mal eine Tonspur danebensetzt und sich dem Tempo und der Melodie anpaßt, und dann lauter wird und schneller, bis der andere aufgibt, auch dieses Kommunikationsverhalten ist Altvorderenprivileg. Ich versuchte, aus dem Gebrabbel einzelne

Typen herauszufiltern. Da war ein Mann mit einer interessant sägenden Stimme, dessen auffällig einschüchternde Äußerungen immer wieder endeten mit einem trotzigen „Thomas Mann!“, dann folgte eine kurze Pause, die merkwürdigerweise auch die anderen beiden einhielten. Auch bewegte der Mann sich phonetisch in einem interessanten Niemandsland zwischen schlichtem Sprachfehler und seltenem Dialekt. Ein zweiter Mann sagte ständig „Nestroy“ und vor allem immer wieder „also ich, Daniel Doppler“. Irgendwas hatte es mit diesem Namen auf sich – schon tags zuvor war mir ein Typ aufgefallen, der an der Rezeption nach Post für Daniel Doppler gefragt hatte, und da hatte die Rezeptionistin gesagt, nein, nicht nur keine Post, ein Herr diesen Namens wohne hier auch gar nicht, und da hatte der Mann mit dem Fuß aufgestampft und gesagt, na und ob er hier wohne, aber die Frau nannte ihn immer ganz anders, also gar nicht Doppler, da war irgendwas faul. Die dritte im Bunde sprach etwas weniger als die anderen beiden, aber wenn sie ihre nach Trockenshampoo klingende Stimme erhob, dann kam in jedem Satz das Wort „Spaßgesellschaft“ vor. Auch verglich sie alles mit Verona Feldbusch und Guildo Horn. Draußen fuhr ein Stadtrundfahrtsdoppeldecker vorbei, und sie sagte, naja, so sei es eben, erst Feldbusch und Horn, und jetzt folgerichtig dieser Bus, da passe doch eins zum anderen. Noch immer wagte ich nicht, mich umzusehen; vielleicht war das ganze Gesumme auch ein Hörspiel, und da saß jemand mit versteckter Kamera und wollte mich reinlegen für eine neue Sendung, mal unbekannte Leute foppen, aber nicht gemein, sondern total menschlich, also echt mal was anderes usw. usf. Jetzt rief der Herr Doppler „Zahlen, Fräulein“, und das Fräulein kam und fragte vorschriftsmäßig „Zusammen oder getrennt?", und da sagte die Frau

– Die Spaßgesellschaft kommt bei sich selbst an, das Internet ist die Vernichtung der Werke unter Beibehaltung lediglich noch von Texten, das Zuviel an vermeintlichen Informationen führt zu einer undurchlässigen Oberfläche, der daily talk löst den Gartenzaunklatsch ab, mit fatalen Folgen, denn das Zuhören suggeriert fälschlicherweise ein Verstehen, und das postmoderne Abendmahl besteht aus einem Schluck Red Bull aus dem Einzelkelch und einer Ecstasy-Tablette, also jedenfalls zahlen wir dann getrennt.

Der Doppler-Paranoiker fragte in vermutlich humoristischer Absicht, ob er auch in Euro zahlen könne, und da sagte der mit dem Sprachfehler, er solle so nett sein, den Unfug zu unterlassen, das sei töricht.

– Ansichtssache, sagte Herr Doppler und schnarrte, wohl in Richtung der Bedienung, Junges Fräulein, vielleicht können Sie uns in einem Disput auf die Sprünge helfen, Ihren Instinkt mit Karacho in die Waagschale werfen, wie es bei Dostojewski heißt, also, sagen Sie mal ehrlich, wie gefällt Ihnen als poetische Bezeichnung für ein abgestandenes Bier ein „übernächtigtes Bier"? Oder anders gefragt, Sie sind ja vom Fach gewissermaßen, ist das nicht außerordentlich treffend und plastisch?

– Fängt er schon wieder davon an, wie eine kaukasische Spieluhr, ächzte der mit dem Sprachfehlerdialekt.

Mehr hörte ich nicht, denn vor mir standen nun die beiden Fanzinetrinker, hallo, spät, aber doch, wieder gaben wir uns die Hand, und zwar nicht so Billardcafé-Kenwoodaufkleberartig, nein, ganz anständig, mit in die Augen gucken und so. Sie setzten sich, der eine begann, das Aufnahmegerät startklar zu machen, der andere holte sich was zu essen. Da der Interviewer mir gegenübersaß, hatte er also freien Blick auf die drei Aliens, die ich zuvor belauscht hatte, und ich fragte flüsternd, wie denn die drei aussähen, welche drei, na die drei da, direkt hinter mir, ob die im Rollstuhl säßen oder angeleint wären – aber nö

– Da sitzt doch überhaupt niemand, was redest du denn da?

Ja, was redete ich denn da? Ich drehte mich um, und tatsächlich war niemand zu sehen. Merkwürdig. Der andere Fanzineautor kam vom Büffet zurück und hatte sich an der komplizierten goldenen Milchkuh das ganze Hemd bespritzt. Wir fingen an zu sprechen, kurze Tonprobe, es wurde zurückgespult, und tatsächlich, das Gerät funktionierte tadellos, also konnte es weitergehen. Dieses Interview war nach dem gestrigen Fernsehunsinn eine wirkliche Wohltat, die beiden hatten sich unglaublich gut vorbereitet, hatten interessante Fragen, die auch gar nicht zu beantworten waren zum Teil, aber es waren doch einfach mal Gedanken, und man merkte, daß es sie wirklich interessierte. Das ist das schöne an diesen kleinen Blättern – da die Leute kaum oder gar kein Geld damit verdienen, oft sogar draufzahlen, kann man sicher sein, daß es ihnen ernst ist. Beziehungsweise saulustig wird: Ich mußte mir ein Walkmankopfhörer aufsetzen und Lieder erraten, 10 Stück, und jeweils was Kurzes dazu sagen. Wir redeten über Städte, Berufe, Fußball, Zeitschriften, neue Musik, alte Musik, Videos, Liebe, Leben und Apfelessigtherapien. Dann eine ganze Weile über Großbritannien, und da holte der eine Toasts mit Orangenmarmelade aus der Küche, denn das Büffet war schon abgeräumt, und es war alles ein großes Vergnügen.

Ich fragte sie nach ihrer Meinung zur Wendung „übernächtigtes Bier“, und sie befanden einhellig, etwas Trivialeres und Altmännerigeres selten gehört zu haben. Dann sprachen wir wieder über ernstzunehmende Dinge. Sie fragten nicht hohl: Was für Einflüsse haben dich geprägt?, sondern köderten das Abstrakte mit Wahrheiten, führten eine Art Indizienprozeß. Zum Schluß schenkten sie mir eine Platte und brachten mich mit einem den TÜV fürchtenden Kombi zum Bahnhof. Alle waren zufrieden, und ich hatte gar nichts Freches sagen müssen. Am Bahnhof rief ich meine Agentin an, und sie sagte, ich sei heute morgen im Frühstücksfernsehen „ziemlich ernst rübergekommen“. Ich fragte sie, ob ich in Zukunft etwas frecher sein dürfe. Sie sagte, sie bitte darum, und da sagte ich

– Im Leben nicht! und wir legten auf.

## Show #3

Mit einem Stapel Tagespresse in den Zug, und dort die Frage, die leichte Müdigkeit im Zug immer aufwirft: Schuhe ausziehen oder nicht? Es ist ja äußerst bequem, andere aber haßt man dafür. Muß das sein, denkt man. Machen Sie das zuhause auch so? Als sei es dann unbedingt in Ordnung. Angenommen ein Junkie sitzt in einer Telefonzelle am Hauptbahnhof und raucht auf einer umgedrehten Iglo Schlemmerfiletschale Heroin. Da dann vorbeigehen und den Kopf schütteln

– Machen Sie das zuhause auch so? Vielleicht ist die Frage sogar ein Stichweg zu sogenannten unbequemen Wahrheiten, und der Junkie antwortet wahrheitsgemäß:

– Aber diese Telefonzelle IST doch mein Zuhause, gewissermaßen. Wie geht es denn dann wohl weiter, liebe Mitbürger?

Das schlaue Buch, das kennen wir von Tick, Trick und Track. Meins war nicht ganz so schlau, es stand lediglich drin, wann ich wo sein mußte, wie ich hinkam, und bei wem ich anzurufen hatte, falls mal etwas dazwischen kommen sollte. „Tour-Rider" nannte meine Agentin das.

Im schlauen Buch war in der Rubrik *Unterkunft* diesmal keine Hoteladresse verzeichnet, da stand mysteriös „vor Ort". Das konnte manches bedeuten. Gästezimmer? Etagenbett? Luftmatratze? Ich schlief kurz ein und wachte auf durch klassische Bahnaufwecker, allerdings weiß man hinterher nie, welcher genau es jetzt war. Zischte ein entgegenkommender Zug dicht und gefährlich vorbei, ließ die Fenster erzittern und alle kurz zusammenzucken?

War es das Ratschen des Ausklapptisches im Nachbarabteil?

Das metallische Geplöngel bei der Justierung der Tasche im Gepäcknetz?

Hat ein Mitreisender knisternd die Bücher der *Zeit* in 3 Haufen sortiert, nämlich a) noch lesen, b) zumindest durchgucken und c) gleich weg damit?

Oder ein ruckelndes Rangiermanöver oder eine schnaufende Durchsage, hier weckt Ihr Zugchef, oder doch nur das Entspannen der Halswirbel, das dazu führt, das einem der Kopf wegkippt? Dann besser schnell aufwachen, sonst sabbert man auf die Armlehne.

Bahnfahren ist die wahrscheinlich angenehmste Fortbewegungsart, aber es muß der Großraumwagen sein. Selbst wenn die Kapazität nahezu ausgelastet ist und sich ein vergilbter Backenbartträger wortlos direkt neben einen setzt und in der *Badischen Zeitung* zu lesen beginnt, und zwar jedes Wort auf jeder Seite, selbst dann sind die Beine noch frei beweglich, und sogar dort, wo auch im Kino der Spaß aufhört, nämlich auf der gemeinsam genutzten Mittelarmlehne, kommt es nur selten zu Verteilungskämpfen. Ein Abteil dagegen ist durchaus die Hölle, es sei denn man ist dort alleine, aber das ist man nur nachts oder am Anfang einer langen Strecke, und bei jedem neuen Bahnhof hat man Angst, eine Kleingruppe fragt, ob noch frei sei, und man ist zu höflich, um zu lügen, und dann muß man die Beine umständlich ineinander verschränken und die Zeitungen auf den Schoß oder Fußboden statt auf den Nachbarplatz legen. Ständig macht jemand die Tür auf und zu, und eventuell beginnen die Menschen sogar, mitgebrachte regionale Spezialitäten aus Tupper zu verspeisen, und es kann einem kaum schlechter gehen. Man nimmt plötzlich in nicht akzeptablem Ausmaß am Leben der anderen Teil. Rülpsen, Furzen, Sprechen, Riechen, Knistern, Schnarchen, Schwarzfahren, Rauchen, Schlürfen, Räuspern, reinigendes Entleeren verschiedener Körperöffnungen – jede Existenz-Fußnote steht im Raum und fünf anderen zur zwangsläufigen Kenntnisnahme. So genau wollte man all das gar nicht wissen.

Manche Paare merken nach einem zweiwöchigen Zelturlaub kurz vor der Hochzeit plötzlich, daß sie umgehend entscheidende Dinge zu erledigen haben im Brautkleid-2nd-Handstore und daß die Verwandten von weit her ihre schon gekauften Bahnticktes gegen eine Gebühr von 14 Mark doch bitte zurückgeben möchten – auf so engem Raum, da habe man eben plötzlich gemerkt, daß es nicht paßt, gerade noch mal so, besser jetzt als später usw. Aber die liebten sich vorher immerhin. Das kann man von nur ganz wenigen Zusteigern behaupten. Man mag sie aber duchaus unterschiedlich – gesittetes Verhalten aller vorausgesetzt, exakt proportional zur Reihenfolge ihres Auftretens: Wer zuerst kommt, ist noch ok, alleine wäre es schöner, aber es ist ja wirklich noch genug Platz da, und daß man sich schon prima aneinander gewöhnt hat, merkt man spätestens, wenn ein dritter hinzukommt. Zunehmend mißmutig nun wird man die Formfrage, ob denn hier vielleicht noch ein Plätzchen frei sei, gemeinsam beantworten, und im Schulterschluß wird der neue als Eindringling empfunden und als Störenfried vorverurteilt, als sauerstoffreduzierender Beinfreiheitsberauber. Aber immer noch erträglich, gemessen an dem, der es nun noch wagt, aus 3 tatsächlich 4 machen zu wollen. Und so weiter. Der sechste schließlich könnte die Tür aufmachen und statt

– Ist hier noch was frei? zu fragen auch gleich Zigarre rauchen, im Dreiminutenrhythmus Anrufe auf einem Melodie-Handy empfangen, tropfende Zwiebelpizza essen und brüllen

– Heil Hitler, ihr Wichser, ich würde meinen arischen Arsch jetzt gerne auf dieses hübsche Plätzchen drücken, und wem das nicht paßt, der kann gerne meine *Sport Bild* essen, bevor ich ihn usw., also das würde die ihm entgegenschwappende Unsympathiewelle nicht wesentlich potenzieren.

Ich fahre sehr gerne an Kiesgruben vorbei. Davon gibt es in Deutschland nicht zu wenig, dauernd säumen sie die Strecke. Man sieht die Kiesgrube und denkt an die Rezession, wegen der verrosteten Schaufelräder, und an den Sommer, wegen des Sandstreifens, an dem dann bei Sonnenschein Bikinimädchen liegen, davon träumen, bald einen VW-Käfer zu besitzen und vergeblich Vokabeln zu lernen versuchen, weil die Jungs dauernd Arschbomben machen und Joints und Bier anbieten. Aber das kann man sich nur vorstellen, aus dem Zug heraus beobachten wird man es nie können, denn wenn man in Deutschland Zug fährt, regnet es immer. Immer! Deutschland ist ja echt Matsch, denkt man da. Wie ist wohl das Leben auf all diesen Bauernhöfen? Wem gehören all die Melkmaschinen und Strohballen mit weißem Plastik verschnürt gegen Regen, weil es ja eben dauernd regnet – der EU etwa?

Nun werden wir herzlich willkommen geheißen im Zielbahnhof, viele haben Anschluß auf demselben Bahnsteig gegenüber, und natürlich beachten wir sehr gerne auch die örtlichen Lautsprecherdurchsagen. Wenn denn erst mal die Tür aufgeht. Nervöses Zuppeln an der Kurbel, in neueren Modellen ja zum Glück nur ein Knopfdruck, es wird ja, wie gesagt, immer nur noch besser in der Bahn. Vor der Tür eine beträchtliche Traube von Zusteigern, und man kann mit vollem Recht einen der liebsten Sätze redlicher Bundesbürger ausrufen

– Erst mal schön die Leute aussteigen lassen, ja, wir haben es ALLE eilig!

Das ist in der Sache so richtig, und im Ton immer so krank aggressiv.

Ich setzte mich in ein Taxi, und es begann ganz plötzlich wahnsinnig stark zu regnen, das Taxidach klang wie der Boden unter den Füßen des Tanztheaters „Tap Dogs", und ich saß im Taxi und fühlte mich wie in der Arche Noah. Draußen fingen die Menschen an zu rennen, hielten sich Jacken oder Plastiktüten über den Kopf, riefen unflätige Wörter, und wo eben noch ein Gehweg war, floß nun ein reißender Strom. Ich war so fasziniert vom vorlauten Wetter, daß ich darüber ganz vergaß, dem Taxifahrer die Grundlage unserer soeben eingegangenen Geschäftsbeziehung mitzuteilen, nämlich mein Fahrziel. Wo es denn hingehen solle, ach Entschuldigung, natürlich, ähm, zum Studentenwohnheim bitte. Da mußte der Mann ganz herzlich lachen, jedoch war es ein grimmiges, Kater Karlo'sches HarHar, genauso gut, sagte er, könne ich sagen, einmal bitte zu dem Restaurant – in dieser Stadt gebe es ziemlich viele Studentenwohnheime, sei ja kein Dorf hier, und da müsse ich schon etwas konkreter werden. Ich lud „Gewiß doch, wie recht Sie haben, mein Fehler"-schmunzelnd sämtliche Schuld auf mich, holte das schlaue Buch hervor und las den Straßennamen vor.

– So, sagte der Mann, und ließ die Hand vom Zündschlüsselbund aufs Knie fallen wie eine Guillotine. Da gehen Sie vier Minuten von hier, das lohnt sich für mich nicht, und für Sie schon gar nicht, da jetzt vorzufahren.

Mag sein, daß diese Holzperlensitzmatten gut für den Rücken sind, aber sie sind nachweislich schlecht für die Stimmung, da sitzen immer die übellaunigsten Fahrer drauf, wahrscheinlich kriegt man von diesen Holzperlen Hämorrhoiden. Um wie viel freundlicher doch Taxifahrer auf weißen, von Nikotin und Furz langsam in Richtung Taxibeige gefärbten Eisbärfellimitaten sind. Es hatte zu regnen aufgehört, und ich stieg aus, ließ grußlos die Tür zuschnalzen und grollte dem hierzulande darniederliegenden Dienstleistungswesen, ich hielt mich doch schließlich auch an den Tourplan. Immerhin war ich nicht naß geworden, aber woher, bitte schön, sollte ich denn wissen Komma daß – ach, es war egal. Ich wankte über den Bahnhofsvorplatz, und es kam mir vor, als sei mein Gepäck schwerer als am Vortag. Dabei hatte ich außer der Platte von den Fanzine-Typen noch gar nichts geschenkt bekommen (ein Skandal eigentlich!), und die Platte hatte ich sogar im Zug liegenlassen, fiel mir auf (ein noch viel größerer Skandal!!). Die Gagen waren in Scheinen ausgezahlt worden und nicht in Münzrollen, merkwürdig, merkwürdig, vielleicht ließ meine Kondition schon nach. Das wäre natürlich nach lächerlichen zwei Tagen ein ganz schwaches Bild gewesen. Bob Dylan ist seit circa 78 Jahren auf Tour, und seine Lieder prangern so manches an, nie jedoch zu schweres Gepäck, also bitte, jeder hat sein Päckchen zu tragen. Ich stellte mich vor den Schaukasten mit dem Neon-i obendrauf, hier war Hilfe zu erwarten. Kirche, Stadtwald, Rathaus, ahhh, Standort. So, blauer Kreis, hmhm, Bahnhof – und da ist ja auch, na gut, da hatte er recht, der Taximann, aber das kann doch ein Auswärtiger nicht ahnen, und wer bepackt und orientierungslos aus der Bahnhofshalle gewankt kommt, ist auf jeden Fall auswärtig, das wissen doch Taxifahrer am allerbesten.

Das Studentenwohnheim war kein Klotz, sondern ein verschachtelter Modernismus, wahrscheinlich jede Wohnparzelle geringfügig und doch erkennbar verschieden geschnitten, Hundertwasser für Bafög-Bezieher, auf einem Innenhof ein runder Turm mit allerlei Gemeinschaftseinrichtungen: eine Bibliothek, eine Cafeteria, ein kleiner Fitneßraum, eine Werkstatt, ein Fahrradkeller und ein großer Raum mit Bühne für verschiedenste Anlässe, heute war ich das. Plakate mit mir drauf und violette Papp-Pfeile wiesen den Weg, dem ich gerne folgte – eine neue Spielart der Selbstfindung. Aus den Fenstern guckten Leute und vom Fahrradabschließen guckten sie hoch, und sie sagten einander diskret, daß er da kommt, daß ich ich bin, und ich tat ganz besonders beiläufig, gerade so, als merkte ich das nicht. Da das Plakat und hier ich – mir war, als sei ich die Kessler-Zwillinge, und zwar beide auf einmal, ich war zwei Öltanks. Jaaaaa, das ist er, das bin ich, ja und? Nun wartet doch mal, bis es losgeht – ich wünschte mir, sehr berühmt zu sein, aber vielleicht nur für den Moment der Aufführung, da sollten hunderte, tausende, im Saal – ach was, im Stadion! – und auch Millionen draußen an den Empfangsgeräten, ihrem Gottvater danken, geboren zu sein, um doch zumindest das, dies, den, mich zu erleben. Da will Kunst von allen Seiten kommend doch hin, natürlich. Aber definitiv gar nicht möchte doch Kunst auf einen moosbedeckten Klinkerweg und hören, daß sie es ist, sie bloß.

Obwohl neben dem Türgriff deutlich DRÜCKEN stand,

zog ich energisch und rüttelte ärgerlich. Die wollten mich nicht reinlassen, die erwarteten mich nicht, die ließen mich zappeln! Da hörte ich hinter mir jemanden sich räuspern, und im matten Spiegel der Glastür erkannte ich einen kleinen Mann mit Brille, und der sagte jetzt

– Können Sie nicht lesen?

Das sagte der einfach so. Zu mir. Dem von dem Plakat, Eintritt 10 Mark, ermäßigt 8, was ein Witz ist, denn wer wird denn in einem Studentenwohnheim unermäßigt sein? Ausweis im Zimmer vergessen, wirklich – nee, is nich, du zahlst voll! Ohne mich umzudrehen, sagte ich in Spaß ausschließendem Gleichknalltston

– Und WIE ich lesen kann. So wie ich lesen kann, bleibt hier heute kein Stein auf dem anderen, da fliegen die Slips, Mann, da verstöpseln Sie sich mal jetzt schon die Ohren, ich warne Sie, so ein Geschrei wird's da geben, die Mädchen werden Sie nicht wiedererkennen, die schminken sich alle schon seit 15 Uhr, und nur für mich, das will ich Ihnen mal sagen, NATÜRLICH kann ich lesen, und

– Äh, natürlich, gewiß, dann DRÜCKEN Sie doch vielleicht einfach mal die Tür auf.

Ach so. Bis zur Lesung war noch eine Stunde Zeit, mit ein paar Eisbeuteln müßte mein Gesicht bis dahin wieder vornehm blaß zu kriegen sein.

Der Mann war zum Glück ein bißchen verrückt, jedenfalls lief er nicht lachend durch die Gegend und erzählte allen von unserem Dialog, sondern ging pfeifend durch eine Tür mit der Aufschrift LABOR. Typen, die in Labors zu tun haben, sind ja meistens introvertiert und in so verflechteten Sozialgefügen wie einem Wohnheim bestimmt nicht dem Boulevardgenre zuzurechnen, mit anderen Worten, ich hatte Glück gehabt, daß es keiner war, der ins Fitneßstudio wollte, dann nämlich hätte es heute abend der ganze Saal gewußt, und ich hätte mich auch ausziehen können da vorne und die härtesten Sexszenen aus Ulrich Wickerts Buch der Tugenden lesen, dabei die Fußnägel der Büchertischdame abknabbern, peinlicher hätte es nicht mehr werden können.

In dem Saal, den es später zu rocken galt, schoben drei Studenten Stühle zusammen, klinkten sie zu langen Reihen aneinander, und aus riesigen Schubladen unter der Bühne holten sie immer noch mehr Stühle. Ein Mitarbeiter der Unterhaltungsindustrie möchte *Publikumsmagnet* sein und kein *Kassengift*, da sind viele Stühle zunächst ein schönes Kompliment, jedoch auch eine Bürde, so lange sie leer sind – und erst recht wenn sie leer bleiben und verschämt zurückgestapelt werden müssen.

Verkalkuliert! Überschätzt! Unbeliebt! Eintagsfliege! Ramschkiste!

Ich sagte den Stühleschiebern, daß ich ich sei, und da sagte einer, daß ihn das freue, bat die beiden anderen weiterzumachen, nahm mir den Koffer ab und brachte mich zu meinem Zimmer. Hinter der Bühne waren eine Menge Türen, durch eine ging es auf einen Innenhof und da gleich wieder in eine Tür hinein, alleine würde ich das nie wiederfinden, und da war dann mein Zimmer, auf dem Bett lag eine Flasche Rotwein, ach ja, ich war Literat, richtig. Vor der Lesung, sagte der Student, sei noch Vollversammlung aller Bewohner im selben Raum, daher auch die vielen Stühle (oh), und gegen 9 könnten wir beginnen, die meisten würden dann mangels Alternative gleich dableiben, ein geschickt gewählter Termin sei das. Bis später. Ich stellte das Radio an. Einen Fernseher gab es nicht, und eine Punkrockband hatte hier zuvor auch nicht logiert, auf dem einzigen gespeicherten Radiosender erzählte gerade Justus Frantz, wie sehr er sich freue über irgendwas, ich stellte ihn aber gleich aus, und deshalb ist nicht geklärt, worüber sich Justus Frantz da gerade gefreut hat. Wahrscheinlich darüber, daß es ihn gibt. Und seine Finca. Und Sonaten und Abende unter sternenklarem Himmel und kaltgepreßtes Olivenöl vom Nachbarn. Oder darüber, daß er so prima klarkommt mit seiner lesbischen Privatsekretärin, das zumindest hatte ich tags zuvor im Flugzeug gelesen.

Ich versuchte zu telefonieren, aber das Telefon tutete nur, egal was ich drückte und vorwählte. Die dachten doch nicht wirklich, ich würde hier Gebühren veruntreuen? Wahrscheinlich dachten sie es doch. Ich sondierte die Wäschelage und konnte noch ziemlich frei wählen. Ein schwarzer Anzug schien mir plötzlich alleiniglich angemessen – gibt ja so Abende. Darunter ein hautenges Girlpower-Trikot, ich sah aus wie ein osteuropäischer old school-Eiskunstlauftrainer, stellte mich vor den Spiegel und trank sehr schnell die erste Hälfte der Weinflasche, stellte das Radio wieder an, Justus Frantz hatte sich inzwischen verabschiedet, und ich trank den Rest Wein im Sitzen, wenig vertrackte Klassikradiosinfonien dirigierend. Als die Flasche leer war, hatte ich auch wieder Lust, auf eine Bühne zu steigen. Ich hatte mich vor der Tour gefragt, wie lange es wohl dauerte, bis ich zum ersten Mal nicht nüchtern auf die Bühne ging. In Anbetracht der ungewissen Strapazen und der eindringlichen Warnungen meiner Agentin hatte ich mir Disziplin verordnet und unterstellt – und mich gründlich verschätzt: Es war in der Tat erst die dritte Lesung. Ich ging aus dem Zimmer und versuchte, den Weg zum Auftrittsraum wiederzufinden. Nicht so leicht. Durch die Gänge irrlichternd bemerkte ich schließlich, daß ich mein Buch und die CDs hatte liegenlassen und auch die Stifte zum Unterschreiben, ich hatte doch extra noch schwarze Filzstifte gekauft am Bahnhof, weil es damit einfach viel besser ging als mit schmierenden Publikumskulis. Zum Glück hatte ich das Klassikradio angelassen und die Zimmertür auf, da konnte ich mich nach Gehör orientieren, das ging gerade noch, das Zimmer hatte ich schon mal, dann auch meine Sachen, und zur Bühne zurück folgte ich den violetten Papp-Pfeilen. Die Vollversammlung lief noch. In einer Ecke stand ein großer silberner Kaffeeautomat, ich füllte mir einen Becher und guckte freundlich Menschen an, die daraufhin wegguckten. Der von dem Plakat wieder. Ich versuchte zuzuhören. Entweder ich war betrunken, oder es war einfach die Wahrheit, ich habe es jedenfalls so verstanden:

Im Wohnheimwaschkeller bezahlt man 2 Mark pro Waschgang. Das Geld bleibt dann aber übrig, weil das Wasser anderswo abgerechnet wird und das Waschpulver gesponsort wird, und der Strom ist wohl egal, zumindest bleiben fast 2 Mark netto oder brutto, jedenfalls: übrig. Die landen in einem Topf. So. Kennt man ja von öffentlichen Geldern. Und auf den Topf passen drei Leute auf, ebenfalls Standard, und die saßen da vorne und bilanzierten den vergangenen Waschmonat und den Kontostand und die Zinsentwicklung. Ich war drauf und dran, spontan meine Gage zu erhöhen, so rosig klang, was sie da erzählten, also fragte ich eine Frau, die kompetent aussah und mitschrieb, was denn so gekauft würde von dem Geld.

– Was man so braucht, sagte sie, wohlwissend, daß die

Ansichten da stark differieren, und deshalb fuhr sie fort: Also meistens was für den Fetenraum. Gute Anlage, Bar, eine noch bessere Anlage, ein Flipper, Schließfächer. Und heute haben wir den Kauf einer Nebelmaschine verabschiedet.

Ich war in einem Science Fiction-Wohnheim gelandet. Gut, daß ich betrunken war. Irgendwann durfte ich lesen, und ich wiederholte Witze, die gestern abend genuin neu waren und jetzt um die Längen gekürzt. Anfängliche Skrupel gegenüber dieser Vorgehensweise verwarf ich bald, es sprach nichts gegen gutes Entertainment. Manches klappte auch nicht, aber ich wußte ja jetzt, es kamen noch Kracherpassagen, da waren ein paar sichere Lacher dabei – und so war es. Hinterher legte ich noch ein bißchen Musik auf, signierte und durfte mir aussuchen, mit welchen Mädchen ich sprach. Eine ausgesprochen hübsche Dame wich nicht von meiner Seite, und ich sagte ihr, ich sei betrunken. Darauf sagte sie pragmatisch, gut, wir könnten direkt in ihr Zimmer gehen.

Ich sagte, ich wüßte nicht recht.

Sie sagte, sie wüßte ganz genau.

Ich fragte, ob diese ihre umweglose Vorgehensweise in kausalem Zusammenhang stünde mit meiner Plakatexistenz, und sie sagte, Ja, klar, und dann bin ich mitgegangen.

Immerhin, ich war auf Tour, da gehörte das doch alles dazu, warum auch nicht. Hauptsache, ich kriegte dieses enge Hemd irgendwie elegant ausgezogen.

Wie immer bei Radioweckern schien es mir, als sei ich genau zwei Sekunden VOR dem Anklicken erwacht. Und wie immer bei Radioweckern, quoll auch aus diesem zuallererst mal gleich ein Lied, das einen grübeln läßt über die unangemessene Archivverweildauer nichtiger Liedchen. Guten Morgen, Mich Hucknall, something got you started, na, das ist aber fein. Mich persönlich noch nichts außer dir heute, also eben nichts. Mal gucken, was das für ein Tag werden würde. Jetzt verliebt spielen? Oder sachlich abgeklärt? Oder sachlich halbverliebt, noch so eine knappe Stunde halt, und dann aber auch fertig? Es war 9 Uhr, vom Westdeutschen Rundfunk hörten wir Nachrichten.

– Guten Morgen. Naa?/Puuuuuh – Wie spät ist es denn/ Ojuipfffhm, öhh, so neun isses, wie spät war es denn, und wie geht dieser Radiowecker aus?/Gibst du mal das Wasser?/Wieso wird denn da draußen JETZT Rasen gemäht?/ Hier sieht's vielleicht aus/Soll ich Kaffee machen/Ich habe gar keinen da/Wollen wir vielleicht/Ich muß ja eigentlich zur Vorlesung/Aber da warst du doch gestern abend, haha/ Hm, vielleicht – nee, ich muß da hin, sonst kriege ich den Schein nicht, aber ich sag dir ein gutes Café um die Ecke, da arbeitet eine Freundin von mir.

Ich packte meine Sachen, ging nochmal in das Zimmer, das man mir netterweise bereitgestellt hatte, und drehte endlich das Klassikradio aus. Alles dabei, nichts vergessen? Dann mal ins Café. Ich ging wieder an den Plakaten vorbei und sah an diesem Morgen wirklich überhaupt gar nicht so aus wie der da. Und wenn schon. Wie unsentimental das gewesen war, tschüs, fertig, nicht mal Adressen getauscht. Ist ja auch vernünftig. So läuft das also auf Tourneen, dachte ich. Was für eine extrem gute Nacht das gewesen war, so wenig Leerlauf, alles ganz kompakt und logisch. Trotzdem spürte ich eine Depression herannahen, die überbordendes Glückgefühl ja immer im Schlepptau hat, ob synthetisch herbeigeführt oder homöopathisch, mit Küssen und derlei mehr. War das jetzt ein Groupie? Mein erstes Groupie. Oder heißt es mein erster – *der* Groupie? Mal in der Zoohandlung fragen. Mal die Stars fragen. Hey, Stars. Ich werde diese Frage auf Garderobenwände schmieren, ich werde – die Zeiten sind so – diese Frage ins Internet stellen.

http://www.groupiegeschlechtalsoartikel.de

Mein Lieblingsstar wäre ja der, der so antwortet

– Es heißt nicht der Groupie, es heißt nicht die Groupie, es heißt auch nicht das Groupie. Es muß heißen

DIE GROUPIES.

Der Star wäre wirklich lustig, ich würde alle seine Bücher kaufen, seine Platten hätte ich schon. Das mir anempfohlene Café öffnete gerade erst, jemand ging noch halbpenibel mit einem Besen umher, Tische wurden gewischt, Stühle gestellt, Aschenbecher verteilt. Die Bedienung sah beneidenswert klar, gesund und frisch aus, das mußte sie sein, die Freundin. Den Kräuterquark, der beim „Fitneß-Breakfast" im Preis inbegriffen war, würde ich als Maske in ihrem Gesicht verschmiert schon essen. So jedoch nicht, mit der armseligen Cocktailtomate drin, lächerliche Dekoration einer Ansammlung wertloser Staffage. Netto lag da ein Brötchen. Brutto aber verziert wie ein Schaufenster in Düsseldorf. Das annoncierte frische Obst entpuppte sich als ein geviertelter schlaffer Apfel, eine Apfelsine mit nichts als Kernen drin und eine ältliche Kiwihälfte, aber natürlich beschwerte ich mich nicht bei – Natalie Imbruglia! Das war's, genauso sah sie aus. Ich war ja blöd genug gewesen, der Bezeichnung „Fitneß-Breakfast" zu glauben. Vielleicht noch ein Wasser. Gesund war diese Tournee nicht. Unmerklich steckte ich mir eine Aspirin in den Mund und zerkaute sie, obwohl es eine plus C zum Auflösen war, aber kaum etwas fand ich alberner und unnachahmenswerter als Ostentativrocknroller, die die Verfehlung als Leistung empfinden und sich stöhnend den Kopf halten, ein Glas Wasser ordern, Applaus erwarten fürs Aspirinnehmen, dann Rollmops bestellen und nach zwei Tassen Kaffee sagen, daß sie sich jetzt wieder *halbwegs wie ein Mensch* fühlen, sich dann aber gar nicht demgemäß verhalten. Weil ich soviel Kaffee getrunken hatte, mußte ich schnell irgendwas tun, und da bot es sich an, die Stadt zu verlassen, das riet auch die im schlauen Buch angegebene Abfahrtszeit. Abends wollte ein Radiosender mitschneiden, also müßte die Lesung einwandfrei werden.

## Show #4

Ich war gerne auf Tournee. Ein kurzer Schlaf im Zug, kurzes Blättern in den Spezialzeitschriften, die es nur im Zug gibt und die mit Nylonschlaufen an den Garderobenhaken hängen und nie Eselsohren aufweisen, was ein Indiz für ihre mäßige Attraktivität ist. Hervorzuheben sind *Mensch & Büro* und *Anlage Spezial*. Mitarbeiter der Unterhaltungsindustrie, die diesen Publikationen Interviews geben (natürlich immer absolut „exclusiv“!), hatten es zwar mal geschafft, irgendwann, irgendwas, und jetzt aber hat die Unterhaltungsindustrie sie geschafft, weiter geht es natürlich trotzdem, zur Not in *Mensch & Büro*.

Und schon nahte die nächste Stadt, in wenigen Minuten würden wir die erreichen, sagte der Ansager, ich sprang bestens erholt auf und war gespannt, was die neue Stadt mir bieten würde.

Wie viele seid ihr?

Wie seid ihr vor der Lesung gelaunt und wie hinterher – wie vor allem WÄHREND der Lesung?

Ist meine Lesung, mein Buch, bin ich gut beworben?

Wo sind die Plakate?

Wer ist heute abend die Konkurrenz – andere Dichter, Konzert, Fußball, morgen früh raus?

Kauft ihr mein Buch?

Habt ihr es schon gekauft?

Warum bzw. warum denn eigentlich nicht?

Wollt ihr nur mal gucken?

Seid ihr mitgeschleppt worden – und bereut ihr es?

Wollt ihr mich anfassen?

Schreibt man euch mit H, mit C, mit Doppel irgendwas – ich frag ja nur, wegen der Widmung?

Was wird gespielt, wo geht es später denn hin, worum geht es in dieser Stadt?

Habt ihr ein schönes Hotel ausgesucht oder ein fucking „einfaches, aber sauberes"?

Was ich bieten würde, stand ja ungefähr fest. So war es ausgemacht.

Meine Agentin hatte mich am Wagenstandsanzeiger verabredet mit der veranstaltenden Buchhändlerin, und da stand eine nett guckende Frau und winkte mit meinem Buch, das mußte sie sein, dachte ich und beeilte mich, damit sie alsbald mit dem etwas peinlichen Gewinke aufhörte. Seit Beginn der Tournee hatte ich mich schon mit so wahnsinnig vielen fremden Menschen unterhalten müssen, daß ich mittlerweile einige Übung darin hatte. Nach drei Tagen schon bereitete es mir keinerlei Schwierigkeiten mehr, mit einer mir völlig unbekannten Person beschwingt zu konversieren, auf dem Weg irgendwohin, auf der Suche nach irgendwas, alles im Plan, dem Welteroberungsplan der Agentin folgend. Wir gingen also durch den Bahnhof zum Parkhaus, fuhren mit dem Lift, suchten das Auto, fanden es, fuhren kurz beim Buchladen vorbei, aha, der Autor, guten Tag, und dann zum Hotel – und hatten allerhand zu besprechen, fast so, als sei ich nach langer Zeit endlich mal wieder in der Stadt. Zu bereden gab es nichts, und doch einiges:

Wie war denn die Fahrt, soll ich Ihnen was abnehmen, ist die Tasche nicht zu schwer? Ja, vorhin hat die Sonne kurz rausgeguckt, waren Sie schon mal hier? Und Sie bereisen jetzt mit dem Buch das Land, sozusagen, die wievielte Station ist es denn, aufgeregt wäre ich – ich könnte das nicht, doch, wir erwarten schon einige Leute, vorwiegend jüngere, ist das anderswo auch so, wir haben es auch schon ordentlich verkauft, muß man sagen, die Resonanzen sind ja ganz unterschiedlich, ich habe Ihnen ein Nichtraucherzimmer gebucht, am besten Sie kommen dann etwas früher, dann können Sie noch die Anlage ausprobieren, vielleicht mögen Sie hinterher mit uns eine Kleinigkeit essen, jaja, die Buchpreisbindung, wird die Tasche wirklich nicht zu schwer, wird Ihr Verlag nicht gerade auch an Mercedes Benz verkauft, da vorn ist das Universitätsgebäude, jemand von der Lokalzeitung wollte eventuell Fotos machen, von dem Radiomitschnitt wissen Sie, und – schreiben Sie schon am nächsten Buch, was wollen Sie trinken während der Lesung, Sie signieren doch anschließend?

Wie überall, wo ich hinkam, war meine Agentin schon da, hier mal wieder als Fax. Herzlich willkommen, sagte die Frau an der Rezeption und überreichte mir einen Umschlag. Sie hatte das Fax eingetütet, das war natürlich vornehm, aber auch absurd, so als wolle man das Briefgeheimnis im nachhinein einhalten, aber wer Klopapier wie Servietten faltet, um dessen Erstbenutzung zu belegen, kann auch gerne Faxe in Briefumschläge falten, voll ok. Die Agentin war wie immer übertrieben aufgeregt. Das Fax bestand aus zwei wohlwollenden Lesungskritiken, aufgrund derer sie gleich die Tour im Frühjahr fortsetzen wollte. Es kämen täglich Anfragen, schrieb sie. Ich fragte mich, was sie wohl mit den Verrissen tat. Mir konnte sie es doch sagen oder auch faxen. Eigentlich sehr charmant, es nicht zu tun. Der Hammer aber, schrieb sie (so waren ihre manchmal etwas schulhöfischen Redewendungen, gerade auch im Zustand der Erregung), der Hammer also wäre, daß wir fürs

Wochenende „alles knicken“ könnten bzw. hätte sie das, mein Einverständnis voraussetzend, einfach schon mal gemacht, das Knicken, und eine kurzfristige Talkshowanfrage natürlich sofort zugesagt. Es handle sich um eine sogenannte gute Talkshow, faxte sie. Man käme zu Wort und oft ins Bild, das Buch auch, und das würde danach, wenn ich nicht gänzlich versagte, „im Verkauf richtig anziehen“, und richtig meine hier RICHTIG, und auch die Besucherzahlen der Lesungen, die ja ohnehin, jedenfalls würden die auch nochmal im Grunde verzehnfacht. Die für den betreffenden Abend angesetzte Lesung hätte sie kurzerhand verlegt, kein Problem.

Ich kippte meinen Koffer aus und überlegte, was ich im Fernsehen anziehen sollte. Dann legte ich mich in die Schmutzwäsche und rief meine Agentin an. Die sei „im Meeting“, sagte die Praktikantin. Wie es denn so aussehe, ob ich schon Groupies gehabt hätte und so. Wie unangenehm. Ich war nicht zu Scherzen aufgelegt, es bestand auch zwischen uns weder Anlaß noch Grundlage zu so intimen Gesprächen.

– Jetzt paß mal auf, sagte ich. Die Telefoneinheit kostet hier 80 Pfennig, und sie möge doch bitte der Agentin ausrichten, daß ich nach jenem Meeting ihren Anruf erwarte, ich sei ja auch noch da, und da sagte die Praktikantin, Oh, hat da jemand schlechte Laune, und ich sagte in einem Ton, in dem Gnadengesuche abgelehnt werden NEIN, NEIN, keineswegs, und legte auf. Ach, daß alles so schematisch ablaufen mußte. Es war mir so speziell und aufregend erschienen mit dem Mädchen nachts, und nun plapperte die forsche Praktikantin das einfach so daher, nichtsahnend und doch alles wissend, und da verlor das Erlebte gleich an

Glanz, und warum war meine Agentin auch dauernd im Meeting?

Es war noch früh am Nachmittag, ich hätte in eine Wäscherei gehen und die Hemden versorgen können, dann hätte ich für den Fernsehauftritt wieder die freie Wahl gehabt. Aber ich war mißgelaunt und mochte mich nicht mit zerknitterten Hemden beschäftigen. Ich nahm ein paar Gagenhunderter aus meinem Portemonnaie, fuhr mit dem Lift in die Lobby und fragte die Frau, die Faxe in Briefumschläge steckte, wo man denn gut Hemden kaufen könne in dieser Stadt und ob sie mir netterweise ein Taxi riefe. Ich fühlte mich extrem geschäftsreisend. Sie schrieb mir eine Adresse auf einen vanillefarbenen Hotelbriefbogen, und ich ging durch die Drehtür, das Taxi kam, ich reichte dem Mann den Zettel und wollte kein Wort mehr reden, bis ich einige neue Hemden in der Tasche hätte. Der Faxfalterin Tip erwies sich als Herrenausstatter, der von weitem wie ein Juwelier aussah und beim Näherkommen schnell klarmachte, daß das einzige Angebot unter 100 Mark Socken sind, und zwar die etwas schlechteren. Ich nahm eine Menge Hemden mit in die Umkleidekabine und ging so zielstrebig und zackig vom Eingang zum Regal zur Umkleidekabine, daß mir fachliche Beratung erspart blieb. Im Spiegel betrachtete ich meinen Oberkörper und überlegte, wie klug es wäre, einige Abende mal nichts zu trinken. Ich kaufte zwei ganz ausgezeichnete Hemden und sogar noch einen Pullover. Irgendwas mußte ich mit meinen Gagen ja machen – am Ende buchte die Agentin mich immer weiter überall hin, und dann käme eine Inflation, und dann stünde ich da schön blöd mit meinen Scheinen. Ich war wieder gut gelaunt. So gut, daß mir das Gebrabbel des schwulen Kassierers auch gar nichts ausmachte, das seien ja auch wirklich seeeehr schöne Hemden, und den Pullover hätte er auch schon ins Auge gefaßt, aber so kurz vor Monatsende, huhu, hihi, und ich sagte einfach bloß, Oh ja und vielen Dank und wünsche ich Ihnen auch und war raus und fuhr mit der glücklich machenden, großformatigen Herrenausstattertüte zurück ins Hotel. Frisch gebügelte Hemden sind schon höchst erfreulich, aber frisch gekaufte Hemden, aus denen man noch Stecknadeln ziehen muß und Kragenaufrechthalteplastikschienen, die anzuziehen ist nochmal doppelt so phantastisch.

Meine Lesung war Programmteil einer Art Straßenfest. Wahrscheinlich auch bloß, damit das Kulturamt Na gut sagte und Sonnenschirme, Parkplätze, freiwillige Feuerwehr, Straßenreinigung, Starkstromanschlüsse und Krach bis weit nach Mitternacht bewilligte. Mir wurscht, Großkunst mußte Hintertüren in Kauf nehmen heutzutage. Trotzdem schämte ich mich etwas, zu tun zu haben in einem gelb-weiß-gestreiften Zelt mit der Aufschrift

Kult&Kultur

Aber außerhalb dieses Zeltes hielt man es erst recht nicht aus, da schrien Leute auf einer großen Bühne mit Laufsteg unerträgliche Dinge, es wurde gesungen und gelärmt; hinter der großen Bühne stiegen plötzlich tausend bunte Luftballons in den Himmel und von tristbunten sogenannten Fahrgeschäften schollen dönererstickte Hilfeschreie, dazu bumperten Frank Fahrian-Outtakes und immergleiche Anfeuerungsrufe leberkranker Kassenhäuscheninsassen. Die Menschen trugen dampfenden Zwischenmahlzeitsbrei spazieren, nicht auf Plastiktellern, sondern auf gutgemeinten Waffelgebilden, die man angeblich essen kann, aber von diesem Angebot machte niemand Gebrauch. Im Kult&Kultur-Zelt probten zwei Männer die Tonanlage. Ich fragte, ob sie die Herren vom mitschneidenden Radiosender seien, und sie sagten, so sei es, genau die wären sie, und die Akustik sei ziemlich mies, aber erst mal Guten Abend. Ich sagte Hm und freute mich über die hinzukommende Buchhändlerin, die einen Bastkorb dabeihatte mit einigen Büchern und einer Flasche stillem Autorenwasser darin. Von zuviel Kohlensäure mußte man rülpsen beim Lesen, das wußte ich, zu der Akustikdebatte hingegen konnte ich nicht viel beitragen, ich kannte nicht mal den Unterschied zwischen Wechselstrom und Gleichstrom. Um aber trotzdem interessiert und top motiviert zu wirken, verlieh ich meiner Freude über das erste kabellose Mikrophon meiner Tournee Ausdruck. Zumindest theoretisch war es jetzt denkbar, beim Lesen herumzuspringen, was wußte denn ich, welche außerordentlichen Maßnahmen so ein Straßenfestpublikum nötig machen würde. Die Männer sagten, ich solle dicht ans Mikrophon herangehen, sehr dicht, sonst sei es völlig aussichtslos gegen den Lärm da draußen. Das versprach ich ihnen gerne, und dann setzte ich mich mit einem Stadtzeitungsredakteur in ein akustisch ebenfalls unvorteilhaftes Bierzelt und schrie ihm einige Antworten ins Ohr. Er schrieb sie fragmentarisch mit der Drüberschreibseite eines Tintenkillers in ein Beavis & Butthead-Notizbuch.

„Teils autobiographisch" schrieb er zum Beispiel. Das war natürlich ein bißchen dürftig als Destillat einer dreieinhalbminütigen Ausführung, aber es kam wohl nicht so drauf an. Ich wollte ihn unbedingt das Wort „Antialkoholiker" in sein Beavis & Butthead-Buch reinschreiben sehen. Die Frage lautete zwar gerade „Kannst du vom Schreiben leben?“, aber ich versuchte es trotzdem

– Ja, das geht schon, wobei ich dazusagen muß, daß ich seit Jahren überzeugter Antialkoholiker bin.

Er schrieb „überzeugter Antialkoholiker“ unter „Teils autobiograhisch“. Mehr stand da noch nicht, aber er sagte, Prima, da habe er ja eine ganze Menge beisammen, 40 bis 50 Zeilen wolle er daraus, oh ja, stricken. Nur zu. Ich holte mir einen nach Verwesung schmeckenden Kaffee vom Ausschank und schüttelte dem Redakteur die Hand, er bedauerte, die Lesung nicht besuchen zu können, er müsse, sagte er, noch weiter in die Stadthalle zum Alanah Myles-Konzert und danach in den Fundome zur Romeo & Julia-Party, so sei das eben, sie seien nur zu dritt bei der Zeitung. Ich nickte und erduldete den Kaffee. Endlich hatte ich mein Ritual, das würde ich nun allabendlich GENAU SO machen, eine halbe Stunde vor Bühnenbetreten: Konzentrieren, das ganze Gelärme und Drumherum vergessen; nervös? Nicht unangenehm, eher sachdienlich verkrampft; ruhig werden, und doch auch wach, Kaffee wirkt – und dann aber los.

Ich begann mit der Lesung. Das Publikum war eher Laufkundschaft, eine sehr unaufmerksame, raschelnde, flüsternde Ansammlung, ständig gingen welche (warteten nicht mal Satzenden ab!), kamen aber auch welche, die unbeeindruckt quer durch den Raum spazierten und mit ihrer Begleitung über die Platzwahl, die Zelttemperatur und das Gebotene debattierten, als sei ich eine schmerzunempfindliche Jukebox, in der vielleicht ein paar Schätze schlummern, aber gerade läuft nur Mist, hoffentlich hat keiner 40 Mark reingeworfen und das geht in dem Stil weiter. Wenn Städte Kultur fördern, ist das ja zunächst mal lobenswert.

Wenn das in der Umsetzung aber bedeutet, daß die Kultur zwischen Hüpfburgen, Handleseautomaten, Schiffschaukeln, bayerischer Rutsche und Eierlaufen im Dunstabzugsgebiet einer Bratwurstbude gefördert wird, damit Gäste aus aller Welt es kulturell finden, wie sie sich vollaufen lassen und versuchen, Zwiebelkuchenfürze durch lautes Lachen zu vertuschen, dann kann man auch gleich von RTL2 präsentiert durch Erlebnisgastronomie touren. Und außer Preisausschreibengewinnern, Kritikern vielleicht (ganz vielleicht!), Freunden und Versehrten (dann hätten wir wohl alle) sollte niemand kostenlosen Zutritt zu meinen Lesungen haben. Ohne Eintritt kommen die Menschen zu spät und gehen zu früh. Da sitzt ein Mann und gibt sich Mühe, das kann man sich anhören, wenn man will, keiner muß, also kostet das was, aus, fertig.

Draußen kreischte eine Moderatorin, drinnen verzweifelte ein Autor. Mein Publikum murmelte und klapperte mit allem möglichen, klang wie die Tonspur eines Dokumentarfilms über einen türkischen Arbeiterverein, und zwar genau die Phase, nachdem gerade in einem Nordmende-Fernseher gleichzeitig Fußball- und Wahlergebnisse durchgegeben wurden. Aber ich las weiter. Dachte ans Radio, ans Geld, meine Karriere, den von noch KEINEM Besucher frequentierten Büchertisch, meine Agentin, das Wort „Ochsentour", an meine neuen Hemden. Einen Saal leerzulesen, muß scheußlich sein, aber einen Saal zu belesen, wie man will, und der Saal reagiert GAR NICHT, sondern führt ein komplettes Eigenleben, pfeift auf, aber nicht gegen diesen Vertreter der Unterhaltungsindustrie, das erst verursacht die größten Schwitzflecken auf Entertainerhemden. Es war eine lausige Vorstellung.

Die Buchhändlerin packte tapfer sämtliche Bücher wieder ein und sagte mütterlich, sie habe das gar nicht so empfunden, und dooooooch, einige hätten sehr wohl gelacht, aber das Zelt wäre wohl tatsächlich nicht so geeignet gewesen, nächstes Mal in der Buchhandlung, gut, ob ich ihr denn die Ehre erweisen und noch zum Abendessen kommen würde, ihr Mann und der Geschäftsführer und Herr Dingens vom Kulturbeirat und Frau Soundso von der Stiftung „Bücher, aber klar doch" würden sich sehr freuen, also, wenn ich nichts anderes vorhätte. Kurz überlegte ich, den Abend in der eingeschlagenen Richtung zielsicher zu beenden, und Alanah Myles beim Verrichten ihrer Arbeit zuzusehen. Das wäre eine gute Geschichte für später mal, aber nicht denkbar zum WIRKLICH erleben. Also nahm ich die Einladung an, ich käme später nach, müsse erst noch mit den Radioleuten reden, ein neues Hemd, eine kurze Dusche und so weiter. Die Frau sagte, das passe ganz wunderbar, sie müsse nämlich noch Kartoffeln kochen fürs Raclette, Sie mögen doch Raclette, also kaum etwas mag ich lieber, na bestens, Adresse schreibe ich Ihnen hier auf das Tombola-Los.

Ich stieg die steile Metalltreppe hinauf in den Technikbus. Die Radioleute lachten. Sie sagten gar nichts, sie lachten nur.

– Naja, sagte ich, berauschend war es nicht, was?

– Oh doch, sagten sie, ich solle mal reinhören, und ob das berauschend sei. Sie setzten mir einen Kopfhörer auf und starteten das Band.

*… hier ist sie, die einzige, die große, Deutschlands Lady Blues, hier ist … JOY FLEMING!*

*Joy, ich meine, du siehst blendend aus, das Leben macht dir Spaß, das sieht man, aber man wird ja wohl auch ohne zu lügen behaupten können, daß du nicht gerade eine Baywatch-Figur hast, aber natürlich trotzdem ein sehr modischer Mensch bist, oder? Und das ist ja gerade auch so schön hier bei dieser Mischung aus Straßenfest und Modenschau, die einfach zeigt: Es geht um Schönheit, aber um eine auch realistische Schönheit, also Mode für Menschen, so kann man es wohl sagen.*

Ich nahm den Kopfhörer ab.

– Geht noch weiter, lachte der eine, der andere biß in eine spritzende Wurst.

*Der Handel zeigt natürlich auch Flagge hier, diese Party belebt die Innenstadt, für den Einzelhandel ist das ja ein Segen, sone Sause könnte wahrscheinlich, wenn es nach denen ginge, ruhig einmal die Woche stattfinden. Was mich aber derweil interessieren würde, wo's doch heute um Mode geht hier: Herr Oberbürgermeister, die Klamotten, sucht Ihnen die morgens die verehrte Frau Gemahlin raus, oder heißt es da, selbst ist der Mann?*

Den anvisierten Hörspielpreis der Kriegsblinden würde ich damit nicht gewinnen. Mit dem Funkmikrophon war irgendwas schiefgelaufen, die Kanäle waren durcheinandergeraten, hieß es vage, und das Ergebnis war nun ein Stereomitschnitt vom Irrsinn der Hauptbühne. Die Leute vom Radio hatten versagt. Vielleicht könnte meine Agentin sie gewinnbringend verklagen. Ich sprach ihr den Skandal empört auf den Anrufbeantworter, bestieg das andere neue Hemd, zog einen pastellfarbenen Blumenstrauß aus einem Automaten, verfluchte Joy Fleming und ging zum Racletteessen. Die Buchhändlerin lebte, der Bastkorb hatte das schon angedeutet, in einem würdig verwitterten Bürgerviertel. Die Straßen waren benannt nach Komponisten, Dichtern und Philosophen, die Häuser standen in einigem Abstand zueinander und trugen imposantes Weinlaub. In den Carports pausierten mit nachdrücklichen, aber friedfertigen Aufrufsaufklebern versehene Kombis und Geländewagen, vor den Türen standen Gummistiefel und Bobby Cars, und in den Fenstern hingen Ausschneidearbeiten von Vorschülern. Wie idyllzerstörend doch Hundegebell ist! Ich klingelte bei der netten Buchhändlerin, machte also völlig freiwillig auf mich aufmerksam, aber der Hund wollte wahrscheinlich Schmackos oder wie das heißt dafür haben, daß er das Klingeln auch gehört hat, denn er kam absolut nicht damit klar, daß er nicht zum Aufpassen und Briefträgerbeißen aus dem Tierheim geholt wurde, sondern um den Kindern ein großer, weicher Spielkamerad zu sein. Kläff, sabber, jaul, Eigentumschütz, schnapp, groar. Ich kann mit Hunden nicht viel anfangen.

– Ah, bist ein Lieber, hm, ein ganzer Lieber, nein, das macht mir nichts, ach wo, wie heißt er denn, aha, Rezzo, so Rezzo, ja, ein feiner Hund bist du, komm, laß mich mal rein, hm?

Die Sache war die, Rezzo wollte nur spielen, ich wollte nur Raclette essen, aber Rezzo war einen Meter hoch, mindestens. Also mußte erst mal ein bißchen gespielt werden. Die Buchhändlerin warf mir einen roten Gummiball zu, und den kickte ich in den Vorgarten des Nachbarn. Außerordentlich intelligent sind Hunde ja nicht – der Weg war frei. Im Eßzimmer schien man schon und ausschließlich auf mich gewartet zu haben. Der Mann der Buchhändlerin sagte

– Aha! Das ist aber eine Freude!, wischte sich den Mund

ab und sprang auf. Ich guckte in mindestens neun freundliche Gesichter, alle hatten den Kopf schiefgelegt, die Ellenbogen aufgestützt und die Hände gefaltet. Ich wurde zum Kopfende des Tisches dirigiert und saß kaum, als ein Fragengewitter auf mich losbrach, gegen das die Pressekonferenz bei Entlassung eines Fußballtrainers einem vornehmen Plausch mit Alfred Biolek entsprach.

– Trinken Sie einen trockenen Roten mit uns oder lieber erst mal ein Bierchen?

– Hat die Lesung Ihren Vorstellungen entsprochen?

– Sind Sie gebürtig aus Hamburg?

– Sie haben sich doch hoffentlich nicht für uns extra so schick gemacht?

– Soll ich Ihnen gerade mal die Blumen abnehmen?

– Kann es sein, daß meine Schwester mit ihrem Vater zur Schule gegangen ist?

– Haben Sie überhaupt noch an einer Schreibmaschine gesessen, kennen Sie das noch?

– Kennen Sie die berühmte Angst vor dem weißen Blatt Papier?

– Müssen Theater und Kirche heutzutage Videoclips anbieten, um wieder wahrgenommen zu werden?

– Und Sie haben keinen Führerschein, hat Gerlinde, also meine Frau, erzählt?

– Was machen Ihre Eltern beruflich, mit welcher Fremdsprache hatten Sie am wenigsten Schwierigkeiten in der Schule, hat es Sie je gereizt, im Ausland zu arbeiten, würden Sie auch sagen, daß Ihre Generation eher wieder etwas prüder ist oder wird das nur in den Medien so dargestellt, sagt Ihnen Horst Hrubesch noch was, sind Sie verkabelt oder haben Sie eine Schüssel?

– Ob Sie mir gerade mal das Fladenbrot reichen?

– Dann waren Sie also 12, als Tschernobyl hochging, richtig?

Ich antwortete in alle Richtungen und ließ dauernd mein Käsepfännchen zu lang drin. Raceletteessen ist wie die Unterhaltungsindustrie Schwerstarbeit, beides zu vereinen für mich Azubi völlig utopisch. So ging ich dazu über, nur noch Kräuterquark zu essen. Meine Serviette war runtergefallen, und ich hatte Angst, beim Aufheben mit Rezzo aneinanderzugeraten, also blieb mein Mund unabgewischt und das Weinglas wurde immer trüber, der Wein selbst sah aus wie lange nicht gewechseltes Wasser im Tortenmesseraufbewahrungsbassin einer Kleinstadtkonditorei, schmeckte aber immer noch gut genug. Als ich dann noch einwilligte, eine Runde Siedler von Catan mitzuspielen, war die mir entgegengebrachte Sympathie endgültig nicht mehr in herkömmliche Skalen darzustellen. Fast glaubte ich, sie verwechselten mich mit einem anderen Autor. Aber da brachte Ehefrau, Gastgeberin & Buchhändlerin Gerlinde eine Marzipantorte mit einer werktreuen Zuckergußabbildung meines Buchcovers, und alle klatschten, und ich wurde rot und bedankte mich. Einen so friedlichen Abend hatte ich seit Jahren nicht erleben dürfen. Eine Herzlichkeit und Entspanntheit wie nirgends sonst auf der Welt, vielleicht noch im Wartesaal eines Linienfluges nach Irland oder vor einem Kurmittelhaus an der Nordsee, aus dem 60 Rudolf Steiner-Anhängerinnen strömen, die sich gerade zum vierten Mal „Jenseits der Stille“ angeschaut haben.

Der ältesten Tochter, die gerade ein Austauschjahr in der Dordogne verbrachte, signierte ich noch ein Buch, Gerlinde umarmte mich, und ihr Mann fuhr mich ins Hotel, nach dem einen Glas, sagte er, wäre er konsequent bei Wasser geblieben. Wer diesem Mann nicht traute, hatte ein fritiertes Herz.

Als wir an dem Platz des frühabendlichen Grauens vorbeikamen, bat ich ihn, etwas langsamer zu fahren. Außer ein paar Betrunkenen war niemand mehr zu sehen. Da er einen stabilen Land Rover mit Überrollbügel fuhr, fragte ich höflich, ob es ihm was ausmachte, mal kurz, aber doch entschieden gegen das Kult&Kultur-Zelt zu rummsen.

– Im Gegenteil, sagte er und gab lachend Gas. Die Zeltwände schienen aus Papier und vermochten uns nicht aufzuhalten. Wir standen mit dem Land Rover direkt vor der Bühne, auf der ich gedemütigt worden war. Ich mußte nichts mehr sagen. Der Tapetentisch in der Ecke wurde mit den Worten

– Und das WAR dann wohl der Büchertisch! kleingefahren, und dann ritschten wir durch die andere Wand wieder auf die Straße, und Gerlindes Mann hupte und gab Gas, und zwar so richtig Gas. Nach zwei Minuten standen wir vor dem Hotel und gaben uns verschworen die Hand. Als ich mein Zimmer betrat, war ich nicht sicher, ob er nicht nochmal zum Zelt fahren würde, letzte Konsequenz walten zu lassen.

Ich träumte, im Kellerstudio des Frauenhauses Zwikkau gemeinsam mit Joy Fleming ein Konzeptalbum entlang einer Novelle von Peter Härtling aufnehmen zu müssen. Librettist Nino de Angelo arbeitete uns von Mallorca aus zu. Gerade hatte ich nach enervierenden Verhandlungen von der brandenburgischen Landesregierung 1 Gefangenenchor, 2 Technics für die Fleming und 900 Kubikmeter Percussionzubehör bewilligt bekommen, da klingelte das Telefon. Die Erleichterung überwog trotz früher Stunde.

– Grüß dich, hier spricht der Jürgen von Radio Siebenundneunzigsechs. Ich hoff mal, ich stör nicht allzusehr, weil, das Ding ist nämlich, ich hab hier jetzt gerade vom Schichtleiter die Memo rübergereicht gekriegt, daß die geplante Aufnahme gestern abend wohl gehörig in die Binsen gegangen ist, und deine Agentin hat uns hier heute morgen schon, ja auf gut deutsch, die Hölle heiß gemacht, und deshalb dann jetzt ganz unbürokratisch einfach unser Angebot, sie fand das dann auch ok so, du haust dir rasch n Kaffee in die Kiemen und kommst hier rüber, nimmst dir n Taxi, läßt dir ne Quittung geben, und dann sind wir in ner halben Stunde auf Sendung, das paßt auch ganz gut rein in die Morgenschiene heute. Ach, richtig, das eine noch, du darfst dir auch ein Lied wünschen, das darf der Gast bei uns immer, aber jetzt in Anbetracht der spontanen Aktion würde ich sagen, bitte hier nicht so die ganz harte Nummer, Panflötencombo Takatukaland plays Madonna oder so n Museumsstück, das kriegen wir dann nämlich nicht mehr auf die Reihe, eher ne aktuellere Nummer, am liebsten ausn Charts, hast du da aufn Bauch geschossen jetzt was auf der Pfanne?

Ich hatte inzwischen den Fernseher angeschaltet, und da lief „Body Movin'“ von den Beastie Boys, der Remix von Fatboy Slim, und ich war dankbar für diese Anregung, sagte also

– Wie wäre es denn mit dem Fatboy Slim-Remix von „Body Movin'“? Und Jürgen sagte

– Ist gekauft.

Meine Agentin hatte es übertrieben. Was bitte sollte es bringen, jetzt einige Minuten in einem so penetranten Radiosender herumzusitzen? Ach. Ich fand es insgesamt schon in Ordnung, wieder auf Sendung zu sein, darauf lief doch die ganze Tour hinaus, hallo Deutschland.

Ich benahm mich mittlerweile ohnehin so geil künstlich, daß alles nicht mehr weh tat. Abends wurde gelesen, auf Applaus gehofft, Hände geschüttelt; wenn mich jemand erkannte auf dem Weg durch die zu rockende Stadt, versuchte ich, normal weiterzugehen, aber wenn mich keiner erkannte, guckte ich mich verunsichert um. Erblickte ich in der Fußgängerzone mein Gesicht auf Plakatwänden, duckte ich mich weg, entdeckte ich es nirgends, nicht mal an einer kleinen Kulturghettolitfaßsäule, rief ich meine Agentin an und fragte, was denn da jetzt los sei, und ob man so vielleicht eine Lesung promote. Lob mußte ich abwiegeln, um nicht irre zu werden, genauso wie Kritik, und das alles setzte eine gefestigte Persönlichkeit voraus und sabotierte diese zugleich. Dann kriegte ich am Ende eines nur für mich ausgerichteten feinen Abendessens eine Marzipantorte mit einer Zuckergußnachbildung meines Buchcovers überreicht. Nachts im Hotel automatisch Panik vor dem abrupten Ende allen Traras, da KEINE Nachricht vorlag, kein Fax mit Sensationsmeldungen, keine neue Einladung, kein Fragebogen, kein Echo, kein Leben. War das also schon alles gewesen? Morgens ging es direkt in ein Radiostudio, das war doch folgerichtig voll richtig. Wohin denn auch sonst. Der Frühstücksmoderator hatte eine Kaffeetasse vor sich stehen, mit der Aufschrift: Moderatoren-Pott. Er klammerte sich daran fest, und trank dauernd in so Minischlukken, daß ein Fließgleichgewicht aus Spucke und Kaffee entstand, wahrscheinlich war das Zeug 10 Grad kalt und bestand kaum noch aus Kaffee, aber sicherlich hatte er das mal im Fernsehen gesehen, daß ein Moderator dauernd Kaffee trinken muß, weil es halt auch ein Knochenjob ist.

– Wir haben zwei Dreiminutentakes, sagte er in Mediendeutsch. Ich fahre jetzt die Musik runter, und dann geht es los, sei nicht irritiert, unter unser Gespräch lege ich so'n Soundbett, sonst fällt das soundmäßig zu sehr raus, bist du bereit?

War ich. Bloß, daß ich mich mit Kopfhörer auf den Ohren nie wohl fühle, ich habe einfach keinen Kopfhörerkopf, aber bereit war ich natürlich, immer doch. Seit 24 Minuten wach, und schon gut gelaunt an der Promotionfront.

Und dann brabbelte er ohne Satzzeichen los

– Jaaaa, das waren die Boomtown Rats mit „I don't like Mondays", ein bezeichnender Titel, aber bis Montag haben wir ja noch drei Tage Zeit und stürzen uns also doch erst mal gut gelaunt ins Wochenende; Wochenend und Sonnenschein kann man nicht gerade sagen, dunkle Wolken hier überm Studio, das sieht ganz finster aus, aber putzmunter für euch am Mikrophon zu so nachtschlafender Zeit euer Mirko Andresen, genannt Mirko das Mikro, hier auf Radio Siebenundneunzigsechs, und hier bei mir sitzt einer, dem Montage auch nicht so gefallen, trotzdem schön, daß du bei uns bist, du hast ein Buch geschrieben.

– Ja, richtig.

– Kannst du kurz erzählen, worum es in dem Buch geht?

– Ja, also da ist ein Junge, und ein Mädchen, also genauer gesagt, da ist kein Mädchen. Naja, es geht um, äh, einiges, also in zwei Sätzen kann ich das nicht sagen, sonst hätte ich ja auch schlecht ein Buch damit vollschreiben können.

– Das laß ich mal so stehen. Wie gefällt es dir denn hier bei uns in der Stadt, dir als gebürtigem Nordlicht, wenn ich das richtig sehe.

– Ich finde es hier ganz schön.

– Gut, das ist doch mal 'ne Ansage. Okay, okay, kommen wir mal zu deinem Musikwunsch, wir hören „Body Movin'" von den Beastie Boys, kurz paar Takte dazu, warum ausgerechnet dieses Stück?

– Eines meiner Lieblingsstücke zur Zeit, nichts weiter.

– Ok, der Mann kennt sich aus, hier auf Radio Siebenundneunzigsechs, Zeit ist Geld, wir machen ein bißchen Werbung, oder, wie es so schön heißt, Verbraucherinfos, haha, und dann sind wir gleich wieder für euch da, ich und mein Gast (er stößt mich an)

– Äh, hm, und die größten Hits der letzten 900 Jahre, alle auf einmal in einer Stunde.

Werbung.

Er nahm den Kopfhörer ab, maulte kurz, ich hätte mal lieber meinen Namen sagen sollen, nuckelte an seiner Tasse, aber der Toningenieur hinter der Panzerglasscheibe hob den Daumen, weil er das wohl ganz lustig fand mit den letzten 900 Jahren, und da knickte natürlich auch der Herr Andresen ein, hier auf Radio Siebenundneunzigsechs.

– War doch ganz ok, he? fragte er fischend.

– Machen wir'n Jingel draus, ist schön daneben! sagte der Techniker durch den Studiolautsprecher.

Wieder Daumen, ich hob auch den Daumen, und schon erlebten wir das wahrscheinlich größte Daumenheben der 70er, 80er und 90er. Hier bei Radio Siebenundneunzigsechs.

Nach der Werbung fragte Herr Andresen, wen wir denn da in der Leitung hätten, und der, den wir da in der Leitung hatten, mußte – so kannte ich das – gar nicht erst irgendeine simple Frage beantworten, sondern es hieß gleich

– Alles klar, dank dir für den Anruf, bleib uns gewogen, wir schicken dir ein Buch zu, der Autor selbst wird es jetzt handsignieren, bleibst du gerade in der Leitung, dann nehmen wir deine Personalien auf, so ganz big brothermäßig.

Dann las Mirko das Mikro noch eine völlig ungeeignete Stelle aus meinem Buch vor und fragte, wie einem sowas einfalle, ob ich das alles selbst erlebt hätte, ob man lange an so einem Buch säße, wie man überhaupt zum Schreiben komme und ob man davon denn leben könne. Ich begann zu antworten und vergaß bald, wie mein Satz begonnen hatte und wie zu beenden ich ihn geplant hatte. Es hatte doch eine Frage gegeben, oder? Ich redete weiter. Irgendwann kam Musik, und ich schüttelte Herrn Andresen die Hand. Er sagte

– Munter bleiben, Herr Doktor! und ich sagte

– Weiter so!

Es war kein Wunsch, bloß eine Prognose. Ich glaube, ich war der schlechteste Gast in der Geschichte von Radio Siebenundneunzigsechs. Draußen war es kalt und unangenehm. Beziehungsweise *Nebel mit Sichtweiten von zum Teil unter 50 Metern*.

Zurück im Hotel ergab sich durch die neuen Hemden und das volumenvergrößernde Knäueldasein der bereits getragenen ein ernstes Stauraumproblem. Ich hüpfte auf dem Koffer rum, stellte sogar einen Sessel drauf, aber er war einfach nicht mehr zu schließen. Also hatte ich neben der Tasche und dem Koffer ab sofort ein drittes Gepäckstück, nämlich die Herrenausstattertüte, und mobil war ich jetzt wirklich nicht mehr.

## Show #5

Im Zug bat ich einen laptopklappernden Mann, kurz auf mein Gepäck zu achten. Ich ging zur Toilette, lehnte mich mit dem Rücken gegen das Milchglasfenster und guckte in den Spiegel. So ein Selbstgespräch kann helfen, ich mußte jedoch aufpassen, das nicht zur täglichen Gewohnheit werden zu lassen, schließlich wollte ich berühmt werden und nicht verrückt. Im Zug ist es aber gut möglich, dabei ungestört zu bleiben und nicht gleich eingewiesen zu werden, zumindest während der Fahrt übertönen die Fahrtgeräusche die Selbstansprache.

– Läuft doch, sagte ich.

– Läuft andererseits überhaupt nicht, sagte ich.

– Läuft auf jeden Fall verkehrt.

– So eine Lesung wie gestern abend darf nicht passieren. Heute abend muß es viel besser werden.

– Aber zumindest DANACH – ich meine, das war der schönste Abend seit Jahren!

– Natürlich waren die danach wahnsinnig nett. Nach Niederlagen sind immer alle erst mal nett. Dann kommt die zweite Chance. Und wenn man es dann wieder versiebt, dann sind die Menschen nicht nur weniger nett, sie sind dann gar nicht mehr. Dann ist der nächste dran, der Markt ist nicht gerade abgegrast, wenn du verstehst.

– Ich stehe in Zeitungen, darf morgens ins Radio und morgen abend bin ich im Fernsehen. Ist das nichts?

– Das ist eigentlich ganz genau: nichts. Vorübergehende Multiplizierung. Differenziere um Himmels willen zwischen Beachtung und Bedeutung. Heute abend wird gelesen. Das ist entscheidend. Bitte konzentrieren. Die Agentin hat nicht mal dein Buch gelesen. Die Agentin macht ihren Job, aber verwechsel das nicht mit Zuneigung oder persönlichem Interesse. Du bist, das hat sie doch selbst gesagt, ein *Aufbauthema*. Überleg doch mal. Aufbauthema! Was für ein Wort. Und dann bist du vielleicht in einem Jahr ein Abschreibungsobjekt, Mann.

Ich stützte mich aufs Fakemarmor und beugte mich näher an den Spiegel.

– So, und jetzt?

– Händewaschen. Alles auf Null stellen. Nicht täuschen lassen.

– Okay.

Ich drehte am schwarzen Rädchen der Bröselseifenmühle, zog mit der anderen Hand das Kippfenster auf. Fahrtwind, ein tolles Geräusch. Es geht weiter, man kommt vorwärts, die Bahn kommt, und ich gleich mit. Das Fensterauf-Zischen ist besser als das an der Übertrittstelle von einem Waggon zum nächsten, zwischen den beiden Schiebetüren, da ist es eher bedrohlich, weil die geriffelten Boden-Stahlplatten sich so lose ineinanderschieben und die ganzen Schläuche und Gummilappen einen so provisorischen Eindruck machen. Ich ließ eine ordentliche Menge phosphorfarbenes Seifengebröckel in meine Handinnenfläche schneien und trat auf das Wasserpedal, um Pulver in Glitsch zu verwandeln. Hände waschen im Zug ist so befriedigend, weil die Hände durch Gebrauch all der Griffe und Hebel, das sieht man spätestens an der Verdunklung des ablaufenden Wassers, beim Bahnreisen wahnsinnig schmutzig werden. Dazu die Druckerschwärze vom vielen Zeitunglesen – da erscheint einem der tröpfelnde Nichttrinkwasserstutzen immer wie eine Felsquelle. Im ICE wurde die historisch bedeutende Bröselseife durch rosa Instantglitsch ersetzt, so eine Art Flamingosperma. Vereinzelt gibt es sogar Handföns statt grobporiger Papiertücher – allerdings werden die Hände im ICE ohnehin viel weniger schmutzig.

In Kürze erreichen wir.

Dort haben Sie Anschluß.

Dort wechselt das IC-Team.

Bald wieder an Bord begrüßen zu dürfen.

Im Großraumwagen erlosch die rote WC-Lampe, weil ich die Tür entriegelte, dachte der Egozentriker. Die Entfernungen zwischen den einzelnen Tourneestationen waren zumutbar. Meine Agentin hatte in ihrem Büro eine riesige Deutschlandkarte hängen, und damit heckte sie ökonomisch sinnvolle Tourneen aus. Es ist ganz interessant, wann und was man so mit Deutschlandkarten zu tun hat. Meine erste Deutschlandkartenerinnerung reicht zurück ins Vorschulalter. Beim Kinderarzt gab es im Wartezimmer neben einem zerkauten Mensch ärgere dich nicht-Brett auch einen Karton mit Resten des Gesellschaftsspiels Deutschlandreise. Leider gelang es mir nicht, die Regeln dieses Spiels zu begreifen. Später bekam ich mal auf dem Marktplatz eine Deutschlandkarte von der niedersächsischen CDU geschenkt, angereichert mit einigen Fahnenaufklebern. Dazu eine Mütze und ein Geduldsspiel. Die Karte flog zuerst in den Müll. Selbst wenn ich schon gedurft hätte, ich hätte Ernst Albrecht trotzdem nicht gewählt, weil er meiner Schwester nie geantwortet hat auf ihren Brief, in dem sie ihn freundlich, aber unmißverständlich aufgefordert hatte, sofort alle Atomkraftwerke auszustellen. Die nächste Deutschlandkarte dann in der Schule, und dort dann regelmäßig: in Erdkunde, Geschichte, Sozialkunde, vielleicht auch in Religion, nur in Sport nicht, wenn ich mich richtig erinnere. Dann kamen die Auslandsreisen zur Schärfung der Sprachkenntnisse und Vorurteilsprophylaxe, und falls mit Gasteltern mal eine kleine Gesprächsebbe eintrat, nachdem man zuvor Deutschland anhand von Hitler, Mozart, Volkswagen, Kölner Dom, Oktoberfest und Franz Beckenbauer erschöpfend abgehandelt hatte, wurde auch hier die Deutschlandkarte hervorgeholt, und man durfte zeigen, ob die Heimatstadt näher an München oder an Hamburg lag, und im Gegenzug erfahren, wo die Eltern der Oma der Gasteltern einst lebten, nämlich meistens irgendwo am Rhein. Kurz zuvor war sich wiedervereinigt worden, und man durfte feierlich, je nach Kartenaktualität, entweder die Grenze generös und historisch bewegt wegwischen oder mit einem die Freiheit verehrenden Demokratenblick kopfschüttelnd nachskizzieren. Dann kam das Abitur, und die Deutschlandkarte zu mehrfachem Einsatz:

1. kam sie in irgendeiner Form in bestimmt mindestens einer Prüfung vor

2. da viele gerade Autofahren gelernt hatten, konnten wir nun rechts ranfahren und auf der patentgefalteten Variante nachvollziehen, wie wir uns innerhalb Deutschlands auf dem Weg zu irgendeinem Festival verfahren hatten

3. konnten wir nachmessen, wieviel Kilometer der Wunschstudienort vom Elternhaus entfernt war

4. schauen, wo die Zentrale Studienplatzvergabe einen hinplante

5. wie weit das dann zur Freundin war

6. wie man beim Interrail, ohne in einem vollkommen unattraktiven Nachbarland zu landen, auf möglichst kur-

zem Weg die deutsche Grenze passierte, denn innerhalb Deutschlands galt das Ticket nicht

Meine Agentin hatte mit Länderfähnchen vom Partyservice, die man ungefähr bis zur Abwahl Helmut Schmidts in Käsestücke reinsteckte, um kosmopolitische Gesinnung anzudeuten und sich nach dem Essen damit das Gebiß zu reinigen, das Land zerstochert. Statt Flaggen wiesen die Papierstückchen nun Auftrittsdaten und das jeweilige Klientengesicht aus. Eine Praktikantin aus dem, obwohl unterbezahlt und streng geführt, merkwürdig dauerfröhlichen Team meiner Agentin hatte kaum eine andere Aufgabe als die ständige Aktualisierung dieser Karte. Sie mußte kleinkopierte Gesichter ausschneiden und mit einem Klebestift auf Käsefähnchen montieren, auf der Rückseite Termine vermerken, und dann die Fähnchen in die Deutschlandpinnwand rammen, weiter nichts, so sah es aus, aber in ihrem Praktikumszeugnis würde es hinterher „Update-Koordination im Bereich Tourrouting" heißen, hatte sie mir erzählt, und das klang natürlich nach Führungsposition bei der NASA, mindestens.

Meine Hände waren sauber, und der Mann mit dem Laptop hatte achtgegeben, daß mein Gepäck weiterhin dreiteilig war. Wenn man älteren Geschäftsleuten, mit denen man sich im Großraumwagen nicht in die Quere gekommen ist, eher so zwei, drei Zweckbündnisse während der Fahrt eingegangen ist (aufs Gepäck aufpassen, Zeitungen vom Sitz nehmen, verächtlich im Duett stöhnen, wenn Verspätungen durchgesagt werden, Feuer geben, Hustenbonbon nehmen), wenn man denen vor dem Aussteigen höflich Auf Wiedersehen sagt, sagen die älteren Geschäftsleute IMMER generationenversöhnend

– Tschüß dann.

Wenn man selbst Tschüß dann sagt, sagen die älteren Geschäftsleute aber doch lieber

– Wiedersehen.

Das hängt mit dem Verlust der Werte zusammen.

Vor einem Pizzaeckenkiosk im Tournee-Ort Numero fünf, für den sich ein Volontär des Berliner Top-Kabaretts Distel den Namen „Ess-Bar" ausgedacht hatte, lud ich mein Gepäck ab und guckte ins schlaue Buch. In der Rubrik Unterbringung stand bei Show 5 „Gästehaus". Was ist denn das, ein Gästehaus? Der deutsche Bundestag hat eins, das weiß man aus den Nachrichten. Das Gästehaus findet immer Erwähnung, wenn gerade irgendein Staatsgast da ist. Wahrscheinlich so eine Art Altenherberge. Dieses Gästehaus nun lag etwas außerhalb, und in solchen Situation war das schlaue Buch wirklich ein segensreicher, zeitsparender Begleiter (außerdem wirkte die runde Poesiealbumschrift der Agenturaushilfssekretärin beruhigend auf mich): *durch den Bahnhof durch Richtung Busbahnhof und dort linker Hand die Nummer 136 stadtauswärts nehmen.* Des weiteren wurde mir zum Kauf eines Ökokombicitytickets geraten. Eine Agentin zu haben hieß, bestimmte Aspekte der Selbständigkeit abzulehnen und Geld dafür zu bezahlen; schlechtestenfalls landete man dann frühmorgens in schwachsinnigen Radiosendungen, bestenfalls wurde einem erklärt, wo der Bus steht. Das Ökokombicityticket kostete 12 Mark. Das kleinste Barzahlungsmittel in meinem Portemonnaie war in diesem Moment ein Fünfzigmarkschein, und der Fahrer sagte, er MÜSSE das nicht wechseln. Also stieg ich wieder aus, kaufte für 2 Mark 20 saure Pommes am Kiosk, und einen

Zwanzigmarkschein mußte er offenbar wechseln, jedenfalls tat er das. In seiner weinroten Volksbankledermappe stapelten sich die Zehner und Zwanziger.

Der Bus furzte, und das heißt immer, es geht los, die Türen klappten zu. Ich saß ganz hinten auf der 5er-Bank. Das ist in so Bussen der Königsplatz. Da saßen auf Klassenfahrten immer die Führungszirkel. Die meistbegehrten Frauen mit den lautesten, lustigsten, reichsten Jungs. Auf der Hinfahrt hörten sie auf ihrem Kassettenrekorder laute Musik, tranken Dosen leer und knisterten geltungssüchtig mit Chipstüten. Richtung Busmitte ging es über in die Gruppe der etwas introvertierteren, nicht so versetzungsgefährdeten Charaktere, die aßen sogenannte Butterbrote. Dosen hatten sie nicht, sondern in Plastikfläschchen umgegossenen Apfelsaft. Zum Nachfüllen. Die Brote wurden ihnen in transparenten Plasikbeuteln mitgegeben, in Gesellschaft eines aufmunternden Minischokoladenriegels und einiger Nimmzweis. Ab der Busmitte ungefähr dann erste Brotdosenbesitzer. Bonbonzonengrenze. Und ganz vorne schließlich Wachspapier, nichts als butterfleckiges Wachspapier mit Brot drin, und zwar Schwarzbrot mit Käse; Wurst nur Mitte bis hinten. Vorne dafür einen nichtgeschälten Apfel, im Durchschnitt aber später ein höheres Nettoeinkommen.

Auf der Rückfahrt sah es anders aus: Im Verlauf der Exkursion hatten sich mindestens zwei Paarungen ergeben, die nun das Vorrecht auf die 5er-Bank genossen. Sie kauerten sich in die Ecke und dösten schüchtern aneinandergelehnt herum. Man konnte sich dann mal kurz auf den freien mittleren Platz setzen, so zu Besuch, und versuchen, irgendwie den Neid wegzukumpeln und sich zu benehmen, als sei das alles ganz selbstverständlich. Die Musik lief dann vorne bei den Wachspapierbrotkindern. Denn die konnten, obwohl mit weniger Taschengeld bedacht, besser wirtschaften (Nein! Nicht obwohl! Sondern genau deshalb, argumentierten deren Eltern auf den anschließenden Elternabenden) – die Rückbankposse hatte schlicht kein Geld mehr für Ersatzbatterien. Und die Wachspapierkinder hatten sich in ihrer Ausgestoßenheit zusammengetan, hatten an einem verregneten Tag im Freizeitpark widerwillig zunächst vom Brot des anderen probiert, am verregneten Tag im Tierpark waren sie dann schon selbstverständlich in einer Gruppe rumgelaufen, am letzten, sogenannten „bunten" Abend kreierten sie gemeinsam einen Programmpunkt, einen überdrehten Sketch oder so, und jetzt waren sie eben auch eine Bande, der Sinn der Fahrt erfüllt.

Ich las die Eddingstammeszeichen auf den Rückenlehnen der vorletzten Bank. Am interessantesten sind immer Hakenkreuze und was aus ihnen wird. Irgendwer schmiert ein Hakenkreuz. Dann streicht es jemand durch. Noch einer beläßt es nicht beim Durchstreichen, sondern schabt die Oberfläche ab, wahrscheinlich mit einem scharfen, lebensgefährlichen Klappmesser, Aufrüstung im Kinderzimmer, schon klar. Der nächste nun ist wieder ein Böser und erneuert das Hakenkreuz. Vielleicht wird die Debatte auch verwässert durch unpolitische Beiträge von glühenden Popmusikpropagandisten, die Bandlogos applizieren. Wieder andere beschränken ihre Kritzeltätigkeit auf puristische Skizzen menschlicher Geschlechtsteile. Dann schreibt jemand Türken raus, und ein Vernünftiger streicht Türken durch und schreibt Nazis darüber, also Nazis raus. Die Regulative einer Demokratie am Beispiel einer Schulbussitzlehne.

Das Gästehaus. Einleuchtend, daß Gästehäuser betreut, geführt, unterhalten werden von einem Ehepaar, das sich als typisch deutsch-Vorlage für Grobian-Karikaturisten englischer Boulevardzeitungen ein paar Mark dazu verdient.

Er kriegsversehrt hinkend, in grauem Anorak und taubenblauer Handwerkerhose den ganzen Tag damit beschäftigt, mit seinen Nikotinfingern Zäune zu reparieren und Kinder vom Rasen zu verscheuchen. Alle vier Monate eine Gastrolle im Fernsehen als Augenzeuge. Dicker Bauch, dünne Beine.

Sie dagegen resolute Ganzkörpertonne, das Kartoffelschälmesser ist in der Hand festgewachsen, die Kittelschürze klappert beim Gehen, weil in der Latztasche Wäscheklammern lagern. Einmal im Leben eine Gastrolle im Fernsehen als weinende Mutter bei der Traumhochzeit.

Sie wohnen in einem grauen Bungalow neben dem Gästehaus und neben dem *Hier wache ich*-Aufkleber steht ein einsilbiger Familienname auf Messing. Schmidt, Bock, Koch, Pauls. So heißen die in der Regel. Die Wäscheständer auf dem Rasen sind als Fußballtore geradezu angelegt, damit umgehend zu kicken begonnen wird, nachdem die Jungs ihre 6-Bettzimmer bezogen haben, und das Hausmeisterpaar sofort einen prima Einstand feiern kann beim ersten Ballgeräusch: *Das ist ein Garten und kein Sportplatz!*

– Bei uns wohnen häufig Musiker, sagte die Kittelschürze zur Begrüßung. Ich begriff den Zusammenhang nicht und nickte angetan. Sie zeigte mir den „Gemeinschaftsraum“ und den Tischtenniskeller. Es roch, wie es riechen muß an solchen Orten – nicht gut. Mein Zimmer lag im Keller und bestand aus einer multifunktionalen Schrankwand, in der alles untergebracht war: Bett zum Ausklappen,

Fernseher und Lampe zum Einschalten, Spiegel mit Waschbecken. Ich wollte nicht snobistisch wirken und pries die Funktionalität auf kleinstem Raum. Auch die Umgebung sei zauberhaft.

– Das sagen alle, entgegnete die Dame gelangweilt. Ihr falle das schon gar nicht mehr auf, aber da sei wohl was dran. Selbst die Scorpions kämen immer wieder her, wenn sie sich auf eine Tournee vorbereiteten. Das konnte ich nicht glauben. Das wollte ich nicht glauben. Das mußte ich aber glauben: Sie holte ein schweinsledernes Gästebuch hervor, das tatsächlich vier Eintragungen von Klaus Meine und seiner geistreichen Hardrockband aufwies. Im Flur hing sogar ein Airbrush-Gemälde mitsamt einer goldenen Schallplatte und 6 Edding-Signaturen. Verwirrt sank ich in einen Korbsessel und erfuhr, daß Frau Schenker sogar telefonisch das Eintopfrezept der Kittelschürze geordert hatte, so wohl hätten sich die Scorpions hier gefühlt. Ich wollte ihr einen Gefallen tun und fragte, ob denn die Scorpions nicht arrogant seien, und da lachte die Frau und sagte, die Scorpions seien die umgänglichsten und bescheidensten Menschen, die sie in 28 Jahren Gästehausleitung hatte beherbergen dürfen.

Ich setzte mich an den Gemeinschaftsraumtisch und fragte, ob denn die Scorpions nicht immer Billard spielten, und wo denn der Tisch sei. Der, sagte die Frau, sei in der Garage und ausschließlich für die Scorpions reserviert. Ich nahm mein Buch hervor und wollte etwas arbeiten. Die abendliche Lesung mußte ein Erfolg werden, und nachdem mein Buch und ich jetzt einige Abende im Windkanal verbracht hatten, war es an der Zeit, eine verbindliche Dramaturgie zu erstellen. Bislang hatte ich einige markierte Stellen im Buch in loser Reihenfolge vorgelesen, noch viel zu oft suchend umhergeblättert und dabei verhedderten Quatsch geredet. Ich hatte ja ursprünglich gedacht, jeder Abend müsse anders sein. Ich hatte noch viel zu lernen. Jeder Abend war aus sich heraus anders, anderes Publikum, andere Laune, anderes Wetter, andere Stadt, andere Nachrichtenlage, ausverkauft, halbleer, unruhig, konzentriert, dunkel, hell – da mußte mein Part verläßlich sein. Und sich, das war die Kür, in einigen luziden Momenten aktuell auf die Umgebung beziehen. Dann bald zurück in den bewährten Ablauf. Auch die Auswahl der zum Gelesenen eingespielten Musik mußte angeglichen werden an die Erfahrungen der letzten Abende. Besser portioniert und prägnanter, also kürzer, würden die Stücke dem Text behilflich sein, Atmosphäre unterstreichen, ohne den Fluß zu stören. Die Platten mußten gut sortiert sein, allzu lange Pausen waren tödlich. Musiker notieren die geplante Songreihenfolge für einen Live-Auftritt auf einer *Setlist*: einen Knaller zu Beginn, ganz wichtig, damit die Menschen gleich dabei sind, vor allem auch begeistert genug, im Anschluß Unbekanntes zu hören und zu mögen. Denn es gibt ja auch wichtige Stücke, die KEINE Hits sind. Beim Erstellen einer Setlist ist darauf zu achten, die Hits gut zu portionieren. Den größten sowieso erst im Zugabenblock, um allzu großen frühzeitigen Abwanderungsbewegungen vorzubeugen. Singlehits in dem Sinne gibt es ja bei einem Buch nicht. Obwohl es doch ganz nett wäre, Singles auszukoppeln fürs Radio und für Unentschlossene, die nicht gleich das ganze Buch kaufen wollen: kleine Pixiebücher für 3 Mark mit 10 Seiten leichtzugänglicher Köderliteratur. Und wie bei einem richtigen Singlehit würden Horden von Käufern darüber dann auf das Album, das Buch aufmerksam. Wieso gab es das nicht? Alles muß man selber machen. Und so, wie bestimmte Lieder live anders zu spielen sind, schneller, kürzer oder genau umgekehrt, mußte auch ich einige Passagen umstellen, zusammenstreichen oder ergänzen.

Ich war gerüstet. Mit diesem genauen Plan würde es mir leichter fallen, die Stimmung des Publikums aufzufangen und zu manipulieren. So hilflos wie gestern abend wollte ich nicht noch einmal auf einer Bühne sitzen. Allerdings wollte ich auch nicht in diesem Gästehaus bleiben. Ich nahm meine Sachen und stellte mich in das Bushäuschen vor der Tür. Der Busfahrplan war nicht zu verstehen. Auf einer DIN A5kleinen Liste standen in 3 Punktschrift Zahlen und Stationsnamen in wirrer Reihenfolge, ein Muster, eine logische Abfolge war nicht zu erkennen. Also wartete ich. Vielleicht sollte ich dem Busunternehmen eine Setlist-Schulung anbieten.

Auf einem schwankenden blauen Damenrad kam ein Mann des Weges und kurz vor mir zum Stehen. Am Lenker des einst stolzen Zweirades war mit Bindfäden ein krächzendes Batterieradio befestigt.

– Sind Sie nicht heute bei uns untergebracht? fragte er. Hat denn meine Frau Ihnen nicht geöffnet, Sie frieren sich ja hier sonstwas ab.

Das verneinte ich, wie auch alles sonst, keineswegs sei ich jener Schriftsteller, der heute abend in der Universität vorlesen solle. Der Mann tippte sich an den Cordhut und gondelte pfeifend auf die Einfahrt des Gästehauses zu. Die Melodie war ein Klassiker der Moderne, unverkennbar handelte es sich um die ersten Takte von „Wind Of Change“.

Zum Glück kam ein Bus, und ich stieg ein, zeigte mein Ökokombicityticket und war aus dem Schneider. Wann und wie auch immer der Abend enden sollte – gewiß nicht im Schrankbett des Gästehauses.

Am Bahnhof bezog ich ein Zimmer im IC-Hotel. Immerhin war ich auf Tournee, da durfte es zumindest ein schlechtes Hotel sein, im Tourneevorbereitungsbett von Klaus Meine wollte ich jedenfalls nicht schlafen. Übermannt von der Freude, dem Gästehaus entkommen zu sein, legte ich an der Rezeption übermütig meine Bahncard vor, in der sicheren Annahme, mit dieser Pointe umgehend Eingang ins Anekdotenregister dieses ehrwürdigen Hauses zu finden. Doch der Rezeptionist schüttelte nur gelangweilt den Kopf und schob mir eine Broschüre über den Tresen – um mit der Bahncard geldwerte Vorteile zu erlangen, mußte ich in die Kulturhauptstadt Weimar reisen, und zwar umgehend und für zwei Tage. Ich lehnte diese Offerte ab und bezog das schmucklose Zimmer. Auf dem Doppelbett lagen links und rechts kleine Schokoladenquadrate. Wahrscheinlich dachte die Hotelleitung, durch diese perfide Geste Alleinreisenden die Nutzung des Anatomiefernsehens für 20 Mark schmackhaft machen zu können. Aber da machte ich nicht mit.

Der Agentin ließ ich meine geänderte Adresse ausrichten, und dann ging ich zur Universität, wo ich laut Tourneeplan *um 18 Uhr an einer Litfaßsäule direkt neben dem Theologikum* den Veranstalter treffen würde. Einige Aspekte der Tournee wiesen zweifellos Gemeinsamkeiten mit einer im Umfang durchaus ambitionierten Schnitzeljagd auf. Der Veranstalter überklebte gerade mein Plakat mit roten Papierstreifen: Verlegt! Großer Hörsaal!

– Hallo.

– Ah, gut, daß du schon da bist. Ja, läuft spitze, super Vorverkauf, wir mußten aufstocken, ist doch in deinem Sinne, denke ich? Da ist jemand von der Zeitung, der will ein Interview und Fotos machen. Vor oder nach der Lesung?

– Meinetwegen jetzt.

– Ich bring dich hin, am besten geht ihr ins Asta-Büro, da habt ihr mehr Ruhe.

Im Asta-Büro stand nur eine Frau, steckte Liebesbriefe oder so in einen Aktenvernichter und beachtete uns nicht, und wir hielten es dann genauso. Band lief.

– Ja, ich hatte eine gute Reise, vielen Dank, doch, die Tournee läuft ganz passabel. Natürlich gibt es auch eher schlechte Lesungen. Sonst würden einem ja die guten nicht auffallen. Ich freue mich über das Echo. Ach, ihrer Tochter hat das Buch gefallen, na also, auf die Töchter kommt es doch an. Also ich schreibe gerne für die Töchter, Väter sind ja nicht so interessant als Zielgruppe. Natürlich ist da vieles autobiographisch. Warum ich schreibe, naja, hmhm, also, es ist ja mein Beruf. Nein, das weiße Papier und die Angst davor kenne ich nicht nur, davon handelt ja der Text, eigentlich, das ist die tägliche Arbeit, keine abstrakte Angst, Text bezwingen, der schon da ist, irgendwo, im Kopf, in der Welt, den also herauszulassen, zugänglich zu machen. Natürlich, da haben Sie recht, mit Handwerk hat das zu tun, und, sicher doch, mit Disziplin, das ist wahr. Und auch oft schwierig: Beispiel Alkohol und Drogen. Nein, das können Sie ruhig ansprechen, wieso denn nicht. Die Einnahme ist nicht unwichtig zur Recherche, allerdings kontraproduktiv hinsichtlich des Protokolls. Schreiben muß man nüchtern, klingen sollte es glaubhaft. Rauschhaft? Meinetwegen auch das. Die intendierte Unmittelbarkeit muß man mit Tricks herbeiführen. Ja, die Diskrepanz sehe ich auch. Andererseits, wissen Sie, ein Fußballreporter sollte schon mal auf dem Platz gestanden haben, er sollte mal selbst einen Elfmeter versiebt, ein Eigentor geschossen haben, einen Zweikampf gewonnen, ein paar verloren, und auf der Linie gerettet haben – aber während der ÜBERTRAGUNG sollte er doch am besten still sitzen und GUCKEN, was PASSIERT, damit er WEISS, was er REDET. Und er muß auch glühender Fan einer Mannschaft sein, sonst kann er das alles nicht begreifen, aber dann muß er doch wieder objektiv sein, und jetzt sagen Sie mal selbst, schwierig, oder?, ein objektiver Fan, das geht ja theoretisch nicht, muß aber praktisch. Ob ich Wein oder Bier trinke während der Lesung? Am liebsten eigentlich Wasser, und zwar stilles. Wie, tief? Ach so, na sicher, ein hervorragender Scherz, muß schon sagen. Jaja, ich weiß, die Kollegen ordern oft sogar Whiskey, aber das nützt bei mir nichts. So Schriftsteller-darstellerisch finde ich es doch etwas albern. Wäre was anderes, wenn es mir schmeckte. Die Unterscheidung in E und U, das kenne man so gar nicht bei den Amis und Briten, sagen Sie? Ist wohl was dran, man hört das immer wieder. Neues Buch? Klar doch.

Ja, junger Autor, das ist ein hohles Attribut. Jung und was? Gefährlich? Unverbraucht? Naiv? Wild? Unschuldig? Stimmt alles nicht. Wenn Ihnen was dazu einfällt, schreiben Sie über mein Alter, klar, warum nicht. Aber nächstes Jahr müssen Sie sich dann spätestens was anderes einfallen lassen. Natürlich signiere ich hinterher noch, das mache ich sogar ganz gerne, selbstverständlich verkauft man dadurch mehr, das nützt mir ja auch. Komisches Gefühl nicht unbedingt, eher doch Freude über Akzeptanz. Ach, das literarische Quartett. Ja. Nein, gucke ich nicht immer. Tja, die Kritiken, nun, natürlich lese ich die alle. Klar berühren die einen. Aber Verrisse können mir ja genauso wenig über meinen Text sagen wie Lobeshymnen. Beides stimmt nicht. Belehren können die mich nicht. Sie tun das, ja, aber ich kann ja nicht darauf hören. Das wäre ja falsch. Zurechtkommen muß ich damit. Aber es darf mich nicht verrückt machen. Macht es aber. Also, ich begreife das System auch nicht. Es ist abhängig von der Tagesform, wie sehr ich diese Dinge an mich heranlasse. Erschrocken? Nein, überraschend finde ich lediglich diese Vehemenz, mit der Abgrenzungen und Revierzuteilungen vorgenommen werden, zumal von Gehegen, in denen zu äsen man gar nicht beabsichtigt. Davon leben kann ich, ja, muß ich und will ich. Und Sie sehen – es geht. Natürlich können wir ins Steakhaus gehen nach der Lesung, wenn das hier so üblich ist, warum fragen Sie? Ach, Sie meinen, weil der Held meines Buches Vegetarier ist – nein, nein, ich nicht. Das darf man nicht verwechseln. Foto – klar können wir. Der Verlag hat zwar, aber natürlich wollen Sie Ihr eigenes, na, das ist doch leicht zu verstehen, ich bitte Sie. Da vor der Bücherwand, das ist hübsch, sagen Sie. Ich bin nicht ganz sicher. Ja, das Plakat, aber so direkt vors Plakat, ist das nicht vielleicht ein bißchen, ist es nicht?, gut, also vor das Plakat. Und das Buch in die Hand? So? Lächeln? Ja, es hat geblitzt.

Am Eingang wurde Bier für 2 Mark verkauft, drinnen brummelte es vielversprechend. Ich rauchte mit dem Veranstalter auf dem Hof noch eine Zigarette, und ein Kaffee war kein Problem, sagte er, und kam nach einer Minute mit einem braunen Plastikbecher wieder.

– Und, aufgeregt? fragte er.

– Nee, ready to rumble, sagte ich, wir lachten und gingen rein. Tasche umklammern, Lage checken.

Ein nach hinten aufstrebendes Halbrund, eine Arena, das Saallicht schon heruntergedimmt, viele hundert Köpfe, Stille. Einer klatschte, alle lachten. Die Abendkassengirls hatten Feierabend, der Veranstalter ging auf die Bühne und blinzelte ins Licht. Hinter ihm ein Tisch, mit schwarzem Tuch verhangen, darauf eine Leselampe und ein Wasserglas. Er fummelte das Mikrophon vom Halter, pochte mit der Hand drauf, pustete rein – die Anlage funktionierte schon mal.

Guten Abend, freue mich sehr, den ganzen langen Weg, aus seinem neuen Buch, und ich glaube, ich verspreche nicht zu viel, wenn ich, es wird eine Pause, und falls im Anschluß dann noch Fragen, und eine Bitte hätte ich noch an die Raucher, nicht länger auf die Folter spannen, bitte Applaus.

Noch eine verzögernde Sekunde, dann verbeugend zur Bühnenmitte, Veranstalterhand schütteln, hinter den Tisch, den Mantel über einen Kartenständer hängen. Und los. Wie gut es mit der Setlist ging! Wie richtig es war, eingeübte Zwischenwitze durch Pausen und leichte Umständlichkeiten als just erdacht zu tarnen. Keine Fragen im Anschluß, das wertete ich doch als gutes Zeichen.

Was gibt es denn zu sagen über den Text hinaus? Was hätte wohl Alanah Myles gestern abend gesagt, wenn nach einem zünftigen Lederschlampenabend das Publikum losgefragt hätte, ob sie davon leben könne und ob ihr einziger Hit „Black Velvet" eigentlich autobiographisch wäre. Ich dankte dem Veranstalter für diesen großen Abend, und er dankte mir für diesen großen Abend, und dann war es kurz still, und dann sagte er

– Ach richtig, die Kohle, und mit der ging ich ins IC-Hotel und konnte nicht einschlafen, weil die Menschen so laut geklatscht hatten. Außerdem wußte ich nicht, was ich anziehen sollte am darauffolgenden Tag. Gut angezogen mußte man sein in einer zweistündigen Talkshow, soviel stand fest. Ich hatte gelesen, daß man abschweifende Gedanken, die einen am Einschlafen hindern, beenden kann, indem man sich ein Stop-Schild vorstellt. Aber in mir raste es so, das Stopschild wurde glatt überfahren. Fenster auf, Fenster zu, lesen, Licht aus, Licht wieder an, ohne Decke, mit Decke, nur halb zugedeckt – auf der Digitaluhr am Fernseher sah ich es 02:00 werden, ich sah es 03:00 werden, und um 04:00 hängte ich dann eine Wolldecke drüber, um später die 5 nicht sehen zu müssen.

– Guten Morgen, Sie wollten geweckt werden.

Ja. Nein. Ich hätte ganz gerne geschlafen.

# Show #6

Meine Agentin riet mir, mich früh einzumischen in die Gesprächsrunde, gerne auch bevor ich gefragt würde, ich solle halt nur nicht so vorlaut sein. Daß das gut klang, aber kaum umzusetzen war, wußte sie auch. Aber sagen mußte sie es ja. Sie sagte, es würde schon schiefgehen, und das war auch meine Vorhersage. Nachmittags saß ich im Büro einer Redakteurin, die eine Stunde lang mit einem Stabilo-Stift quer im Mund einen Artikel über Björn Engholm suchte. Alle fünf Minuten guckte sie mich freundlich an und sagte, daß sie gleich bei mir sei, gleich schon, sie müsse nur erst diesen Artikel finden. Eigentlich wollte sie ein sogenanntes Vorgespräch führen, um dem Moderatoren-Duo einige paßgenaue Fragen auf Karteikarten zu schreiben. Doch der Engholm-Artikel war verschollen und blieb verschollen. Dann wurde es mir zu langweilig, und die Redakteurin sagte, sie riefe dann im Hotel an, und dann machten wir das am Telefon, es sei ja Quatsch, wenn ich da so lange rumsäße. Ich lief durch die Stadt. Was war ich froh, daß ich keine Rockband war. Daß ich keine komplizierte Stadthallendarbietung zu verantworten hatte und ständig mit einem „Team" unterwegs sein mußte. Wäre ja denkbar: eine moderne Lesung. Ein aufgeregter Mann mit roter Steppweste hatte mir am Vorabend während der Pause so zwei Bier lang sein „Hammerkonzept, Alter, schwör ich dir" unterbreitet. Am anstrengendsten daran war gewesen, daß er eine halbfertiggedrehte Zigarette die ganze Zeit in der Hand gehalten und immer wieder am Papiersaum langgeleckt hat, ohne sie dann endlich mal fertig zu drehen, zuzumachen, anzumachen. Das hatte mich ganz nervös gemacht. Ansonsten war ich ruhig geblieben und hatte ihm einfach gesagt, von mir aus gerne, aber meine Agentin erlaube so etwas normalerweise nicht. Ausnahmen seien denkbar, vielleicht, aber das müsse er wirklich mit ihr klären. Mit gespielter Hilflosigkeit hatte ich die Schultern gehoben und versucht, nicht auf die Tabakkrümel in seinen Mundwinkeln zu starren. Möglichst unlesbar die Nummer meiner Agentin auf eine Papierserviette und schleunigst die Pause beendet. In solchen Momenten war ich ja wirklich froh, eine Agentin zu haben. Filmidee, Juso-Podium, Comicprojekt, Stadtteilbibliotheksjubiläum, Übersetzung ins, äh, wo genau spricht man diese Sprache?, Benefiz, freie Theatergruppe, Hörspiel? Zwar waren auch immer einige wirklich interessante Sachen und vernünftige Leute darunter, aber die richtig Vernünftigen fanden auch gleich den Ton oder schrieben zuerst einen Brief. In 10 Minuten Auftrittspause wollte ich jedenfalls wirklich keine Grobkonzepte hören, nein, das wollte ich nicht. Und mit der Agentin als Blitzableiter funktionierte es gut, ich konnte den weltenfernen Künstler spielen, der – sobald es kniffelig wurde, also meistens wenn es um Geld oder sogenannte Projekte ging – leicht tolpatschig und vollkommen nichtsahnend der Willkür seiner Agentin ausgeliefert ist

– Das ist wirklich gar nicht mein Bereich, da müßtest du wirklich mal meine Agentin anhauen. Nee, die bestimmt nicht mein Leben, es ist nur Arbeitsteilung, verstehst du? Ich gebe dir die Telefonnummer. Was? Nein, die ist ok, voll ok, klar.

Meine Agentin ließ sich diese Leute nicht mal durchstellen, sie wurden gebeten, ihr Anliegen zu faxen, und das siebte schon mal zwei Drittel aus, weil ihnen das zu anstrengend war. Es konnte allerdings auch passieren, daß sie die Fax-Bitte unverständlicherweise als Beinaheschonzusage verstanden und furchtlos gleich 79 Seiten Grobkonzept + vorläufigen Zeitplan + Vereinsgeschichte faxten, bis dem Fax meiner Agentin Papier oder Toner ausgingen, und dann wurde sie ungemütlich

– Was fällt Ihnen eigentlich ein, also bis auf den Stuß, mit dem Sie hier mein Gerät blockieren?

Wenn ich Geschäftspartner meiner Agentin wäre und nur ihre Stimme kennte – ich hätte solche Angst vor ihr, daß ich sie ständig zu meinem eigenen Nachteil bescheißen würde. Daß es da bloß keinen Ärger gibt. Es war eine harte Stimme, aber zugleich so samtig, nicht von der Härte jener Frauen, die meine oft etwas derbe Agentin „schlichtweg ungefickt" nennt. Die Stimme bedeutete dem Hörer immer: Ja, ist doch alles klar, langweil mich nicht mit diesen Dingen, ich habe gerade New York auf der anderen Leitung, und heute abend treffe ich Wim Wenders und Thea Gottschalk in der Sauna, also los jetzt, ich will vorher noch zu Douglas und außerdem in die Uni-Bibliothek, das Buch über Ming-Vasen abholen. Ein Duktus, vergleichbar mit der Frau aus der Ellen Betrix-Reklame, die so furchteinflößend & süchtigmachend zugleich sagt

– Ellen Betrix. The care company.

Kein Widerspruch, keine Fragen, alles klar. Ellen Betrix. The care company. Schon gut. Ich habe solchen Respekt vor dieser Stimme, daß ich immer sofort strammstehe und „the care company" ergänze, wenn ich irgendwo den Markennamen Ellen Betrix lese.

Das „Hammerkonzept" nun sah eine Tournee im Quintett vor. Alle Sinne, sagte der Mann, alle Sinne müßten angesprochen und alle Medien benutzt werden. Etwas Schlimmeres hatte ich selten gehört. Alleinunterhaltend zu reisen schien mir ganz in Ordnung. Man mußte sich im Zug nicht dauernd unterhalten, schlief im Einzelzimmer, mußte die Gage nicht teilen. Dem Hammerkonzept nach wäre ich unterwegs mit

– einem drogenabhängigen DJ

– einem sich überschätzenden „Synchronvorleser"

– einem anstrengend hibbeligen „Videoperformer"

– einem Internetspezialisten, der live und spontan Texte auf eine Leinwand knallt, von irgendwoher, und da müßten wir dann drauf reagieren.

Wer sich solche Scheiße angucken sollte, war mir nicht klar. Wahrscheinlich würde es bezuschußt werden, sowas wird gerne bezuschußt. Und dann werden die Mittel im Jahr darauf auf eine halbe Millionen *zusammengestrichen*, und die Veranstalter schelten das mainstreamorientierte Schweinesystem. Meine Tournee war dagegen wirklich sehr elegant. Keine Lichtshow, kein Computerunsinn, überhaupt nichts, bis auf: ein Buch und etwas Musik. Reichte doch. Meine Tournee war eher ein Witz als eine Tournee. Über eine richtige Tournee stünde in *Focus*

– 5 Milliarden Kubikmeter Bühnenbretter

– 7868 festangestellte Tontechniker

– 678 000 Teebeutel allein für die Künstler

– und das pro Tag

– 17 889 hoch zehn Glühbirnen mit soviel Kilowatt, man könnte damit einen Haufen Kleinstädte mehrere Nächte durch voll beleuchten, und zwar taghell

– 87 Dixieklos pro tausend Konzertbesucher

Ich war nervös. Fernsehen, live, zwei Stunden. Und hinterher würde ich es mir auf einem Videoband immer und immer wieder angucken können, auch in Zeitlupe, und so einem Band entgeht keine Peinlichkeit. Da ist auch die Deutungsamplitude klein. Sieg oder Niederlage. Ich ging in eine Konditorei. Ich hatte kaum etwas gegessen, weil ich gehört hatte, daß man im Fernsehen ohnehin dicker „rüberkommt". Rüberkommen. Noch vor ein paar Jahren hörte man die Frage „Und, wie bist du rübergekommen?" nur am Neujahrsmorgen. Jetzt laufen alle durchs Fernsehen und fragen einander ganzjährig am nächsten Morgen: „Und, wie bin ich rübergekommen?"

Ich aß einige Mohrenköpfe mit Vanillepuddingfüllung. Die machen sofort glücklich, beim Essen, schluck, und dann auch umgehend unglücklich. Ebenfalls Schluck!, wie Donald Duck sagen würde. Betreten schaute ich auf die schmierigen braunweißen Papierkreise. Vier Stück. Also hatte ich mir gerade vier Mohrenköpfe einverleibt. Den interessant hohlwangigen Jungautor würden sie doublen lassen müssen. Ich hatte doch gar keinen Hunger gehabt! Drei Minuten Pudding schlucken, hastig und natürlich nicht genußvoll, eher krank und besorgniserregend. Um mich herum nur Kriegswitwen, die unglaublich langsam aßen, weil das der Höhepunkt ihres Tages war, denn auf dem Friedhof waren sie schon gewesen. Sie hatten alle ihre Mäntel an, viele sogar einen Hut auf. Ich ging auf die Konditorei-Toilette. Spiegel: Oh, Schokolade im Gesicht, eine ganze Menge sogar. Weglecken. Nahm man nach so einer Expressfresserei sofort zu? Konnte ich den Schaden begrenzen, es irgendwie rückgängig machen? Klar. Jetzt einfach schnell kotzen.

– Los, das machen die Models so, das ist doch bekannt. Willst du gut aussehen im Fernsehen? Na, komm!

– Weiß nicht, hier in der Konditorei?

– Jetzt SOFORT, danach geht es nicht mehr, dann hast du vier Mohrenköpfe drin und drauf und ein Doppelkinn.

– Echt, so schnell geht das?

– Guck doch mal – heute morgen sahst du doch viel dünner aus.

– Ja, aber das Licht hier, also.

– Das Licht, haha, weißt du, wie das Licht beim Fernsehen ist? Dagegen haben wir hier Kerzenschein auf der Neontoilette, daß das mal klar ist.

Ok. Ich ging in eine Kabine, schloß ab und begutachtete den Boden. Und das Klo. Alles sehr sauber. Weiß und trokken. Na fein. Aus Deckenlautsprechern floßen mehrheitsfähige Klänge eines Billiglohnorchesters. Wie ging das jetzt? So schon mal nicht. Also Jackett aus, über die Türklinke hängen, Hemdärmel hochkrempeln, Klobrille hochklappen, uuuuhh, es war doch bloß sehr oberflächlich sauber. Wenn ein öffentliches Klo dreckig ist, dann ist es dreckig. Weiß man ja, ahnt man ja, sieht man ja, riecht man ja. Einfach nach oben gucken beim Pissen (und so das Beklagte verschlimmern), durch den Mund atmen, Klobrille mit dem Fuß und nicht der Hand öffnen. Aber wenn es ausnahmsweise einmal sauber scheint und man sich gerade schon wohl fühlt, dann sowas: Nichts ist unästhetischer als fremder Leute Schamhaare in Klobrillenscharnieren eingeklemmt. Drumherum braune Ringe. Ablagerungen – Rost? Ja, auch. Eine Freundin, die im Hotelwesen zu tun hat, hatte mir mal erzählt, es sei ihr lieber, 20 Einzelzimmerklos zu putzen als 1 Restaurant- oder Lobbyklo. Denn im Einzelzimmer achte der Gast auf die Sauberkeit, weil er erstens auch der nächste Benutzer sein wird und zweitens nach dem letzten Benutzen jegliche Unreinlichkeit direkt auf ihn zurückzuführen ist. Und dann ist es peinlich. Nicht, daß sich jemand beschwerte, aber der Blick in die Augen der Zimmerfrau, der sie auf dem Flur begegnen, halte sie davon ab. Dort jedoch, wo ohnehin alle rumsauten, saute man einfach mit. Auch, um schnell wieder rausgehen zu können, weil ja die anderen schon so rumgesaut haben.

Ich wollte jetzt kotzen. Scharniersoße wegwischen, spülen. Ah, ein hellblaues Geletui färbte das Wasser. Roch nach Zitrone und Keimbeerdigung. Ich kniete vor dem Klo der Konditorei. In mir vier Mohrenköpfe, die da nicht sein sollten, die da jetzt raus sollten. Ich mußte schließlich ins Fernsehen. Da nahm man keine Rücksicht. Alle würden mich sehen. Der Buchverkauf sollte anziehen, und zwar so richtig. Neben mir würden Prominente sitzen, die das gewohnt waren. Die jetzt nicht vor Klos hockten. Die Rucolasalat aßen mit ihrem Berater. Und bestimmt mehr Honorar bekamen und ein schöneres Hotelzimmer. Die wußten, wie es lief in so einer Show, wann man nachdenklich zum Wasserglas greifen mußte, wie man gewinnend lächelte, wie man intelligent guckte und wie man formulierte ohne etwas preiszugeben, ohne aber auch verschlossen zu wirken. Ich hatte von all dem keine Ahnung. Und ich hockte vor diesem Klo. Das Klopapier war orange mit dunkelorangen Wolken drauf. Die Bügelfalte meiner Hose war zweitrangig. Ich konnte ja abends eine andere anziehen. Mit einem anderen Körper würde es schwieriger werden. Noch tiefer ins Klo beugen, Finger jetzt in den Hals, es passierte nichts. Richtig hinten rein, vielleicht zwei Finger. Waren das die

Mandeln? Das tat weh, das schien der richtige Weg. Krampf. Oh ja, es zuckte. Es ging, es kam, das mußten sie sein, die Mohrenköpfe. Stellung halten, mit der rechten Hand nach oben, tasten nach dem Knopf, spülen und weiter. In die Fluten kotzen, es kam jetzt von selbst. Wahrscheinlich auch noch einiges andere. Die Seele aus dem Leib, sagt man ja so. Sehr autobiographisch alles.

Aufstehen, Deckel zu, hinsctzen. Wir Kinder vom Bahnhofsklo. Rücken am Spülkasten, Kopf knickt weg, auf Ersatzpapierrollen. Würg. Die Haupttür öffnete sich, jemand kam rein, Stille, strullen, spülen, Reißverschlußgeräusch, und wieder die Tür. Hat sich nicht die Hände gewaschen. Aufstehen. Ich mußte zum Fernsehen. Zum Hotel. War ich blaß? Hände waschen, Mund ausspülen, traurig sein. Soweit mußte es – ja, genau. Ich räusperte mich. Hinten im Rachen fühlte es sich rauh und bitter an, mir war etwas schwindelig, aber wenigstens waren die Mohrenköpfe nun woanders.

Auf der Straße steckte ich einem Bärtigen mit Zirkuswinterlager-Mitleiderreg-Lama an der Leine sehr viel Geld in seine rasselnde Dose und ging ins Hotel. Es war kalt geworden in Deutschland.

Mit dem Zimmerschlüssel erhielt ich an der Hotel-Rezeption ein rotweißes overnight-Kurier-Pappkuvert. Das war natürlich spannend – wer würde mir etwas so Dringliches zuzusenden haben? Angebote? Belegexemplare? Flugtickets zu Vertragsverhandlungen nach Hollywood, Filmrechte verkaufen? Im Lift schon riß ich den Umschlag auf. Er enthielt einen Brief und zwei in Plastik verschweißte weiße Pillen.

Absender war ein Freund aus der Heimat, und der Brief

umfaßte neben einigen salbungsvollen Grußworten im wesentlichen eine Liste mit lauter kranken Sätzen

– Das haben auch Freunde von mir aus Israel in Gesprächen immer wieder moniert.

– In Japan gründet man eine Firma, in Deutschland dagegen reicht man ein Formular ein, und dann noch eins und noch eins.

– Sie schielen doch auch auf die Quote.

– Es ist ja Fakt, daß viele Showmaster früher Meßdiener waren, das kommt ja nicht von ungefähr.

– Früher gab es drei Kanäle, Erstes, Zweites, Drittes, und das war's.

– Wissen Sie, auf einer Tournee überkommt einen leicht das Gefühl der Heimatlosigkeit. Ich lasse mir dann immer in einer Tchibo-Filiale ein halbes Pfund „African Blue" mahlen und gehe daran schnuppernd durch die gleich heimeligere, nicht mehr ganz so fremde Stadt.

– Und dafür gibt es ja in der – auch jüngeren – deutschen Geschichte nun weiß Gott ausreichend Belege.

– Sicherlich hat Schreiben immer irgendwo mit Eitelkeit zu tun, und natürlich will man als Künstler letzten Endes auch nur von allen geliebt werden. Aber auf die meisten Kritiken pfeif ich doch, Kritiker kriegen ja die Bücher umsonst. Da spielt auch Neid eine große Rolle, das sind doch alles verhinderte Regisseure und Schriftsteller.

– Die Kritiker, an deren Urteil ich wirklich interessiert bin, sind meine Leser. Und mein Mann. Der kriegt alles vorher zu lesen. Wie? Ja, ich bin transsexuell. Also, mein Mann, der liest sehr genau und kritisch. Aber meine beste – und übrigens härteste! – Kritikerin bin ich sowieso selbst. Also, wenn ich was veröffentliche, dann habe ich das selbst schon x-mal geändert und überarbeitet. Ich bin da mit mir eher ZU kritisch.

– Ich glaube nicht, daß der Erfolg mich verändert hat. Ich gucke immer noch, wo das Klopapier am günstigsten ist. Es gibt auch noch genug alte Freunde, für die ich eine ganz normale Frau bin, die auch gegen das ein oder andere Laster, Krähenfüßchen oder Pölsterchen zu kämpfen hat.

Wenn es mir gelänge, auch nur zwei dieser Sätze unterzubringen in der Show, und ich dazu für ihn am Fernsehapparat gut sichtbar mindestens eine dieser nicht sehr gefährlichen, aber doch ungemein belebenden Pillen einwerfen würde, schrieb er, würde er mich ganz groß einladen, ich könne mir aussuchen wozu.

Das war natürlich auf jeden Fall ein Ansatz, um neben Gästen wie Sepp Maier, Björn Engholm, Katja Riemann und Howard Carpendale zu bestehen.

Ich leckte vorsichtig an einer Pille und war unentschlossen, da rief die Redakteurin an, ich solle mich beeilen. Das Vorgespräch müsse entfallen, ich solle schnellstens zum Studio kommen. Die Leute beim Fernsehen hatten ein ganz eigentümliches Verhältnis zur Zeit. Erst wartete man stundenlang, und dann wurde es in Sekundenschnelle wahnsinnig hektisch, und man wurde behandelt wie jemand, der in böswilliger Absicht seit Tagen ein 57köpfiges Team hinhält. Ich nahm verschiedene Hemden mit und einen petrolfarbenen Anzug, denn anthrazit war ja nun mal Björn Engholms Farbe, das sah ich ein. In der Maske saß Sepp Maier, schnupfte von einem großen Löffel unablässig Schnupftabak und riß Höschenwitze. Howard Carpendale wurde gefönt, und Björn Engholm war gerade fertig geschminkt worden, so daß ich mich in seinen Stuhl setzen und die Meinung der Maskenbildnerin bezüglich der richtigen Hemdenfarbe einholen konnte. Sie votierte für dunkelblau, und ich folgte ihrem Rat gerne, lieh mir eine champagnerfarbene Krawatte aus dem umfangreichen Sortiment von Howard Carpendale, der sie mir sogar band, und wurde angemalt. Sepp Maier hatte sich nicht viele Gedanken über seine Kleidung gemacht. Er trug einen hellbraunen Lederblouson, dessen Reißverschluß er vier Zentimeter geschlossen hatte. Darunter ein etwas unzeitgemäßes Poloshirt mit großen Firmenlogos auf dem Kragen. Meine Hemdendebatte kommentierte er fröhlich und mit der Routine vieler Jahre Unterhaltungsbranche

– Ist doch wurscht, hier im dritten Programm, da guckt's doch eh keine Sau zu.

Er nahm noch eine Nase und lachte sehr.

Dann wurden wir mit den beiden Moderatoren bekannt gemacht und bekamen Sekt zu trinken. Es wurde noch ein Helicopter mit einer Operndiva drin erwartet, aber ansonsten schien alles bestens, Katja Riemann sei auch schon da, hörten wir, hätte aber keine Lust, vorher schon mit allen zu sprechen. Björn Engholm sagte etwas auf plattdeutsch, und alle lachten. Ich griff in meine Hosentasche und umschloß mit der Faust die beiden Pillen.

Wir wurden ins Studio geleitet. Der Moderator begrüßte das Saalpublikum und erklärte, wo die Notausgänge sind. Sepp Maier rief etwas zügellos

– Frauen und Kinder zuerst! und keiner lachte. Aber das war ja wurscht, hier im dritten Programm.

Ich hatte vergessen, mich nochmal mit meiner Agentin abzustimmen. Jetzt war es zu spät, die Jazzfanfare dengelte los, und wir versuchten, intelligent zu gucken. Das gelang mal so, mal so. Um uns herum hingen Monitore von der Decke, und wo man auch hinschaute, ständig sah man sich selbst. Ich antwortete dem Moderator höflich auf eine Frage, die er Sepp Maier gestellt hatte, und guckte gebannt in den Bildschirm statt in die Moderatorenaugen. Sepp Maier nahm eh gerade eine Nase, also war's wurscht. Ich guckte mir beim Reden zu und sah, daß die Krawatte nicht ganz saß, also zog ich sie zurecht und redete weiter. Wenn ich jetzt die Pillen einwerfen würde, würde der Typ im Monitor und damit auch der in den Fernsehgeräten der Haushalte, denen es nicht wurscht war, obwohl es nur das Dritte war, sich eine Pille einwerfen. Ich war fasziniert. Ich nahm ein Wasserglas und guckte, wie es wohl aussieht, wenn ich im Fernsehen trinke. Es sah ganz normal aus, also trank ich weiter, denn Durst kriegt man ja schon vom Reden unter Scheinwerfern, da sprach Björn Engholm über Integrität, und ich verschluckte mich ganz böse. Howard Carpendale schlug mir auf den Rücken und beugte sich mit seinem Sauce Hollandaise-Gesicht ganz dicht an mich heran. Ich fand ihn ganz in Ordnung. Katja Riemann kippelte punkig mit dem Stuhl und sagte, deutsche Filme würden in Deutschland anders bewertet als amerikanische. Howard Carpendale mochte das gerne bestätigen. Meine Agentin hätte mir jetzt wahrscheinlich geraten, die Gegenposition einzunehmen, aber ich konnte mir überhaupt keine uninteressantere Debatte vorstellen. Eine ganze Weile war ich gar nicht im Bild und fing an, mich brutal zu langweilen. Ich befand mich mitten in einer Live-Sendung und fühlte mich doch wie in einer Wiederholung. Da kam die Operndiva endlich und in Zeitlupe wurde gezeigt, wie ihr Helicopter auf dem Dach des Funkhauses gelandet war. Als sie sagte, sie wolle jetzt erst mal ein kühles deutsches Bier, applaudierte das Publikum 40 Sekunden lang. Ach, so ging das also.

Am Ende wurde mein Buch in die Kamera gehalten, und ich sagte, manches darin sei autobiographisch und kurioserweise könne ich davon leben, ja, das könne ich. Amerikanische Autoren würden allerdings, das müsse man sagen, größere Autos fahren. Katja Riemann schrie

– Der Mann hat recht, so ist es einfach! und warf mir eine Kußhand zu. Ich beschloß, ihr später eine der Pillen anzubieten. Jemand sprach vom Lebensgefühl einer ganzen Generation, ich war es zum Glück nicht selbst. Mein Anzug sah gut aus, aber direkt genützt hat mir das nicht. Ich fühlte mich wie jemand, der am ersten halbwarmen Frühlingstag frohgemut eine gute Stunde darauf verwendet, den Balkon für einen schönen Vormittag in der Sonne zu präparieren, und wenn dann alles griffbereit ist, und er sich endlich hinsetzt, naht pünktlich eine ernstzunehmende Wolkenfront. Sowas passierte eben, wenn man es mit der Vorbereitung übertrieb. Wenn die Zeitung von sämtlichem Unrat befreit direkt neben dem Obstsalat auf dem Teewagen liegt und die genau richtige Musik in der angenehmsten Lautstärke erklingt, so daß das griffbereite Telefon immer noch hörbar ist, ist das nur dann von Vorteil, wenn auch weiterhin die Sonne scheint. Und wenn man sich gut anzieht fürs Fernsehen, dann reicht das für meinen Geschmack noch nicht GANZ, es muß dann auch patent geredet werden. Mitmachen! Es wollte mir nicht recht gelingen.

Dann war die Sendung vorbei, und wir wurden in einem Renault Espace in ein Restaurant gefahren. Sepp Maier machte weiterhin Witze, und Katja Riemann warf die

Augen an die Decke. Björn Engholm sprach mit Howard Carpendale über den Unterschied zwischen E- und U-Kultur. Beim Nachtisch schließlich versuchte die Moderatorin, mich nochmal versöhnlich ins Gespräch einzubinden, da ich eine Stunde lang nichts gesagt hatte.

– Hat mir gefallen, Ihr Buch.

– Ach, Sie haben's gelesen?

– Quer. Quer, aber einige Stellen, da hab ich wirklich laut schmunzeln müssen. Welchem Genre fühlen Sie sich denn am ehesten verbunden?

– Ich passe in keine Schublade, sagte ich, und bei dem Wort Schublade guckte Björn Engholm irritiert von seiner Zabaione auf.

Da fragte mich Katja Riemann, ob ich auch fände, daß New York eine unglaublich faszinierende Stadt voller Gegensätze und dabei weit mehr als die Summe seiner Teile sei.

– Nein, sagte ich, ich fahre überhaupt nur noch nach Tibet, weil der Dalai Lama eine so eindrucksvolle Persönlichkeit ist. Dagegen sehen wir doch mit unseren Wohlstandssorgen ziemlich arm aus.

Sie nickte weise. Allerdings, schränkte ich ein, wüßte auch ich nicht, ob Richard Gere schwul sei. Was sie denn eigentlich, Themenwechsel, von Techno halte?

– Oh, Techno ist für mich der Punk der 90er, erwiderte sie. Und Hip Hop ist ja das CNN der Schwarzen.

Statt ihr zu sagen, daß ihr Frauenrockmusikverein Bandits das tm3 der Stefan Zweig-Leserinnen war und ihre Filme die Paukerklamotten der 90er, ging ich ins Hotel. Die Rezeptionistin hatte einige Anrufe für mich entgegengenommen und ein Fax von dem Pillenschicker, darauf stand nur

FEIGLING!

Genaugenommen hatte er recht. Um meine Ehre wenigstens partiell zu retten, fragte ich nach der Zimmernummer von Sepp Maier, füllte das Zimmerfrühstücksformular für ihn aus, gab es an der Rezeption ab, und um 6 Uhr früh würde Sepp Maier mit 7 hartgekochten Eiern, 9 Scheiben Graubrot und 1 Tasse Kamillentee konfrontiert werden.

Beim Ausziehen bemerkte ich braune Fernsehpuderspuren an meinem Kragen, und daß ich vergessen hatte, Howard Carpendale die champagnerfarbene Krawatte zurückzugeben, die mir so gut gefiel und die so perfekt geknotet war, wie ich es nie hinkriegen würde. Ich lockerte den Knoten vorsichtig und zog mir die Krawatte über den Kopf, um den Knoten zu behalten. Und die Krawatte natürlich auch.

Ich träumte von Monitoren und Zeitungsausrissen, unter denen begraben ich auf eine große Mühle zutrieb. Am Ufer stand hinter einem 100 Meter langen Büchertisch meine Agentin mit einer großen Angel. Ihr Köder schmeckte nach Mohrenkopf, doch Stromschnellen aus vierfarbigen Doppelseiten und Mikrophonen trieben mich weiter zum Mühlrad, und zwischen zwei mühlsteingroßen weißen Pillen schließlich – wachte ich auf und sagte Ja bitte ins Telefon.

– Lerchenbrink mein Name, Hessischer Rundfunk, ich grüße Sie ganz herzlich.

Ich grüßte etwas matt zurück. Herr Lerchenbrink fragte nicht, ob er störte, schließlich war er vom Fernsehen. Er hatte mich in der Talkshow gesehen, obwohl es nur drittes Programm war, aber Herr Lerchenbrink selbst war ja auch nur vom dritten Programm. Er lobte Sätze, an die ich mich nicht erinnern konnte, und beendete diese Annäherung dann nach fünf Minuten mit dem helleuchtenden Halbsatz „Weshalb ich eigentlich anrufe".

Weshalb er eigentlich anrief, war leicht zu erraten: Herr Lerchenbrink hatte ebenfalls eine wöchentliche Talksendung zu besetzen.

– Und da dachte ich gestern spontan, jawohl, das paßt wie die Faust aufs Auge. Wir haben nämlich in der nächsten Woche – das ist zwar zugegebenermaßen ein bißchen kurzfristig – also das Thema „Das Ende der Scham". Sie kennen unsere Sendung?

– Hm, ja, so flüchtig.

– Dreiviertelstunde, zwei Gäste, möglichst sehr streitbar, aber mit ausreden lassen, also, wir nehmen uns schon Zeit, ich will uns da jetzt nicht übern grünen Klee loben, aber gemessen an anderen Talkshows kommt da schon immer was rum für den Zuschauer. Und Ihr Buch würde natürlich auch zur Sprache kommen, das ist ja ganz klar, also Sie sollen da ja auch was von haben.

– Haben Sie denn meine Agentin, also

– Ach, wußte ich gar nicht, wußte ich jetzt nicht, sorry, aber ich dachte, ja, das war auch mehr ausm Bauch raus, einfach nach dem gestrigen Auftritt, da wollte ich Sie direkt abpassen, ist sonst auch nicht meine Art, so überfallartig und am Wochenende, aber bevor – naja, Sie kennen das ganze Spiel ja auch ein bißchen, nehme ich an.

– Und wie genau war jetzt nochmal das Thema?

– Ende der Scham. Der Moral. Zeitgeist contra Anstand. Soll heißen: Das waren noch Zeiten, als in den fünfziger Jahren Hunderte vor den Kinos protestierten, weil in dem Film „Die Sünderin" das nackte Hinterteil von Hildegard Knef zu sehen war, oder als in den siebziger Jahren der TV-

Kuß von Mann zu Mann öffentliche Entrüstung hervorrief und sogar die Lehrer-Schülerin-Liebe im Fernsehkrimi heftig diskutiert wurde. Und heute? Ein nackter Busen regt kaum mehr auf, und in Talkshows wird zur Kinderstunde über Intimes geredet, wie früher oft nicht einmal zwischen Eheleuten. Seelen-Striptease. Es gibt keine Tabu-Themen mehr, egal ob über Liebe oder Leid diskutiert wird, über Sterben, über Scham oder Schuld. Nichts Privates, das nicht seinen Platz gefunden hat in Talkshows, Werbung oder auf dem breiten Markt der Medien, denn erlaubt ist, was gefällt. Das Publikum bekommt, was es will, sagen Medienmacher und nehmen Verkaufszahlen oder Einschaltquoten zum Maßstab für guten Geschmack. So ganz grob jetzt gesagt. Ihre Mitstreiterin, wenn Sie uns denn, was ich doch sehr hoffe, zusagen, ist dann Prof. Gertrud Höhler. Die war mal…

– Jaja, und ich würde dann den Part, äh

– Sie würden, das wurde ja gestern mehr als deutlich, den Part einnehmen: Alles ist erlaubt, Hauptsache Fun, auf der Suche nach dem ultimativen Kick, die herrschende Moral ist von gestern, das kratzt mich nicht mehr.

– Das ist aber doch ganz furchtbar, was Sie da reden.

– Verstehe ich jetzt nicht ganz.

– Naja, mag sein, daß es das Thema Ihrer Sendung ist, aber es ist weder mein Thema noch meine Meinung. Da bin ich eher wertkonservativ und für Zensur und absolut moralisch, wenn Sie es schon so platt formuliert haben wollen. Da scheint ein Mißverständnis vorzuliegen. Hauptsache Fun – da müssen Sie vielleicht den Werbetexter eines Surfgebiets fragen.

– Oh, da steche ich aber in ein Wespennest. Naja. Gut,

aber ich hab das mal so notiert, das ist natürlich auch ein Standpunkt, vielleicht kommen wir dann mal anderweitig zusammen. Ich würde dann wieder auf Sie zukommen, wenn Ihnen das recht ist.

Das war mir recht. Ich hatte mich wohl nicht hinreichend verständlich gemacht in der Sendung. Das *kratzte* mich jetzt doch ganz erheblich. Ich wählte die Nummer meiner Agentin, legte dann aber schnell wieder auf, sie würde natürlich auf meine Absage tobsüchtig reagieren. Gut war mir ihr Leitspruch in Erinnerung:

„Ab Fernsehen wird die Chose erst richtig interessant."

Seit gestern sah ich das genau andersherum. Trotzdem fand ich es gut, wenn Herr Lerchenbrink wieder auf mich zukäme. Was denn jetzt eigentlich.

Ich ging frühstücken, und die Kaffeebringerin erzählte knicksend, sie habe mich gestern im Fernsehen gesehen. Mir war, als sei mein Gesicht auf allen 1 Mark 10 Briefmarken abgebildet. Hauptsache Fun. Ich aß innerhalb von circa viereinhalb Minuten sechs Rosinenbrötchen mit Nutella. Das half natürlich auch nicht. Ich ging in mein Zimmer und begutachtete den Ausschlag an meinem Hals, scheiß Fernsehschminke. Im Fernsehen liefen ausschließlich nichtkomische Zeichentrickfilme. Am Empfang bekam ich einen FaxSTAPEL – die Agentin hatte neue Presseauswertungen „zur Kenntnis rübergebeamt", wie sie es nannte. Handschriftlich hatte sie die Quote der Talkshow ergänzt. Ein paar hunderttausend Leute und eine Prozentzahl mit einer Stelle vor dem Komma, der sogenannte Marktanteil. Ob das jetzt gut war und ob überhaupt ICH gut war, erwähnte sie nicht. Ich blätterte den Stapel durch und fand mich gelobt, verrissen, porträtiert, befragt, unvorteilhaft fotografiert, verglichen, eingeordnet, über/unterschätzt. Und natürlich *ewig mißverstanden*. Was zu denken ich lächerlich fand, denn nichts ist ja langweiliger als larmoyante Kulturschaffende. Aber doch. Ich fragte, ob Herr Carpendale noch im Haus sei. Herr Carpendale war noch im Haus. Ich holte die Krawatte aus dem Koffer und ließ sie in sein Fach legen. Hauptsache Moral. Offenbar wirkte ich stark hilfebedürftig – ein Jüngling in blauer Uniform kam gelaufen und hob mein Gepäck an. Vor der Tür standen Taxen, und ich dachte, ich müsse dem Jungen fünf Mark geben, aber wie hätte das denn ausgesehen. Ich sagte Danke, er sagte nichts. Der Taxifahrer guckte in den Rückspiegel. Hatte er auch ferngesehen oder wollte er nur wissen, wo es hingeht? Ich guckte aus dem Fenster und sagte Hauptbahnhof, bitte. Wie paranoid man wohl erst würde, wenn man in einer Samstagabendshow im Nichtdritten aufgetreten war. Und was würde dort Sepp Maier anziehen? Ich kaufte keine Zeitungen, vielleicht hatte meine Agentin etwas übersehen, und dann würde ich an ÜBERHAUPT NICHTS anderes mehr denken können. Sich selbst in der Zeitung suchen, wenn etwas zu erwarten war, war schon heikel. Aber sich zufällig abgebildet, besprochen, erklärt zu finden, war ein Gefühl, als hätte man vergessen, das Etagenklo abzuschließen und ein Wildfremder träte plötzlich ein. Und hinterdrein kämen noch einige Bekannte, die Nachbarin und der Vermieter.

Wenn man sich dagegen suchte und NICHT fand, war es vielleicht sogar noch schlimmer. Die Mühle nahte.

# Show #7

Wenn aber die Lesungen gut blieben und besser würden, dachte ich, konnte der Betrieb mich mal. Ich konnte ihn noch nicht, aber Hauptsache, ich verlor das eigentliche nicht aus den Augen. Mein Publikum? Sehr richtig, Roland Kaiser.

Die Freude! Den Spaß, das Gerocke, ich würde sogar sagen: das Punkgerocke. Die Aussichten darauf waren trotz des sicherlich in einigen Jahren von der AOK anerkannten Post-TV-Auftrittsdeliriums bestens. Denn für den Abend war eine Doppellesung mit Freund Kracht angesetzt. Wir waren beide große Verehrer des George Michael-Videos, in dem er einem Stadion seine Version eines Elton John-Schlagers darbringt, und dann in der Mitte des Songs plötzlich die Masse an den Rand der Kreischbarkeit bringt, als er stolz präsentiert

– Ladies and Gentlemen – Mister Elton John!

Daraufhin tritt eben jener auf die Bühne, und dann singen sie im Duett und das Stadion flippt aus. Das war so unser Konzept.

Die Reiseauskunft der Deutschen Bahn hatte Top-Recherche geleistet, und so kamen wir fast zeitgleich an und konnten uns glückselig in die Arme schließen. Wir riefen den Veranstalter an und baten ihn zu einer konstituierenden Sitzung in unser Hotel. Er klang sehr professionell und fragte, ob er seinen technischen Assistenten mitbringen solle. Darauf bestanden wir natürlich, obgleich wir gar nicht wußten, was genau in den Zuständigkeitsbereich eines technischen Assistenten fällt. Aber daß es ihn gab, war gut, denn wir waren überzeugt, daß dies der rechte Ort und die rechte Besetzung war, endlich in Musicaldimensionen zu expandieren. Licht, Sound, Effekte! Nebelgranaten, Trockeneis, Hydraulikbühnen, Laufsteg ins Publikum, Merchandisingstände! Immerhin hatte der Veranstalter ein Theater gebucht, und am Telefon sprach er von „voller Hütte". Volle Hütte war das eine. Volle Autoren das andere. Ich war bizarr gelaunt und pfefferte die beiden dann ja doch nicht mit Katja Riemann eingeworfenen Pillen auf den Rauchglastisch meines in „Raum für strategische Planung und Künstlerbetreuung" umbenannten Hotelzimmers. Wenn das so sei, sagte Kracht und stellte eine Vizir-Umweltkugel, gestrichen voll mit Kokain, daneben. Eigentlich mußte nur noch eine Frage geklärt werden: WANN sollten wir mit der Einnahme beginnen?

– Hmhmhm, sagte ich und begann, zwei Linien auszustreuen. Vielleicht schon bald?

– Ganz gewiß, beschied Herr Kracht. Es schmeckte ausgezeichnet. Ich war noch leicht benommen vom morgendlichen Rosinenbrötchenalarm, aber nun war klar, daß ich den Rest des Tages nichts mehr würde essen wollen oder können, also alles im Lot. Es wirkte, brannte, smashte. Wir verpackten die Vorräte und warteten auf den Veranstalter. Abwechselnd sprangen wir auf und skizzierten die unterschiedlichsten Hardrockszenarien. Wir würden einen Laufsteg ins Publikum benötigen, eine Videoleinwand und Steven Tyler-Tücher am Mikrophonständer. Auf jeden Fall bedurfte es einer überlauten Ouvertüre. Wir öffneten einige Flaschen regionalen Spitzenpilseners, da sich das Kokain gerade mit der hundertfachen Wucht handelsüblicher Ahoi-Brause anschickte, unsere Rachenhinterräume zu verätzen, und dem galt es Einhalt zu gebieten. Da trat der Veranstalter mit seinem technischen Assistenten ein, und wir mühten uns, durch gewählte, nicht allzu hastige Ausführungen und einige geschickte Nachfragen, trotz Bierflaschen einen einigermaßen zurechnungsfähigen Eindruck zu hinterlassen. Der Veranstalter war etwas reserviert, doch dachte er wahrscheinlich, was auch uns mitsamt den Drogen durch den Kopf schoß: Künstler!

Der technische Assistent sagte, wenn wir wirklich quer über die Bühne zu laufen gedächten während der Lesung, bräuchten wir Ansteckmikrophone, aber das könne er noch arrangieren. Wir lobten seine Sachkenntnis und Flexibilität. Eine Nebelmaschine allerdings hatte er nicht greifbar, auch der Realisierung von Videoprojektionen stand er skeptisch gegenüber. Wir waren geknickt. Doch immerhin versprach er, uns zu aufrüttelnder Instrumentalmusik mit wuchtigen Stabtaschenlampen den Weg auf die bis zum ersten Leseton unbeleuchtete Bühne zu weisen. Er faßte sich konspirativ an die Nase und fragte, ob die Chemical Brothers zu diesem Zweck in Ordnung seien. Der technische Assistent war wirklich ein humorvoller Mann.

Nachmittags pausierten wir in Gummiliegestühlen am 12 Quadratmeter-Kellerpool und schwankten in der abschließenden Bewertung unserer Lage. Die Vizir-Umweltkugel lagerte wegen der im Keller hohen Luftfeuchtigkeit im Raum für strategische Planung und Künstlerbetreuung, und hin und wieder, wenn gerade die Zweifel überwogen, rannten wir nach oben, um nachzulegen, und einige Minuten später wieder euphorisch dem Abend entgegenzusabbeln. Nach meinen guten Erfahrungen damit brauchten wir natürlich dringend eine Setlist. Die umfaßte recht bald ein ungefähr vierstündiges Programm, das wir dann eventuell an die äußeren Bedingungen angleichen mußten. Als nächstes versuchten wir, laut aus unseren Büchern zu lesen, als Probe, doch es gelang uns nicht. Wir mußten lachen oder verrutschten in der Zeile. Unser Publikum hatte das Recht auf zusammenhängende Sätze, da waren wir uns einig, doch die Wörter auf dem Papier waren so langsam, standen da blöd in der Gegend rum, der Blick aber raste, wollte blättern, fertig werden, umschalten. Wir tauchten die Köpfe ins viel zu heiße Wasser. Als wir auftauchten, hatten wir eine Menge Chlor in den Augen und blinzelten trüb, aber alles andere ging wieder etwas besser. Schnell machten wir uns auf, ein thailändisches Restaurant zu finden; die gutgewürzte, nahrhafte Kost der Asiaten sollte uns wieder aufs Gleis setzen. Zwar hatten wir überhaupt keinen Appetit, aber eine extrascharfe Suppe ging hinein.

Der Asiat bot auch Mitnehmspeisen für Eilige an und verfügte deshalb über ein breitgefächertes Pappgeschirrsortiment, wie Kracht auf einem seiner nervösen Streungänge durch das Restaurant herausfand. Wir nahmen einige Pappteller und beschrifteten sie im Auftrag der Zuschauermassen, die wir erwarteten, weil gerade die Drogen so gut wirkten.

SUCHE KARTEN

schrieben wir – und

ZAHLE JEDEN PREIS

Mit diesen Schildern, die wir irgendwie in die Hände einiger sehnsüchtig Blickender bringen mußten, das wäre die allerbeste Werbung, vielleicht konnten wir irgendwo zwei Zeugen Jehovas mieten, mit diesen Schildern also gingen wir rasch zurück ins Basiscamp, holten Medikamente und Bücher, kauften Sonnenblumen, die nach dem regulären Showteil (Zu-ga-be! Zu-ga-be!) voll Dankbarkeit ins Publikum geworfen werden sollten. Vor jedem Ankündigungsplakat auf dem Weg zum Theater nahmen wir eine Fingerspitze Koks. Der Veranstalter hatte umfangreich plakatieren lassen.

Bis zum Beginn der Lesung war noch eine gute Stunde rumzukriegen. Vor dem Theater standen viele Menschen, wir vergaßen vor lauter Aufregung natürlich, ihnen die Pappteller unterzujubeln, gingen schleunigst durch den Hintereingang und durften wunderbare Entertainerdinge tun:

Sprechprobe, Lichtprobe, Soundprobe, Musik lauter, bitte am Anfang NUR die Notausgangsschilder beleuchtet lassen, alles andere dunkel, danke, nein, noch kein Einlaß bitte, also, du von rechts, ich von links, dann blinkendes Spotlight, Musik aus und verbeugen. Ja, dringend den Wein in Wasserflaschen umfüllen, das wirkt sonst zu gewollt, eben, ja, ah, sie sind von der Buchhandlung, nabend erstmal, hoffen wir auch, natürlich danach signieren, jetzt schon die Gage, ja, warum nicht, ähm, Fotos, ja, von mir aus auch während der Lesung, oder halt, nein, nur die ersten 10 Minuten, das ist doch ne gute Regelung, das werden die Fotografen ja auch wissen, na sicher, Interview vielleicht doch besser danach, danach ist überhaupt kein Problem, wir würden uns nur gerne jetzt nochmal zurückziehen, gut, ihr könnt die Tür aufmachen, wir hätten dann alles, bis nachher.

Backstage! Wir hatten wirklich achtgegeben, uns so anormal wie eben möglich zu verhalten. Ungefähr so, wie es überliefert ist von Richard Gere oder Whitney Houston, wenn die 5 Minuten vor ihrem Auftritt bei Wetten daß mit dem Hubschrauber ankommen und einfach nur NERVEN. Das war doch auch endlich mal ein Backstageraum: Samtsessel vor einer großen Spiegelwand, gerade so, als seien vor Minuten hier noch letzte Handgriffe an Frisur und Make-up von Marlene Dietrich vorgenommen worden. Auf einer Biedermeierkommode stand ein Korb mit Früchten, Sekt und Sesambrotringen. Post-it-Zettel am Spiegel wünschten Gutes Gelingen; Bürsten, Cremes, Puder und Kleenextücher lagen aus in solchen Mengen, als sei ein russisches Ballettensemble erwartet worden, und die Marmorplatte des Schminktisches war offenbar speziell als Koksauflage gedacht.

Am Theater versteht man es noch, Unterhaltungskünstler würdig zu empfangen! schrieben wir begeistert ins Gästebuch. Vor uns hatte Wolf Biermann sich eingetragen und neben wohlgesetzte Dankesworte räselhafterweise zwei kopulierende Ottifanten gemalt. Adrenalin wirkt bei jedem anders. Die gerade erhaltenen Gagenscheine waren gottlob nicht aus der Abendkasse, sondern direkt von der Bank – glatt, frisch, mühelos zu drehen. Auf die Plätze, fertig, Koks. Wir ließen uns auf die Frisierstühle fallen und schrien YEA! Noch 10 Minuten und uns würden Tatoos und Jeanshemden wachsen. Da öffnete sich die Tür behutsam, und der Veranstalter guckte fragend herein

– Ihr seid soweit versorgt?

Das waren wir in der Tat. Er guckte auf seine sekundengenaue Lage-im-Griff-Taucheruhr und sagte, in exakt 6 Minuten werde das Licht ausgehen und die Musik an, und dann wäre er ja mal gespannt. Der technische Assistent würde uns abholen. Es folgte ein kokstypisches Tutunsleidintermezzo

– Hey, sag mal, ist irgendwas?
– Nein, alles ok. Bei euch auch?
– Bist du irgendwie sauer?
– Ach, wieso denn sauer?
– Du glaubst, wir sind betrunken!
– Kommt jetzt, Unsinn!
– Doch, du hast irgendwas.
– Nee, ist nichts, was soll schon sein.
– Du hast was. Dohoch!
– Ähm. Habt ihr was?
– Hm?
– Na – Drogen?
– Ach so, ja klar, willste?
– Na gut, weil Sonntag ist. Könnt ihr denn überhaupt noch, uh, das ist aber scharf, danke, war dein Schein, oder?

Da kam der technische Assistent mit der bestellten Taschenlampe rein und fragte, was denn jetzt los sei, huch, was denn JETZT los sei.

Der Veranstalter warf den Kopf in den Nacken und sagte, nichts sei los. Zwischen den beiden bestand ein nicht zu verachtendes Hierarchiegefälle. Wir baten uns noch eine Minute aus und schoben die beiden mittlerweile etwas zudringlich gewordenen Männer aus der Garderobe. Es war soweit, so weit bis zur Pause, die wir im nachmittäglichen Wahn nach ungefähr zwei Stunden eingeplant hatten. In zwei Stunden wollten wir hier nicht mehr sein. Was sprach dafür, jetzt NICHT abzuhauen? Es klopfte laut an der Tür, und wir hörten bekannte Tonfolgen wohlig dröhnen

The brothers gonna work it out/The brothers gonna work it out/The brothers gonna work it out/The brothers gonna work it out/The brothers gonna work it out

Und das taten sie dann nach Kräften.

Nun ist es übertrieben zu sagen, unser Respekt vor Jon Bon Jovi hätte an diesem Abend eine deutliche Zunahme erfahren, aber mit Taschenlampe auf eine Bühne gebracht zu werden war schon sehr cool. Vielleicht hätten wir Glück und man würde uns mindestens Selbstironie zugute halten. Vielleicht hätten wir auch Pech, und wir würden stolpern und kein Wort rausbringen.

Wir verbeugten uns, das Licht flackerte, und die Menschen begannen zu klatschen. Jemand pfiff auch ausgiebig, aber das MUSSTE nicht unbedingt böse gemeint sein. Außerdem hatten wir ja das Licht, die Mikrophone, die Drinks, und oh, die Bücher, wir hatten die Bücher vergessen! Der technische Assistent war wahrscheinlich in unserer Garderobe auf die Suche nach Drogen gegangen, jedenfalls brachte er gerade rechtzeitig die Bücher, keiner hatte was gemerkt, noch wirkte alles lässig und geplant. Da sagte Kracht

– I am the god of hellfire – and I bring you

Und ich ergänzte

– … fire!

Damit war erst mal Luft gewonnen. Wir lasen und unterhielten uns. Das Publikum magischerweise gleich mit. Dann wurde Kracht immer stiller, und ich redete und redete, sah aufmunternd zu ihm rüber, doch er döste, rauchte und bot das Ebenbild einer buddhistischen Bronzeplastik. Und ich redete. Mein Kiefer befand sich in beachtlicher Schräglage, doch ich mußte uns ja retten. Ich dachte an die Schwarzweißfotos der von aufgebrachten Rockmusikliebhabern in handliche Teile zerlegten Berliner Waldbühne aus dem Jahre 19irgendwasmit60. Kracht stand auf und wanderte in kleinen Schritten hinter mir auf und ab, setzte sich wieder und kaute auf einer Sonnenblume herum. Wenn ich ihn ansprach, antwortete er nicht, begann bestenfalls, wahllos zu lesen, brach unvorhersehbar ab und rauchte wieder. Die Menschen dachten wohl, wir hätten uns eine charmante Rollenverteilung ausgedacht und meuterten nicht. In einer Zeitung war zwei Tage später zu lesen, Kracht sei ein introvertierter, charmanter, distinguierter Wahl-Hamburger (bemerkenswert, zumal er in Bangkok lebt), ich aber bloß ein vorlauter Irgendwas. In einer anderen Zeitung hingegen stand, zwischen uns hätte die Chemie gestimmt. In diesem Sinne beraumten wir eine Pause an, der technische Assistent änderte das Licht, ließ Musik erklingen, und die Menschen standen auf, gingen vor die Tür zum Rauchen und kauften unsere Bücher. Wir gingen in Marlene Dietrichs Garderobe, rauchten ebenfalls und sagten nichts. Dann mußten wir lachen und Oh Gott sagen. Beides im Wechsel 5 Minuten lang.

Dann holte ich die Pillen raus, und es mußte nicht mehr überlegt werden, nur noch geschluckt, unsere Drüsen spielten schon verrückt, merkten wir, als die Pillen sich bereits in unseren Händen aufzulösen begannen, runter damit, und wieder rauf – auf die Bühne. Die Menschen waren zu unserer Erleichterung alle dageblieben und gespannt, was wir in der zweiten Hälfte so machen würden. Wir selbst im Grunde auch, vor allem aber darauf, wie diese Pillen wirkten.

Herr Kracht feuerte sogleich eigenmächtig den ursprünglich dramaturgisch ausgeklügelt als Zugabe geplanten Requisitenkiller ab, indem er sich ein am Rande einer Bildungsreise in einer malayischen Musikalienhandlung erstandenes Liedermacher-Mundharmonikagestell um den

Hals hängte. Bald darauf verloren wir zusehends den Überblick, doch laut Setlist hatten wir noch mindestens zwei Stunden vor uns. Sklavisch arbeiteten wir sie ab, es kam uns nicht in den Sinn, flexibel ein Ende zu finden. Kokain ist ja auch nicht gerade dafür bekannt, das Sensibelchen in einem zu extrapolieren. Ich stand auf, um mir hinter der Bühne rasch eine Portion kaltes Wasser gegen die Stirn zu schmettern. Dort traf ich den inzwischen stark angetrunkenen Veranstalter mit einer Flasche Kirschlikör in der Hand. Aus seinen Hosentaschen fielen Zehnmarkscheine, und er sagte, wir müßten nicht mehr, wenn wir nicht mehr könnten. Ah, ja? Aaah! Jaaa! Voll Freude spang ich zurück auf die Bühne, um auch Kracht von der süßen Frucht der Erkenntnis kosten zu lassen, da fand ich ein unglaublich albernes Auditorium vor. Mein Weggefährte stand am Bühnenrand und warf die Sonnenblumen in die stehende, klatschende, jackenzumachende, aufbrechende Menge. Durch mein Ansteckmikrophon war der Vorschlag des Veranstalters, bald aufzuhören, in stereo zum Publikum gelangt, Kracht hatte in dem Moment wohl geraucht oder geschlafen, und das Publikum lobte beim anschließenden Signieren vor allem diese Schlußpointe, das sei natürlich wirklich sehr überraschend und lustig gewesen.

Weil es jetzt rockstaresk zuendegehen mußte, nein: WEITERgehen, fuhr uns der technische Assistent zum Hotel. Erstmal in die Zimmer, kurz hinlegen, klar werden. Oh nein, nein gar nicht, klar werden bitte erst so spät wie möglich. Nach einer Minute hochgeschreckt – und auf dem Flur getroffen, klar, wir mußten weitermachen. Nebenan befand sich ein Stadtteilzentrum. So ein renoviertes Stadthaus mit farbigen Wänden, einer Kiefernholztheke und einem Tischfußballspiel, bei dem die blaue Verteidigerreihe immer auch mit einem roten Ersatzmann bestückt ist, weil der blaue mal kaputtgegangen ist und es keine blauen Ersatzmänner mehr gab, dafür hat ein Witzbold Pimmel auf die Hosen gemalt. Auf dem Weg zum Klo stapeln sich Kartons mit Rainbow Tours-Prospekten, Gitarrenworkshop-Teilnahmeformularen und Kino-Programmen, die sich nicht um die Werke von Roland Emmerich oder Steven Spielberg scheren. Die Pegel des Tape-Decks dringen nur selten noch in den roten Bereich vor, weil die Tonköpfe verstaubt sind. Aber bei One World-Percussionmusik ist das auch nicht so wichtig. Im Keller eine Vertrauensbibliothek. Kontrolle wäre besser.

Die Bedingungen zum Drogennehmen im Sanitärbereich waren nicht gerade optimal: Weder war die Tür zu verriegeln, noch eine saubere Auflage in Sicht. Also gingen wir in die Vertrauensbibliothek und mißbrauchten eine laminierte Ausgabe des Bestsellers

„Gaby Hauptmann – sämtliche Gedichte und Balladen".

Zurück an der Kiefernholztheke, dort jaulte friedlich das Tape-Deck, und unser Pegel immerhin war nun wieder deutlich im roten Bereich. Inzwischen hatte ein Spiel begonnen, leider hatten wir die Bekanntgabe der Regeln verpaßt. Es war eine Versteigerung, aber ohne Geld. Jeder hatte einen Gegenstand mitgebracht und versteigerte den jetzt, so hieß es nun, gegen eine gute Idee oder Hilfe im Alltag. Die Gebote mühten sich um Originalität, und wir applaudierten anerkennend. Angeboten wurden ein Setzkasten, eine Kaffeemühle mit der Aufschrift „Kaffee", eine CD der Red Hot Chili Peppers und eine von Franz Josef-Degenhardt (man mußte beide nehmen), ein Wok, eine Reiseschreibmaschine mit zwei Ersatzfarbbändern, 1 Paar beige Segelschuhe mit der Edding-Aufschrift „Hey Ho Let's Go!", eine Weltspartagsschreibtischunterlage, eine Saftpresse, eine Stehlampe und vieles mehr, was auf dem Sperrmüll für Furore gesorgt hätte, und dann hagelte es Offerten:

– ein Frühstück im Vitamini
– 6 Regenbogenkerzen
– 1 mal Fahrradflicken
– Haareschneiden
– eine Autofahrkassette
– Hilfe bei der Steuererklärung
– Übersetzung eines frei wählbaren Textes ins Spanische, bis zu 4 Seiten
– Samstagseinkäufe die Treppen hochtragen
– Hilfe beim Dübeln, Schlagbohrer vorhanden
– Rasenmähen
– Raubkopie einer Wunschsoftware zur Textverarbeitung installieren
– Soviele Klavierstunden, bis man halbwegs die Mariacronwerbungsmelodie nachspielen kann

Wir schrien auch einige heiße Angebote dazwischen, und am Ende hatte ich ein Blechauto in der Hand, ohne etwas dafür gegeben zu haben, und das war doch ein Erfolg.

Dann kamen einige Betrunkene herein und schrien, als sie uns sahen. Sie baten uns, mit ihnen in eine Discothek zu kommen. Warum denn auch nicht. Die Discothek hieß Discotheque, wir tranken dort einige Tabletts voller Einemarkfünfzigschnäpse, und ich hatte nicht den Eindruck, daß der Abend NICHT gelaufen war.

Zum Glück konnte man sich nicht unterhalten, weil die Musik so laut war. Hin und wieder stellte sich jemand aus der Schreigruppe neben mein Ohr und brüllte etwas, und ich nickte immer nur und lachte und bewegte ein bißchen die Lippen. Kracht hatte sich die Kapuze seines Regenmantels aufgesetzt und rauchte den Schreienden ins Gesicht. Die lachten sich kaputt und fandens klasse. Dann wünschte sich der selten nüchterne Wahlhamburger den Ethnoschlager „I've been watching you – alalalalalong" und trieb die Schreier damit auf die Tanzfläche. Sweater, you can't sweat no more. Das war ein gutes Stichwort. Vielleicht mal raus. Ganz recht. Aber wohin dann. Auch wiederum wahr. Vielleicht noch etwas hierbleiben. Aber wie lange. Ja, und worauf warten. Vielleicht noch etwas, gute Idee, dort ist das Klo.

Als wir wiederkamen, hatte einer der Schreihälse die Etagenroste aus dem leeren Afri Cola-Kühlschrank entfernt, sich mit verkeilten Knien hineingesetzt, und jetzt leckte er von innen an der beschlagenen Scheibe und wollte aufregend gefunden werden. Aber das mußte sonstwer für uns übernehmen, wir hatten zu tun. Wenn einem an solchen Abenden alles entgleitet, der Überblick, die Zeit, der Kiefer, das Satzende und so, dann wird es grundsätzlich, angestrebt wird das große Einverständnis, und zwar im Zuge der Klärung weltpolitischer Fragen. Monströse Monologe tarnen sich als Diskussion: Der eine möchte die Karriere von Prince retten, doch, da sei partout noch nicht alles verloren, es sei im Grunde ganz einfach, der andere hat eine recht genaue Vorstellung davon, wie Borussia Mönchengladbach wieder an die Spitze zu führen sei, der dritte möchte mit Bekenntnissen und Forderungen eine zu Bekanntschaft geronnene Freundschaft retten. Ein anderer ist gerade zum Telefon, seine Exfreundin anrufen (nicht zuhause, bloß der

Anrufbeantworter, dessen Erfindung am nächsten Morgen wortreich verflucht wird). Kopfnicken überall. Noch ein Schnaps, na gut, einen noch. Du auch? Für jeden zwei? Kopfnicken.

Nach Stunden dann die Einsicht: JETZT gehen. Nicht noch fünf Minuten, nicht noch zwei Lieder, nicht noch ein Bier, nicht noch eine Zigarette, bloß nicht noch einen Schnaps. SOFORT. Jacke, Tür, Luft, puh.

Im Raum für strategische Planung und Künstlerbetreuung aßen wir einige Kopfschmerztabletten; zu spät war es allemal, aber innerhalb des Zuspäts noch recht früh. Vielleicht würde man ja diesmal DOCH schlafen können. Haha. Beteuerungen, Bedauern, Bemitleiden. Und Beurteilungen: Wie war's, wieviel hat es gekostet und wieviel ist noch übrig (vom Geld, vom Koks, vom Abend, vom Leben). Eins war ganz sicher erschöpft: die Euphorie. Immer wieder schade. Doch plötzlich konnte ich immerhin, ich rechnete es den in ihrer Wirkung rätselhaften Pillen zu, recht gut Falco imitieren.

– I hoab kei Mitten! Entwedda iirßinnick schllääjcht. Oooooooder vadddammmmt guuuud isser, da Fallllco. Dazwiiiischen gibt's gaaaarrrrr nix.

Ja. Beziehungsweise ab-ssso-luttt.

– Ich gehe mal ins Bad.

– Hm?

– Ich gehe mal ins Bad.

– Mach. Jaja, mach.

– Oh. Oh.

– Wasn?

– Ich habe Blut in den Augen. Was ist das denn? Hey, guck dir das mal an, was ist denn jetzt los?

– Was denn, was denn, mach doch mal das Licht aus, ist doch schon hell genug draußen, oh, Ader geplatzt.

– Wobei ist das denn passiert? Kommt das von den Pillen? Seit wann ist das, wie geht das wieder weg, ist das gefährlich? Man, wie brutal das aussieht.

– Das geht von selbst wieder weg. Vielleicht habe ich auch Augentropfen. Nee, hab ich nicht.

Endlich mal SICHTBARER Schaden, da fühlte ich mich nicht so wehleidig, denn mein Unmut hatte Ursach: Ich hatte Blut in den Augen! Ich, oder war es John Wayne?, versuchte Gelassenheit vorzutäuschen und entsorgte bedächtig das Junkie-Gedeck, denn diesen trostlosen Anblick wollte ich dem gewiß bald schon türklopfenden Reinigungspersonal gerne ersparen. Also feudelte ich mit Krachts nasser Krawatte den weißen Staub vom Marmor, entrollte die Banknoten und säuberte sogar die Telefonkarten.

Die meisten Hotelfernseher weisen die Uhrzeit aus. Vierstellig digitalt es einem rot entgegen. War noch Zeit. Schlaf aber nicht mehr. Nützte ja nichts. Wir brauchten Unterhaltung, Anleitung, Maßregelung. Also jemand Drittes, wir wanderten durch die Flure, dem Lichte nach, dorthin, wo es klapperte, solche Angst bereitete uns die Stille. Im Frühstückssaal saß mit einer älteren Dame Dietrich Schwanitz, der am Vorabend ebenfalls in dieser Stadt gelesen hatte. Vielleicht war diese Dame seine Frau, vielleicht aber auch seine Mutter oder ein Fan, den in diesem Alter Groupie zu nennen respektlos wäre. Unklar, denn Dietrich Schwanitz selbst ist ja alterslos. Könnte 40 sein, könnte aber auch 60 sein. Schwanitz aß sehr viel. Er hatte sich am Büffet ein umfangreiches Sortiment zusammengesammelt und ging beim Essen unkonventionell vor: Mit der rechten Hand führte er ein mit Marmelade verfeinertes Gouda-Brötchen zum Mund, mit der linken Hand löffelte er Müsli dazu. Und mit dem Müslilöffel teilte er sich zwischendurch immer wieder ein Stück Rührei ab. Es kommt ja ohnehin alles in einen Magen, dachte er sich. Ob auch Schwanitz auf Tournee vor Konditoreitoiletten saß? Die Frau trank nur Kaffee und versuchte, den beherzt kauenden Professor zu bändigen:

– Du, wir haben ja Zeit.

Wahrscheinlich war es doch seine Mutter. Denn er ließ sie ungeniert gewähren, als sie sich anschickte, ihm mit einem Tupftuch und Spucke diverse Quarkbatzen vom dunkelgrünen Feinwollpullover zu reiben. Schwanitz war nicht in allerbester Laune; vielleicht rührte das daher, daß er zuvor etwas nachlässig dabei vorgegangen war, sein obszönes Bärtchen freizurasieren. Der Bestsellerautor blutete stark, und dann ist jedermann, auch ein Professor, beim Frühstück mißgelaunt. Wer konnte das besser verstehen als ich mit meinen blutenden Augen. Am Büffet konnte ich im silbernen Deckel der Rühreiwanne in das verzerrte Abbild eines bleichen, rotäugigen Darkwave-Reaktionärs schauen – und war es doch nur selbst. Kracht aß 17 Kiwis, trank eine Bloody Mary, goß sogar Tabasco in seinen Kaffee und beschwor die heilende Wirkung dieses Arrangements. In solchen Dingen war er tief gläubig.

# Show #8

Gemeinhin wertet man es als schlechtes Zeichen, wenn die Dame von der Reiseauskunft der Deutschen Bahn, mein Name ist Natascha soundso, schönen guten Tag, was kann ich für Sie tun, den Ort, in dem man aufzutreten gedenkt, nicht kennt. Und nicht mal im Computer hat. Wie genau schreibt man das? Ich habe auch mal andere Schreibweisen eingegeben – nee, haben wir nicht. Wo liegt denn das ungefähr?

Nach einer Stadionlesung in bebender Urbanität klang das wirklich nicht. Also suchte ich das schlaue Buch, fand es und stellte fest, daß die anstehende Reise ein Riesenspaß für *Geo*-Abonnenten mit festem Schuhwerk wäre, für einen blutäugigen Nichtschläfer eher kaum. Kracht war es gelungen, die Sympathie des Herrn Schwanitz zu erschleichen, und der nahm ihn in seinem schnellen Saab mit zum nächstgelegenen Flughafen. Hinterher wurde mir über diese uns zunächst einladend erschienene Mitfahrgelegenheit Abenteuerliches berichtet: Herr Schwanitz hört in seinem Auto Rondo Veneziano in Motörheadkonzertlautstärke und berichtete meinem fassungslosen Freund, seinerzeit habe er den gesamten Vorschuß für „Der Campus" im Car-Hifi-Fachgeschäft „Soundklinik Dr. Boom" verschleudert, und als er kurz darauf seinen Posten an der Universität Hamburg verlor, war er wirtschaftlich gezwungen, das Buch „Der Zirkel" zu verfassen. Der Professor fuhr Krachts Angaben zufolge konstant 190, und Kracht mußte ihm ohne wesentliche Unterbrechung holländische Butterpralinés vorbei am Bart in den Mund schieben. An einem Rastplatz hatte Schwanitz zudem gegen ein parkendes Auto gepinkelt und kam dann fröhlich pfeifend mit einer besprenkelten Hose zurück, gab Gas und verlangte mehr Naschwerk.

Ich dagegen war ja ab sofort wieder alleinunterhaltend auf Tournee und mußte den Zug nehmen. Auf dem Weg zum Bahnhof riß die Herrenausstattertüte. Die grüne Haltekordel hatte die Öse zersägt und dann zack – lag die tote Tüte im Rinnstein und gab meine teuren Hemden frei. Und was da sonst noch so drin lagerte: Zeitungen, Wasserflasche, Stadtplan, schlaues Buch. Dummes Ding. Da stand ich also, am Rand einer Pfütze, vor einem Berg Gepäck, der ohnehin kaum zu tragen war, nun aber nicht mal mehr theoretisch. Immerhin war ich Mitarbeiter der Unterhaltungsindustrie, irgendwas hätte schon passieren können, Hilfe irgendeiner Art. Ein Hemdenärmel sog sich langsam mit Pfützenwasser voll. Die Kapillare würden es bis tief ins Tüteninnere befördern, auch die anderen Hemden in Mitleidenschaft ziehen. Leider war es keine Bühne, nur ein Bürgersteig. Sonst hätte ich mich liebend gerne sensibel von Reinhold Beckmann befragen („Wenn einem so alles hinfällt, man wirklich buchstäblich vor den Trümmern steht, nicht weiterweiß, und die Sache absolut aussichtslos scheint, ist das dann so ein Gefühl, ja, ich sag mal, jetzt will ich nicht mehr, jetzt kann ich nicht mehr, nützt ja doch nichts – und wie kann man sich da helfen, kann man sich da überhaupt helfen? Ich denke, diese Situation wird wirklich jeder von uns schon mal so oder anders erlebt haben“) und einen Chor aufmarschieren lassen, von links, von rechts, und im Halbkreis hätten sie ein Tütenrequiem angestimmt, das den lädierten Autor in seine Fürbitte ausdrücklich miteinschließt

– Saaaa-nosss-tooool!

Für mich jahrelang einer der wenigen Sympathieträger im deutschen Fernsehen: Das *häufig lustlose* Kind, das die anderen Kinder kreischend passieren läßt und, den Kopf voll Suizidgedanken, durch die Pfütze durchmarschiert, die die anderen übersprangen.

In einer Happy Döner-Filiale bekam ich einen blauen Müllsack geschenkt, der war immerhin reißfest, und die Reste der Herrenausstattertüte und der ganze Schrott fanden darin Platz. In der Bahnhofsbuchhandlung kaufte ich das Buch, das man immer gerne kauft und liest, wenn zuviel gerockt wurde: „Elvis – Die letzten 24 Stunden." Weil man dann schnell einsieht, daß man ja doch noch lebt, im Vergleich. Danach schmeißt man es weg, denn es ist kein schönes Buch. Ein Bahnhofsbuch. Neun Mark achtzig. Im Kapitel „Die Müdigkeit abschütteln" heißt es „Die Augen wirkten wie Straßenkarten". Ferner enthält das Buch einen „Grundriß der Privaträume", incl. Waffenschrank, Frisiertisch und Leibwächterbett; auch der liegende, ja tote Elvis ist eingezeichnet. Darüber hinaus verblüfft stets aufs neue das Obduktionsergebnis, die penible Auflistung der Chemikalien. Was auch immer in diesen Pillen am Vorabend drin war – dagegen kam ich natürlich gerade direkt von einer 4wöchigen Kur in Bad Lippspringe. Das Kapitel „Du mußt atmen – tu's für mich" hob ich mir für später auf.

Der Gesamtschullehrer hatte sich gerne bereit erklärt, mich aus der nächstgelegenen Ortschaft mit Erwähnung im Streckennetz der Bahn abzuholen. Nach IC und IR war es schließlich noch ein Stück im Nahverkehrszug. Der brauste fahrgastarm durch unerschlossenes Brachland, und ich mußte höllisch aufpassen, den Ort nicht zu verpassen, denn der Zug hielt immer mal wieder auf freier Strecke, und dann war es aber manchmal doch ein kleiner Bahnhof. Erhellende Zugchef-Ansagen gab es nicht, jedoch indizierten ein absurd unrostiges Schild über einem absurd rostigen Unterstand und ein wartender Mann mit Karoschal den richtigen Zeitpunkt, die Zugtür nicht zu öffnen, bevor der Zug hielt, aber dann doch.

– Ah, der Autor!

– Ah, der Lehrer!

Ich hatte seinen Namen vergessen. Er nahm mir gastfreundlich die blaue Mülltüte ab und marschierte wohltuend autoritär zum Bahnhofsvorplatz. Mir war so blümerant, da war ich dankbar für jede Setzung, jedes Hierlang. Aus einigen Metern Entfernung öffnete er mit einem Infrarotschlüssel sein zentralverriegeltes deutsches Auto, drapierte den Müllsack auf der Rückbank neben dem Kindersitz, dazu meinen Koffer, meine Tasche durfte ich mit auf den Beifahrersitz nehmen. Er merkte leicht spöttisch an, daß ich ja ordentlich bepackt sei, bot mir Lakritze an und fuhr hinter einem Traktor her in Richtung Stadtmitte. Wir redeten über Gefahren und Gerechtigkeit eines zentralen Abiturs. Jaja, die Bayern. Er unterrichtete Sport und Deutsch und leitete eine Internet-Arbeitsgemeinschaft. Ich erfuhr, daß es in Amerika an vielen Schulen pro Schüler einen von der Industrie gesponsorten Computer gibt, daß wir in Deutschland aber noch nicht so weit seien. Ich sagte „Computer" und der Lehrer sagte „Rechner". Dann sagte ich

– Es ist schön in Ihrer Stadt, und der Lehrer sagte

– Es ist schön, aber auch klein.

Wir hielten vor einem dreistöckigen Fachwerkhaus. Die Gesamtschule hatte ich mir viel größer vorgestellt. Aber es war meine Pension, ach so. Ich trat auf den kiesknirschenden Hof und fühlte mich indisponiert. Weniger ein Angebot, denn eine Anordnung war des Lehrers Hinweis auf die Möglichkeit, sich ein wenig frisch zu machen. Was ich denn, Entschuldigung, mit meinen Augen gemacht hätte, und ob ich vielleicht noch eine Mütze Schlaf nehmen wolle vor der Lesung und dem anschließenden Gespräch mit seinem Leistungskurs. Von einem Gespräch war mir nichts bekannt, und so wie er das Wort „Leistungskurs" aussprach, klang es mehr nach Verhör als nach Lesung. Ich dankte dem Lehrer für sein Mitgefühl, stieg die schmalen Bausparteppen hoch ins Dachgeschoß („Da haben Sie eine richtige Dichterklause") und legte mich, komplett angezogen mit regennassem Mantel und lange nicht geputzten Schuhen, auf ein großes Holzbett, das man generell französisches Bett nennt. Die Schuhe waren ein großes Problem: Zwar gab es in jedem Hotelflur schnurrende Schuhputzautomaten, meine Schuhe aber brauchten mittlerweile dringend eine Farbauffrischung, es nützte nichts, mit diesen Maschinen immer bloß den Dreck blankzubürsten. Zum Glück waren die Lesungstische in der Regel mit bis zum Boden reichenden schwarzen Tüchern verhängt. Ich schloß die Augen, aß die Willkommensschokolade, strich ermattet über den angenehm rauhen blauweißkarierten 70er-Jahre-Softpornoklamotte-mit-Peter-Steiner-und-Ingrid-Steeger-Bettbezug und sehnte die Mütze Schlaf herbei. Es klopfte. Der Lehrer trat ein und brachte meinen Koffer und den Müllsack mit. Richtig, mein Gepäck. Der Lehrer war in Ordnung. Er zog die Gardinen zu, zog sie nochmal auf (die Gardinen machten es prima dunkel), guckte auf seine Sportlehrerswatch und dann in meine Blutaugen.

– Was sagen wir?
– Ähm.
– Sind Sie in zwei Stunden wieder an Deck?
– Jaaaaaaaa. Ich bin auch jetzt, also, ich, wir können gerne, ähm.
– Ok, ich hole Sie in drei Stunden ab.

Er schloß die Gardinen erneut und rumpelte die Treppe runter. Wahrscheinlich nahm er zwei Stufen auf einmal, weil er ja Deutsch und Sport unterrichtete.

Und bald schon hieß es „Jetzt aber los, junger Mann" (Sport!) und „Mein Kurs freut sich sehr auf Ihre Lesung!" (Deutsch! Leistungskurs!!).

Es war meine erste Lesung ohne einen einzigen Betrunkenen im Publikum. Der Lehrer hatte mir einige Flaschen Bier auf den Tisch gestellt, und ich versprach dem eine, der auf die Bühne käme, mit mir einen Dialog zu lesen. Da kam Bewegung in die Aula, aber so viele Biere wie nun Dialogpartner hatte ich leider nicht. Die Schüler blieben trotzdem auf der Bühne, setzten sich im Schneidersitz um den Tisch oder mit Baumelbeinen an die Bühnenkante und guckten mich an. Ich fühlte mich wie ein Abiturienten-Rolf Zukkowski. An einer Tafel hinter mir war der Ausgang der Schülersprecherwahlen notiert.

Stefan Brandstädter hatte mit 167 gültigen Erststimmen (eine zweite gab es nicht) Juliane Martens (161 Stimmen) denkbar knapp in die Opposition verwiesen; die Propagandamaschine von Jakobus Behrens (23 Stimmen) hatte offenbar ebenso versagt wie der ganz bestimmt gezielt inhaltliche Wahlkampf von Swantje Willms-Langner (20 nur!), und da jetzt ohnehin erst mal Bier getrunken wurde und ich es nicht gewohnt war, vor GANZ nüchternem Publikum zu lesen, spielte ich auf Zeit und erkundigte mich nach Brandtstädters Programm für die ersten 100 Tage. Der Wahlsieger war selbst zugegen und berichtete, er wolle sich für einen überdachten Fahrradständer einsetzen, des weiteren sämtliche einwegverpackten Snacks aus dem Cafeteriasortiment schrittweise durch mehrwegverpackte ersetzen und eine zusätzliche Projektwoche zwischen Ostern und Pfingsten etablieren. Außerdem wolle er alles dransetzen, „die Computersituation an der Schule zu entkrampfen". Das war natürlich wunderbar ausgedrückt, und wer mal im Computerraum einer Schule zu Gast war, weiß – entkrampfen ist ein guter Ansatz.

Stefan Brandstädter befand sich erst am Anfang seiner 100 Tage-Schonfrist, und noch nickten die Schüler, wenn er glutvoll sprach. Und Stefan Brandstädter war weiß Gott nicht auf den Kopf gefallen, denn nach souveränem Beantworten meiner kleinen Anfrage ging er nun in die Offensive

– Darf ich Sie auch mal was fragen?

– Klar.

– Was haben Sie denn mit Ihren Augen gemacht, das sieht ja voll zombiemäßig aus.

Ich sagte, ich sei Hypertoniker, und der Biologie-Grundkurs nickte mitleidig.

Dann begann ich mit der Lesung. Ich hatte das Programm etwas umstellen wollen, doch bald schon griff ich auf meine sturmerprobte Greatest Hits-Liste zurück und navigierte durch bekanntes Gewässer, anders ging es nicht in dem Zustand. Noch 1 Lesung, dachte ich, dann war ja ein Tag Pause, und die kam recht gelegen. Ich konnte nicht mehr. Ich mußte aber noch: Nach der Lesung wurde es erst richtig interessant, denn der Deutschleistungskurs hatte einige knifflige Fragen vorbereitet, und jetzt hätte ich wirklich gerne ein Bier gehabt, aber von sechs Bieren für 80 Abiturienten ist natürlich nach einer knappen Stunde Lesung keins mehr übrig. Ich bat um eine kurze Rauchpause, und da klatschten die Abiturienten. Schulsprecher Brandstädter forderte ich auf, die Pause zu nutzen und mich durch die zu entkrampfenden Computerräume zu führen, ich wolle mir gerne einen persönlichen Eindruck verschaffen. Herr Brandstädter klapperte etwas angeberisch mit einem Schlüsselbund und sagte

– Here we go. Und da gingen wir. Der Schulsprecher stechschritt durch die Linoleumgänge und kümmerte sich nicht darum, ob ich Schritt halten konnte. Konnte ich nämlich nicht. Ein paar gemäßigte Punks waren mitgekommen und sagten, ich solle doch besser mit ins Lehrmittelmagazin kommen, da sei das Schloß kaputt, und außerdem: Sie sprachen nicht weiter, sondern hielten mir nur grinsend eine mit Bierdosen gefüllte Sporttasche unter die Nase. Gerne folgte ich den Punks, sollte Brandstädter doch alleine entkrampfen. Die Punks verrammelten mit einem Kartenständer von innen die Tür und spielten mit einem Globus „verliebt, verlobt, verheiratet“. Ich hatte nicht ganz verstanden, daß es schon losging, und schon war ich verliebt, beziehungsweise lag der Globus zerborsten auf der Erde. Das war natürlich etwas peinlich. Ich fing zitternd und hektisch an, die Einzelteile aufzusammeln und schnitt mich an einer tückischen Australien-Scherbe. Die Punks reagierten abgekärt, kickten die Scherben mit ihren Stiefeln unter ein Regal voller ausgestopfter Tiere, gaben mir ein Bier und aschten auf eine Deutschlandkarte von 1940. Ich dachte an meine Agentin, nahm einen Schluck und noch einen und dachte nicht mehr an meine Agentin.

Die sich zu Lobliedern auf Alkoholismus aufschwingende Erleichterung, nach einer Rocknacht DOCH wieder Freude am Trinken zu haben, ist immer wieder ein schönes Meisterschalenhochhaltgefühl. Und Bier überhaupt zu diesem nicht risikolosen Versuch das einzig erfolgversprechende Getränk. Ein Punk übertrieb es etwas und pinkelte in eine Bakterienkultur auf dem Fensterbrett. Die anderen aber lachten herzlich und holten fertiggedrehte Joints aus der Sporttasche, die sich als wahre Schatztruhe entpuppte. Ich kiffte ein bißchen mit und folgte den Anweisungen der Punks, dicht geschmiegt an ein rollbares Skelett durch den Raum zu skaten. Dann lüfteten wir, warfen die leeren Dosen durchs Fenster auf die Tartanbahn und in die angrenzende Weitsprunggrube und gingen zurück in die Aula.

– Da sind Sie ja, ich habe Sie gesucht, sagte der auf Entkrampfung bedachte Fahrradständerüberdacher, und ich sagte

– Ja, und ich habe SIE gesucht. Insgesamt war ich wieder an Deck, nur nicht an dem, das der Lehrer sich erhofft hatte. Der hatte einen der lustigen Punks am Wickel und fragte

– Haben Sie getrunken?

Nicht, daß Ohren langezogen wurden, aber das Szenario ließ einen an Peter Weck im braunen Sakko denken, der sich mit Peter Kraus rumärgert. Ich pulte mir rasch ein Kaugummi aus meinem Lesegepäck und eilte dem Punk zuhilfe. Die fünf Bier hätte ich ja nun wirklich nicht alleine trinken können, ich mache mir auch nicht viel aus Alkohol, Herr Lehrer, und das war eine schöne Überleitung zur

Sachdiskussion über Fiktion, Übertreibung und das Schreiben generell.

Die Fragen waren recht bald aufgebraucht, aber das lag wohl auch an meinen Antworten. Doch nicht mal der Lehrer war unzufrieden. Ich signierte noch einige Bücher, und dann kam der Schulleiter und führte mich ins Lehrerzimmer. Der Globus, die Bierdosen, das Skate-Skelett, der wirklich kaum inspirierte Auftritt mit zudem blutigen Augen – ich war nicht überrascht, einige Schwierigkeiten zu bekommen. Zwar wußte ich nicht genau, WIE die Konsequenzen aussehen konnten, ich kam ja von außerhalb und war nur schwerlich mit Strafarbeiten oder schlechten Noten zu belangen. Aber irgendwas würde er sich schon einfallen lassen, der Schulleiter. Erst mal gab es die Gage. Ok, damit wollte er wahrscheinlich mein schlechtes Gewissen vergrößern. Dann entschuldigte er sich, erst gen Ende gekommen zu sein, aber den Schülern habe es ja wohl gefallen, sehr gut sogar, nur Positives habe er da eben auf dem Flur im Vorbeigehen gehört, und nur allzu gerne wäre er von Anfang an dabeigewesen. ABER. Aber. Aber die Pflicht habe ihn daran gehindert, und zwar in Form der wöchentlichen Sitzung des Drogenpräventions-Ausschusses.

Er war ein Trickser. Er wollte mich weichkochen. Drogenpräventions-Ausschuß – sehr gut, Mister, wirklich. Ich mußte unterschreiben – jedoch kein Geständnis, keine Schadensersatzeinigung, keine eidesstattliche Versicherung, das Gebäude NIE WIEDER zu betreten, nachdem es auf meine Kosten gereinigt wurde. Sondern mein Buch.

– Für meine Tochter, aber auch meine Frau hat es mit Gewinn gelesen. Caroline heißt meine Tochter, wenn Sie da vielleicht noch – oh ja. Vielen Dank. Das wird die Caro freuen, wenn ihr Oldie ihr sowas mitbringt, ist ja selten genug, beziehungsweise sonst ja eher die andere Abteilung Buch, die sie von mir zu erwarten hat.

Männer, die sich Oldie nennen, liegen mir nicht so, aber ich schien Glück gehabt zu haben und genoß die dienernde Freundlichkeit, denn sonst ist es ja eher die andere Abteilung, die man von Schulleitern zu erwarten hat.

Vor dem Lehrerzimmner wartete der Sport- und Deutschlehrer und skizzierte mit verruchtem Unterton die Möglichkeiten, die das lokale Nachtleben uns eröffnete

– Es gibt hier zwei Irish Pubs! Einer davon ist auch durchaus kultig.

Er trug inzwischen eine Lederjacke, und ich hatte den Eindruck, er hatte was mit den Haaren gewagt für den Abend. Auf dem Flur standen noch einige Abiturienten und berieten die Lage. Hinter einer fahrbaren Tafel mit der Aufschrift

Altgriechisch-AG entfällt
ZVS-Infoabend in Raum 178

rumorte es und verdächtige Rauchzeichen stiegen auf – die Punks wieder. Ich fragte den Sport- und Deutschlehrer, ob es möglich sei, vor dem Sturz ins facettenreiche Nachtleben noch kurz einige Kopierarbeiten vorzunehmen. Na, sicher war das möglich. Nötig? Ja: Ich war nämlich in meiner Schulzeit psychisch abhängig gewesen von dem Geruch frischgekurbelter Matritzen, und mir behagte die Vorstellung, in genau dieser Kreisstadt mit ihren 2 Irish Pubs (einer davon durchaus kultig), blau-weiß kariertem Bettzeug in Dichterklausen, Computersituationen entkrampfenden

Wahlsiegern und auf Skeletts skatenden Punks, genau hier rückfällig zu werden.

Gerne geleitete mich der Lehrer in einen Kopierraum. Er stellte mir seine Kopierkarte zur Verfügung und ging auf die Toilette. Die Frisur war wohl durcheinandergeraten. Ich kopierte 25mal irgendeine Doppelseite meines Buches, und während der Kopierer losratterte, suchte ich den Raum nach diesem Lösungsmittel ab. Hoffentlich gab es nicht inzwischen eine ungefährliche, neutral riechende Variante. In der Tür standen ganz plötzlich zwei Mädchen und erschraken mich durchaus absichtlich. Aber die eine von den beiden wußte, wo die Flaschen lagerten, und die andere hielt Ausschau nach dem Lehrer. Die gefundene Halbliterflasche sauste in eine Nylontasche mit der Aufschrift IBIZA SURF, und da hustete die andere los, und das hieß, der Lehrer war frisiert, kam wieder, ich nahm ohne Hektik mein Buch vom Kopierer, blätterte noch gedankenverloren und sagte

– Nein, gut, das ist dann wohl alles – hier, Ihre Kopierkarte, vielen Dank.

Der Lehrer war ziemlich heiß aufs Ausgehen. Die beiden Mädchen aber zum Glück auch. Sie versprachen dem Lehrer, mich mitzunehmen und hinter ihm herzufahren, und er sagte

– Dann aber mal los. In dem Mädchenauto war es natürlich ziemlich eng, aber ich durfte vorne sitzen, und es roch auch viel besser als im Lehrerauto. Gymnasiastinnen, die gerade erst den Führerschein gemacht haben und vernünftigerweise noch kein eigenes Auto geschenkt, hinterhergeworfen bekommen haben, denn es passiert ja auch so viel, also, die fahren immer kleine Autos, sehr kleine. Das wendige Beiboot bessergestellter Familien ist das Mutter-Auto, der *Cityflitzer*, meist eher fröhlich in der Farbgebung, also schlimm. Rot, auch mal gelb, und warum dann nicht gleich türkis mit lila Sitzbezügen – eben. Oder Muster! Um es mit der Privatfernsehschlampe zu sagen: ruhig was Freches. Die große Volvo- oder Passat-Kutsche ist anthrazit oder blau oder lodengrün gehalten, so Engholm-Farben, und im wesentlichen dem Vater vorbehalten. Ungerecht erst bei Scheidungen. Im Beiboot fahren die Kinder lieber als in dem kaum manövrierbaren Vieltürtanker, und das ist auch besser, weil beim Totalschaden, hoffentlich und Hauptsache: *Dir ist nichts passiert*, also da ist es dann nicht ganz so schlimm.

– Du, Autos kann man reparieren, ersetzen, dich nicht, sagen die Eltern dann ganz entspannt, wenn der Cityflitzer hin ist. Wenn die Familienkutsche hin wäre, dosierten sie ihre Erleichterungsbekundungen deutlich sparsamer.

– Ich bin übrigens Mareike, und das ist Steffi, sagte die Fahrerin, und Steffi grummelte von hinten, weil sie den Anschnallbeckengurt nicht finden konnte, aber unbedingt in der Mitte der Rückbank sitzen wollte, um in die Lücke zwischen den Vordersitzen gebeugt am Gespräch teilnehmen zu können, sonst ist Rückbanksitzen ja wie fernsehen ohne Kabelanschluß.

– Ich faß es nicht, krähte Steffi, der fährt echt zum Irish Pub!

– WIR aber nicht, sagte Mareike und ließ durch dezentes Verlangsamen geschickt ein Auto zwischen uns und den Lehrer, um dann unauffällig abzubiegen und lachend zu beschleunigen. Ruckzuck hatten wir beste Zum-Baggerseefahr-Stimmung im Auto, und ich fühlte mich wie in einem Video, in dem Alicia Silverstone oder vielleicht doch besser

Cameron Diaz Männer zum Frühstück verspeist. Wen kümmerten da noch blutige Augen. Angenehm war, daß ich nicht gefragt wurde – die Mädchen hatten einen Plan und ich natürlich nicht, sie waren hier zuhause, ich war hier lediglich auf Tour, also bitte.

Zunächst ging es zur Doppelhaushälfte von Mareikes im Trennungsjahr lebender Mutter. Mareike dirigierte uns wortlos die Treppe hinauf und ging selbst durch eine Braunglastür, aus der gerade die Schlußmelodie der Tagesthemen erklang, mitsamt dem Unheil ahnenden Muttersatz

– Bringst du so spät noch wen mit?

Steffi und ich beeilten uns, in Mareikes Zimmer zu kommen, dessen Metamorphose vom Kinder- über Jugend- hin zum vollgültigen WG-Zimmer noch nicht ganz abgeschlossen war. Cremes, CDs, umgestülpte Jeans, Konzertkarten an Pinnwänden, bestickerte und beschriftete Schränke, mindestens noch ein Möbel aus der Kinderzeit, nicht selten das Bett. Manchmal aber auch der Schrank, von dem die Aufkleber mit Slogans wie „Meine Zähne sind ok", „Artenvielfalt ist Lebensqualität" und „Wir sind die Leute, vor denen uns unsere Eltern immer gewarnt haben" nicht restlos abknibbelbar sind, und dafür ist aber das Bett dann schon ein Futon. Solch ein Zimmer weiß deutlich mehr über den Entwicklungsstand zu berichten als die Eltern. Das Zimmer weiß alles. Hier werden noch Schubladen abgeschlossen, und es gibt wirklich einiges zu verstecken. Keine Wertsachen, sondern Ärgerauslöser: die Pille, Briefe, alte Schulbrote (selten), nichtgebeichtete Physiksechsen, üble Kolportage-Fotos, Perl Weiss für Raucher, vielleicht auch kleinere Mengen Betäubungsmittel.

Ich nahm ein Vokabelheft vom Cordsessel, setzte mich

und versuchte, das Vertrauen der Katze zu gewinnen, die auch dort wohnte. Steffi kümmerte sich um die Musik, und Mareike um ihre Mutter, kam aber bald hinzu und merkte an, daß leider nicht aufgeräumt sei, und wir sagten, es sei doch ganz ok, stören würde es uns nicht, und dann hatten wir das auch geklärt. Normal ist ja die Zwei-Phasen-Entschuldigung: Vorher der Trailer „Ok, gehen wir zu mir, aber es ist echt total unordentlich“ und dann bekräftigend beim Betreten des Zimmers

– Man, hier sieht's echt wieder aus.

Darauf entgegnen dann die Gäste, daß sie gar nicht wüßten, was der Gastgeber habe, bei ihnen daheim, DA sehe es erst mal schlimm aus. Dann geht es weiter mit interessanteren Dingen, erst wird noch die Katze vertrieben. Wenn Mädchen Besuch haben, schicken sie immer erst mal die Katze raus. Wenn Mädchen allerdings keinen Besuch haben, holen sie die Katze aus dem Wohnzimmer, ob die gerade will oder nicht. Und da heißt es doch wirklich immer, KATZEN seien launig und von zweifelhaftem Charakter.

*Ziel des Spiels: Auf der Reise durchs Leben das meiste Geld gescheffelt zu haben, nachdem alle Spieler entweder den Altersruhesitz oder die herrschaftliche Villa erreicht haben*

las ich auf der Spiel des Lebens-Schachtel, die ich unterm Bett hervorgezogen hatte. Immer wieder reizend sind die Plastikautos mit Platz für 6 Plastikstifte, vorne 2 Eltern, hinten maximal 4 Gören, rosa die Mädchen und hellblau die Jungs, ganz wie bei den Windeln. Homosexuellenehen sind hier schon seit Jahren möglich! Nirgends steht, daß nicht zwei rosa oder zwei hellblaue Stifte vorne sitzen dürfen. Das Spiel des Lebens. Das Glücksrad, 6000 Mark fürs Staatsexamen (wenn man ein Berufsfeld verpaßt), die Lebensversicherung, die Zoll-Brücke, die Statussymbole, die Schikane-Karten, der Tag der Abrechnung. Realistischer kann ein Spiel nicht sein.

Tournee heißt: ein hellblauer Stift, ganz allein, am Rad drehen, weiter. Ziel des Spiels? Hm. Am Abend zuvor hatte ich kurz das Gefühl, immerhin zu zweit im Auto zu sitzen. Zwei hellblaue Stifte, die den Weg natürlich auch nicht kannten, aber Freude am Fahrtwind hatten, eine neue Kassette reinschoben, hupten und schließlich vom Tempo aus der Kurve getragen wurden.

Steffi ging sehr grundsätzlich auf die Suche nach einer geeigneten CD, so als müsse die den ganzen Abend laufen, und so konnten wir gut hören, daß jemand die Treppe heraufkam, und Mareike stürmte zur Tür und lamentierte, für mein teilzeitschwuchteliges Empfinden etwas ZU aufgebracht

– Was ist denn jetzt noch, ey, nerv doch bitte nicht!

So sprach sie mit ihrer Mutter! Die ohnedies gar nicht nerven wollte, zumindest nicht ausschließlich, vielmehr wollte sie DEINEN GÄSTEN etwas zu trinken anbieten. Naja, auch eigentlich nur ein alter Elterntrick, Getränke als trojanisches Pferd zu nutzen, um sich einen persönlichen Eindruck von Zustand, Alter, Frisur und Gesamterscheinung der Gäste zu verschaffen. Also zweifellos DOCH nervig.

– Wir gehen eh gleich wieder!

– Jaaaa? Wohin denn um die Uhrzeit noch? (Mutter versucht heimtückisch ein Gespräch in Gang zu kriegen, und sich im Zuge dessen dezent weiter zu nähern, ist jetzt beinahe vor der Tür)

– Na, weg halt! (Tür zu, Mutter mit Getränketablett draußen und entweder kopfschüttelnd zurück ins Wohnzimmer oder vorher noch kurz durchs Schlüsselloch schauend, aber gegen derartige Bespitzelung war von innen Tesa Crep angebracht worden.)

Die Mädchen zogen sich um, und ich wurde mit der Aufgabe betraut, eine CD zu suchen, lernte das Wort „Weggehoberteil", und als ich eine CD gefunden hatte, sagten die Mädchen

– Los oder was?

Da klopfte es, die Tür öffnete sich fünf Zentimeter und eine faltige Hand (ohne Ehering!) mit entweder Henna-Tatoos oder Altersflecken reichte ein tragbares Telefon herein

– Für dich, der Martin.

Martin bekam nur sehr vage Auskünfte, nein, hieß es, wahrscheinlich gehe man nicht mehr aus, sei ja auch nichts los, vielleicht morgen, nee, wirklich auch müde jetzt, ja, aber viel Spaß euch, trotzdem.

Mareike liebte Martin nicht, das war deutlich geworden. Und wir konnten los. Leider stand ich genau in dem Moment auf, in dem Mareike Parfum in die Luft sprühte, um darunter zu treten, weil Haare der Duftträger Nummer eins sind, und ich bekam das Zeug in die ohnehin lädierten Augen. Zumindest rochen wir jetzt alle drei nach demselben Parfum, und das war doch auch schön.

Die beiden gingen voran, die Treppe runter, ich tappte halbblind hinterher. Dann im Schimanski-Sprung die letzten drei Stufen: Flur. Auftritt Mutter.

– Habt ihr alles, Geld, Schlüssel, Führerschein? Wollt ihr nicht doch den Bus nehmen? Guten Abend, ich bin übrigens die Mutter. Laßt es nicht so spät werden. Wer ist denn da sonst noch heute abend? Du weißt, was morgen alles anliegt? Ist das nicht zu kalt so?

Dann zweimal rosa und einmal hellblau im kleinen Auto.

– Oh, ich könnte mich echt aufregen.

– Nee, laß doch.

In so Elternautos sind die Kassettenfächer extrem interessant. Nicht nur die alten Hippiekassetten des Vaters, die die Töchter dann genervt am Lenkrad kurbelnd mit einer Hand auf die Rückbank feuern.

– Das sind nicht meine Kassetten, mein Vater hört so'n Scheiß! knurren sie, ehe man noch einen Titel hat lesen können.

Und wie das Wageninnere durchsetzt ist mit freilaufenden Tochterkassetten. Sohnkassetten stecken meistens ordentlich in einer sachlich beschrifteten Hülle. Tochterkassetten nicht. Amüsant sind Sohnkassettenetiketten mit in 10-Punktschrift lasergedruckten Inhaltsangaben:

Hard & Heavy Monsters Vol. 9

Am besten sind aber Mutters Sprachkassetten. Meist signalgelb lesen wir hier

Apprendre le Français

Tschechisch ohne Buch

Avanti I – Italienisch in letzter Minute

Aprender Espanol

Karibu – Kiswahili in 14 Tagen

Come on, Englisch für Reise und Alltag

In der Zeit, in der die Kinder so augenfällig flügge werden, also selbst Auto fahren, da stecken die Eltern sich neue Ziele, bei den Kindern ist es jetzt halt wirklich zu spät. Dann lernen sie Sprachen neu (e parlate italiano) oder frischen Kenntnisse auf (Imparare l'Italiano). Im Restaurant bestellen sie fortan nicht mehr

– Einmal die 7 für mich, und dann, bitte aber nicht so

scharf wie letztes mal, Alfredo, die 59, nein, da heißt es nun ambitioniert

– Una blablabla e, was heißt noch mal „nicht ganz so scharf", eh, non pepperoni stronga, eh, s'il vous plaît.

Nickt der Kellner und klatscht vielleicht kurz begeistert in die Hände, serviert sogar das Gemeinte, dann läuft der Abend super, und für den Kellner auch, denn später gibt es mehr Trinkgeld als sonst. Mareikes Mutter hatte jetzt die Schnauze voll vom Trennungsjahr und deshalb steckte im Gerät die Kassette

Lust & Love. English For Flirts

Konnten wir jetzt nicht brauchen, raus damit. Wie auch schon in Mareikes Zimmer war es schwierig, einen geeigneten Tonträger zu finden – die Mädchen befürchteten, mir könne ihre Musik mißfallen, und ich befürchtete, die Kassetten, die mir gefielen, gehörten Vater (das Schwein!) oder Bruder (Pubertät!).

Also hörten wir Radio, da ist keiner Schuld, wenn Dreck läuft, und wenn unerwartet ein Hit kommt, ist die Freude größer als bei jeder konservierten Hymne, die ja in der Form bestenfalls ihr Nochnichtüberspieltsein rechtfertigt.

– Da ist übrigens der Irish Pub, noch kannst du wählen, sagte Mareike und lachte unsauber, da meldete sich der Radiomoderator. Er hieß nicht, klang aber genauso wie: Mirko Andresen, genannt Mirko das Mikro, der gutdraufe Morgenmoderator auf Radio Siebenundneunzigsechs.

Wir fuhren eine ganze Weile, und ich wurde natürlich müde. Müde vom warmen japanischen Erkältung-leichtgemacht-Gebläse, müde vom Vorabend, und müde einfach von dieser Rock&Roll-Scheiße, auf die auch eine Lesereise hinauslief. Laufen mußte? Wer weiß. Man ist aber ja auch kein Vertreter, der frisch gewaschen jeden Tag in einer anderen Stadt seinen Musterkoffer auspackt und die besten Witze und Wortreihen vorträgt, der weiß, wo gelacht wird, wo er langsamer lesen muß, wo blättern, und auch kein Bescheidwisser, der durch diesen Text-TÜV bald glaubt, die Leute zu kennen, das Leben verstanden zu haben, die Lükken besser zu sehen als andere, der nicht mehr mitmachen muß, um das Werk voranzutreiben, der lieber mitschreibt, wie andere vom Trinken erzählen, als selbst zu trinken, und dann die Buch-, Signier- und Dialogbestellungen entgegennimmt und weiterfährt.

Ist man doch.

Ist man nicht.

Weiterzureisen, ohne den jeweiligen Ort erforscht zu haben, schien mir fahrlässig und deprimierend. Abends zu trinken und sich auf die Suche nach irgendwas zu begeben, ohne Uhr und mit etwas Geld, das war natürlich auch deprimierend. Aber es fühlte sich besser an: Die Depression folgte dem Überschwang, hatte also eine ganz klare Ursache. EINE zumindest. Das war doch immerhin was. Einfach nur so deprimiert zu sein, war noch keine Leistung, denn nur so deprimiert war schließlich die ganze Welt, da war es doch in jedem Fall klüger gegenzuhalten. Mit den bekannten Konsequenzen. Trotzdem ist natürlich die Reproduktion des Besonderen der Zeugungsakt der Langeweile. Steffi reichte mir die Flasche mit dem Lösungsmittel, und ich sagte

– Ach, richtig.

Und nahm einen kleinen Zug, dann – ACH, RICHTIG! – einen großen. This is the rhythm of the ni-i-ght, heißt es, o-ho ye-aa, heißt es, und dann: of my life. So steht es geschrieben, so wurde es gesungen. Und sogar der Vater von Julian Lennon (John hieß der, den Älteren müßte er ein Begriff sein) sang Whatever gets you through the night/it's allright, it's allright, und auch da wird im Liedinnern aus night dann life. Flasche nach hinten reichen, Kopf an die Nackenlehne und Augen zu. Aus dem Cityflitzer wurde kurz, sehr kurz, ein Cabrio. Gegner von zum Beispiel Roxette sollten es mal mit Lösungsmittel versuchen: Mir gefiel die Radiomusik plötzlich ausgesprochen gut. Steffi nahm auch eine Nase und schrie autosuggestiv herum, und ich bat sie, die Flasche zuzudrehen, denn wie jeder Spaß verdunstet Lösungsmittel natürlich schnell, und dann wundern sich alle, daß es früher mal intensiver gewirkt hat – Liebe, Rockmusik, alles. Und: Lösungsmittel. Was für ein anachronistisches Rauschmittel. Wie in jeder Hinsicht billig es doch ist! Schnief, fetz-tschop, aaaah, vorbei.

Ein guter Titel für einen Roman von Johannes Mario Simmel:

Als die Eltern aufgrund einer Reportage auf N3 begannen, die Pattextuben wegzuschließen (und sie später durch „unbedenklich" genannte Substitutkleber ersetzten)

Der Lehrer hatte zwei Irish Pubs in Aussicht gestellt, aber jetzt standen wir in einem zweistöckigen Dröhnbunker, und das war ungleich netter und rechtfertigte die lange Anfahrt. Abfahrt: Im Erdgeschoß stand „80er" an der Tür und im Treppenaufgang „90er". Eine schöne Idee, das zu trennen. Nicht wie bei Mirko dem Mikro, die größten Hits der 70er, 80er und 90er, wo man es ja als aufgeschlossener Hörer dann fast kleinlich findet, daß die 50er und 60er ignoriert werden. Gegen das Vergessen!

Wir gingen die Treppe rauf, mal gucken, was die 90er so

machten. In einer Musikzeitschrift hatte ich gelesen, daß die 90er Jahre musikalisch 1994 geendet, aber schon 1988 begonnen hatten. Das war aber dem DJ im ersten Stock natürlich egal. Uns auch, wir hatten ganz andere Probleme: Aus der ziemlich verrotteten Toilette (ich würde sagen: späte 60er) kam uns jetzt der Martin vom Telefon vorhin entgegen. Heeeeyyyyy, das ist ja nett, daß wir dich, wir haben uns schon gedacht, daß du hier, nee, da wußten wir noch nicht, also, ich meine usw. Martin studierte Medizin, hatte Steffi mir erzählt, und das stimmte wohl auch, denn bald nach unserem unangenehmen Zusammentreffen bin ich auf dem Weg zum Ausschank an ihm vorbeigegangen, und er hat eine recht knappbekleidete Frau vollgeredet (wie ein Diktiergerät stand sie da), und gerade als ich vorbei bin, sagte er das Wort

– Facharztausbildung.

Wahrscheinlich dachte sie, entweder oder, und war deshalb so still, entweder gute Partie oder gute Party.

Ist nicht recht zu lösen. Er sah auch beileibe nicht nach einem Amalgam aus beidem aus. Zahnarzt? Äh, ja. Und dann hat er mich gefragt, ob ich einen Stift hätte, sie hatte sich also für die Partie und gegen die Party entschieden, denn jetzt gab sie ihm ihre Telefonnummer. Ich verhinderte das nicht, machte mich aber wenigstens nicht schuldig, indem ich log

– Nö, 'n Stift habe ich nicht, wozu denn? Oder, warte mal (Taschen abklopfen, um es glaubwürdig zu machen!) – nee, nee, tut mir leid.

Aber der Schulsprecher Brandstädter war auch da und zückte einen Parker-Füller. Der Wahlsieger war betrunken und erzählte mir etwas von einer gezielten Schmutzkampagne gegen Swantje Willms-Langner. Dann fragte er, ob ich die Angst vor dem leeren Blatt Papier kenne, er jedenfalls müsse gerade eine Petition bezüglich des Fahrradständers einreichen,

– und da tue ich mich verdammt schwer.

Ich riet ihm, seine Rolle als Schulsprecher nicht mit seiner Rolle als Betrunkener zu verwechseln. Es lief ein Gitarrenkracher einer Band, die ganz in der Nähe zuhause war, und dazu tanzten die Leute hier viel stolzer als anderswo. In dem Punkt bin ich wirklich wie die Charts, also da bin ich wirklich Marktwirtschaft: Ein Hit, also bitte, da merke ich mir doch den Bandnamen nicht gleich. Wozu das denn. Völlig egal, wie die Band heißt, wir gingen, LIEFEN tanzen, und Herr Brandstädter mußte noch im Laufen seinen Parker-Füller zudrehen, er DURFTE dieses Lied nicht verpassen, das wäre ganz schlecht fürs Image gewesen.

So ein Hit aber auch, und da fiel ich pardauz beim Tanzen hin, zweimal, verstauchte mir ganz übel den kleinen Finger links, der wurde ganz blau, schwoll prall, beim Biertrinken mußte ich ihn Carsten Flöterig abspreizen. Aber es war natürlich teillegendär, das exakt bei diesem Lied in dieser Region erleiden zu müssen. Und ein schöner Grund, den Abend dann bald zu beenden, war es auch. Die Mädchen brachten den Dichter zur Klause, hupten zum Abschied, und sofort ging in der Pension das Licht an.

– Wissen Sie, wie spät es ist?

Nee, wußte ich nicht.

## Day Off

Die Sonne war schon lange bei der Arbeit, und ich hatte keinen Grund aufzustehen, liegenbleiben machte aber auch keinen Spaß. Mir ging es schlecht, zum Frühstück würde es hier Malzkaffee, Leberwurst, Graubrot und nichtknackende Kelloggsplagiate an H-Milch geben, das sah man am Tapetenmuster, und ich hatte nicht mal ein Ziel zum Fliehen, denn dieser Tag war *off*, so nannte meine Agentin das, keine Lesung am Abend, als Mitarbeiter der Unterhaltungsindustrie mußte ich also feststellen: Dieser Tag war praktisch nicht existent, oder schlimmer noch, er war da, aber vollkommen leer, so wie ich selbst mir alsbald vorkam. Dann trotzdem kalt zu duschen verdient Respekt und eine Einladung zum nächsten Gilettespot-Casting. Ein Tag keine Bühne, Gage, Aufregung. Was denn dann eigentlich? Der Vorverkauf war miserabel gelaufen, die Konkurrenz an diesem Abend groß, Promotion hatte praktisch nicht stattgefunden (behauptete meine Agentin) bzw. nichts genützt (behauptete der Veranstalter); die Plakate waren angeblich nie angekommen, folglich auch nicht geklebt worden, und weil meine Agentin mir zwar einiges zumutete, eine Aussegnungshallenlesung vor 12 Freikartenfreunden des Buchhändlers dann aber doch nicht, hatte sie die Lesung abgesagt, offiziell hieß es „Autor erkrankt“ und die Leute im Ort wunderten sich: Was denn überhaupt für'n Autor?

Also Pause, Zwischenstopp, Stimme schonen, ausruhen – man konnte es sich auch schönreden. Die vergangenen Tage waren so detailliert vorausgeplant gewesen, wenn ich nicht weiterwußte, hatte meistens das schlaue Buch weitergewußt, nun aber mußte ich, durfte ich selbst planen. Vielleicht nach Hause fahren? Das lohnte nicht recht. In ein Hotel gehen, dort dicke Samtvorhänge vor die Welt ziehen und schlafen?

In der Fachwerk-Pension wollte ich auf gar keinen Fall bleiben, auch hatte ich nicht das Gefühl, ein weiterer Abend mit Mareike, Steffi und der Lösungsmittelflasche könne in einer späteren Verfilmung meines Lebens einmal die Sequenz hergeben, die sich als Trailer eignet, um ein Riesenpublikum anzufixen.

Vielleicht ja doch.

Ziemlich sicher nicht.

Ich nahm die Regionalbahn in den nächsten zurecht Stadt genannten Ort. Weil es dort regnete, fuhr ich eine halbe Stunde später weiter, diesmal mit einem InterRegio. Ich näherte mich der Stadt, in der es am nächsten Tag weiterging, und zwar so richtig: mit der Buchmesse. Eine Stadt vorher stieg ich aus, eine Tournee eignete sich prächtig, hinter alle möglichen Binichbloßmaldurchgefahren-Städte endlich das Warichschonwarnichtsodoll-Häkchen zu machen.

Das Geld reichte erst mal. Später im Jahr würde ich es benötigen, aber das zählte ja jetzt nicht. Ein gutes Hotel – wäre zu bezahlen. Ein billiges – vielleicht nicht auszuhalten, da verging die Zeit nicht schnell und nicht schön genug. Wie ging denn das nochmal, einen Tag rumbringen? Fixpunkte: die Mahlzeiten. Gegebenenfalls der Finger im Hals danach.

Ein Hotel nehmen. Eine halbe Stunde fernsehen und dann doch raus, denn fernsehen kann man überall. Ja, eben! Aber doch nicht hier. Hm. Also in die Stadt. Dinge kaufen. Auch eine Möglichkeit. Plötzlich eine Touristenexistenz; ziellos gehen heißt plötzlich *schlendern*. Eis essen, Gedenktafeln lesen, über den Erwerb einer Einwegkamera nachdenken. Oder doch Postkarten? Auf Parkbänken sitzen. Die Veranstaltungsseite der Stadtzeitung prüfen.

Konzerte
Theater
Ausstellungen
Kino
Partys
Märkte, Auktionen
Sonstiges

Man könnte soviel – ja, könnte man? Interessant. Und wie geht das?

Alles d e h n e n . Beim Bäcker mitmachen beim gemeinsamen Kommentar der Schlagzeilen. Schönen Tag noch wünschen. In Straßencafés sitzen, wenn das denn geht; dem Wetter ernsthaft Bedeutung beimessen. Und tatsächlich in einer Stadtzeitung nachschauen, was heute so unter SONSTIGES geboten wird. Verräterischer Sprachgebrauch: Manche Menschen sprechen bezüglich derartiger öffentlicher Beschäftigungsprogramme nicht von Wahr-, sondern von Mitnehmen, die nehmen wir noch mit, die Aufführung, den Markt, den Film. Und nach einer Trinknacht sehen sie mitgenommen aus.

Eine Uhr braucht man überhaupt nicht auf einer Tournee. Den halben Tag verbringt man ja am Bahnhof, und da ist ja, wenn überhaupt was, die Uhrzeit klar, im Zug kann man aus den Zwischenstops und dem *Faltblatt Ihr Zugbegleiter* relativ verläßliche Uhrzeiten schlußfolgern, außerdem fährt man ja dauernd durch Bahnhöfe hindurch, und da muß man nur geistesgegenwärtig rausgucken, schon weiß man es. Was man nicht weiß, ist, warum die Bahnhofsuhren so unglaublich genau gehen, OBWOHL der rote Sekundenzeiger nach einer Umdrehung immer so über Gebühr lange auf der 12 verharrt. Wo holt der das wieder auf? Nicht zu klären, zwar geht es dann die ersten 5 Sekunden in einem ganz guten Tempo los, aber dann doch wirklich genau im Sekundentakt. Dann wird man abgeholt und abgesetzt im Hotel, auch dort gibt es genügend Uhren, ja sogar einen Weckruf. Während einer Lesung ist die TATSÄCHLICHE Uhrzeit egal; vergleichbar mit der zusätzlich zu den Gradcelsiuswerten durchgesagten „gefühlten Temperatur" ist allein relevant, wie spät es dem Publikum *scheint*. Wenn denen langweilig wird, sollte man aufhören. Oder sich anstrengen. Dann haben die Leute auch sofort wieder mehr Zeit. Wenn das Publikum nach Beendigung des geplanten Pensums noch weitere Geschichten fordert, ist dem von Bühnenseite aus nachzukommen, es sei denn, der Autor hat selbst überhaupt keine Lust mehr, dann sollte er nach kurzer Zugabe danke sagen, seine Sachen packen und gehen. Es wird ihn niemand daran hindern. Wichtig ist aber auch, selbst im Fall andauernder Frenetik trotzdem ein Ende zu finden. Der Gedanke „Jetzt reicht es aber auch" sollte immer zuerst auf der Bühne gedacht werden. An einem off-Tag aber braucht man eine Uhr ganz dringend, um zu wissen, wann er geschafft ist, und man endlich wieder *on* sein darf.

Ich habe keine Uhr. Was für ein Satz. In einer Reihe mit „Gibt es das auch ohne Fleisch?", „Ist da Zucker drin", „Whisky nie mit Eis", „Nacktbilder nur, wenn sie ästehtisch gemacht sind", „Kevin spielt nur mit Holzspielzeug" und „I'd rather go naked than wear fur". Oder auch: „Tür nicht öffnen, bevor der Zug hält". Ich habe keine Uhr. Soll heißen: Fragen Sie mich nicht, wie spät es ist, es ist ordinär, sich nach der Zeit zu richten, es muß andersherum sein.

Ich wußte nichts anzufangen mit all der Zeit, der Tag hatte keine Struktur. Niemand würde mich abholen, keiner würde drängeln. Und klatschen erst recht keiner. Wenn es doch nur endlich dunkel würde! Theoretisch konnte ich um 16 Uhr zum zweiten Mal frühstücken oder zwei Stunden vorher schon mittagessen, danach, davor, statt dessen einen Mittagsschlaf anberaumen. Oder abends früh ins Bett. Vielleicht auch gar nicht ins Bett. Mit niemandem reden, mit jedem reden, mit mir selbst reden, ich konnte lesen, schreiben, kaufen, verzichten, saufen, baden, mich rasieren oder unrasiert aus dem Fenster gucken, wie der Tag beginnt und endet, und am Ende alles bleibt, wie es war.

Ich langweilte mich zu Tode, und das mache ich am liebsten in Cafés. Ich bestellte Kuchen, lief, von Einsicht getrieben, hinter dem Kellner her und stornierte die Bestellung, nur Kaffee bitte, Entschuldigung. Er ordnete kopfschüttelnd seine öligen Locken und murmelte etwas in einer nicht-EU-Sprache. Nächster Programmpunkt, touristisches Amüsement für Anfänger, nachmittags allein ins Kino, da ist der Fall dann auch klar: Die Kartenverkäuferin guckt mitleidig, gibt Rabatt, man ist allein, höchstens zu dritt. Oft sparen sie sich sogar die Werbung, und nicht mal der Eisverkäufer kommt rein.

Ich hatte an der Kasse einige Süßwaren gekauft, aß gleichzeitig aus drei verschiedenen Tüten Weingummi und freute mich auf das anschließende Snickers. Dann warf ich das ganze Zeug schnell in die Reihe vor mir, denn am nächsten Tag sollte ich fotografiert werden.

Am Abend fiel mir erst nach einer halben Stunde Badezimmer und Kleiderordnung auf, daß ja kein Auftritt, sondern ein freier Abend bevorstand. Ich ging in ein Restaurant und las beim Essen. Da, ein Bild von mir. Weiterblättern. Zurückblättern: Wie sieht das denn wieder aus. Und der Text, meine Güte, der Text. Höchstwahrscheinlich hatte der Autor nicht so lange darüber nachgedacht wie ich jetzt über die Möglichkeit, einen Nachtisch zu bestellen. Knapp überstimmt, abgelehnt, das war knapp, aber dann wenigstens noch was trinken.

Es war noch früh, und die Bar gerade erst geöffnet worden. In der Ecke stand ein DJ-Pult, aber noch liefen lediglich CDs durch. Das Discokugelensemble an der Decke sprenkelte Lichtbrocken über Wände und Gesichter. Später würde hier was los sein, das spürte man, gerade auch weil das Personal so übermäßig gelassen war, das war keine Was-gibt's-Fremder-Lässigkeit, das war einfaches Kräftesparen. Ich setzte mich an den Tresen und guckte der Bedienung beim Gläserspülen zu. Hinter mir hing ein Promillemesser. Ja, war ich denn in einer Landdiscothek gelandet oder in einer ernstzunehmenden Bar? Mit einem Strohhalm sollte man dort hineinpusten. Daneben sehr groß die Telefonnummer eines Taxiunternehmens. Ich wartete. Vielleicht würde sich was ergeben. Noch ein Getränk. Langsam wurde ich ruhiger. Man könnte auch sagen: müde. Wahrscheinlich würde sich ohnehin nichts ergeben. Gestern um diese Zeit. Und morgen um diese Zeit. Aber was bitte schön heute um diese Zeit? WAS JETZT?

Da kam ein aufgeregter Typ mit Spuckebläschen in den Mundwinkeln des Weges, hielt mein Buch neben meinen Kopf und fragte

– Entschuldigung, bist du das?
– Ja, bin ich.
– Ach so. Wir hatten nur gewettet, deshalb. Meine Freundin meinte, du wärst es, und ich war sicher, du wärst es nicht.
– Doch, doch, bin ich.
– Ja, das ist ja der Oberhammer.
– Hm.
– Würdest du uns da was reinschreiben?
– Selbstverständlich.
– Also nicht nur den Namen. Irgendwas Witziges.
– Oh. Was Witziges. Nein, vielleicht doch nur den Namen. Ich weiß jetzt nichts Witziges. Ist ja auch schon spät.
– Schreib doch das! Also, daß es spät ist, ist doch witzig als Widmung.

Beim Schreiben sprach er mit und nickte jeden Buchstaben ab, als habe ich just das Schreiben erlernt und er sei der stolze Lehrer. Geht doch. Ich verließ die Bar. Es war zwar schön, wenn die Leute das Buch kauften. Aber wenn sie mich ansprachen, was sollte ich dann sagen? Schwierig. Seit ich zum ersten Mal angesprochen worden war, dachte ich, wenn mich mal keiner ansprach, daß die Sache nun den Bach runterging und die Künstlersozialkasse einen Problemfall mehr im Computer hatte. Und wenn ich dann wieder angesprochen wurde, reagierte ich jedesmal aufs neue fassungslos. Irgendwas unterschreiben, na klar, das kam mir zwar etwas grotesk vor, aber es war nicht weiter schlimm. Wahrscheinlich verwechselten mich auch einfach weiterhin viele mit Lars Ricken. Wirklich schlimm dagegen waren die Diskussionen. Ich konnte doch nicht nachts plötzlich zwischen zwei Drinks sämtliche Behauptungen von Seite 176 oben zurücknehmen oder begründen. Das Buch war doch fertig. Ich sprach doch auch nicht mit den Leuten über ihre Arbeit. Andererseits, genau, na klar. Ach, ich wußte es nicht, wußte es einfach wirklich nicht. Wie das ging, wie das werden sollte, wie man es anders machen konnte. Ich wollte Reaktionen, natürlich, wie sollte ich sonst weiterkommen. Aber ich wollte keine Rückkopplungen, die alles andere übertönten. Wenn ich mich mit jemandem zum Interview verabredet hatte, konnte meinetwegen alles besprochen werden, ich konnte rumlügen, ich hatte es in der Hand. Zwischen Zuckerstreuer und Aschenbecher stand ein Aufnahmegerät, und es war geklärt, warum wir da saßen. Etwas schwieriger waren schon Telefoninterviews, da war der Fragensteller schwieriger einzuschätzen, und es wirkte so, als erzähle man sich das alles selbst, Telefoninterviews sind wie Briefwahl. Aber machbar. Wenn jedoch eine Rolltreppe, eine Bar oder eine Parkbank zum Zeugenstand wurde und irgend jemand einfach anfing, mit mir zu reden, weil er ja dies Buch, und obwohl er ja sonst nie einfach jemanden anspreche, echt, aber usw., dann wurde ich verrückt und hatte Angst, wie Jürgen Drews zu enden, der ja statt Guten Tag zu sagen, ob im Blumenladen, im Interview, in der Volkshochschule oder in der Wildwasserbahn des Heidepark Soltau, einfach IMMER losjöselt, was so im Kornfeld abgeht. Im Hotel blätterte ich durch neue gefaxte Artikel. Fahrig, zunächst die Tendenz herausfiltern: wie groß, wie gemein, wie freundlich, wie falsch, wie so? Um dann selbstverständlich alles erklären zu können: Ach ja, daß der das schreibt ist ja klar. Und daß das Blatt und so, und die sind ja auch mit dem und dem. Und haben ja auch schon das und das. Ja, klar.

Ich war so beschäftigt mit der Kontrolle, Sichtung, Wertung der eingehenden Reaktionen, daß es ja kein Wunder war, wenn ich mich eine halbe Stunde kämmte, bevor ich ins Restaurant ging oder es als Nachweis für Entertainerqualität verstand, wenn ich den Portier oder den Taxifahrer zum Lachen brachte. Morgens zog ich die Gardinen zur Seite, als seien sie DER Vorhang. Und die Show begänne.

Im Musikfernsehen liefen atonale Spezialsendungen. Durchschalten, ach, Moment, das war doch, oh, bist du es, ja, ich bin es, ich hatte gewettet, du bist im Fernsehen, und jetzt bist du im Fernsehen. Da saß ich. Eine Wiederholung der Talkshow. Allzu dick sah ich nicht aus. Das also hatten die Menschen gesehen. So sah das aus. So redete ich. Was redete ich denn da? Die Pillen hatte ich ja nicht genommen. Wirklich nicht? Ich unterbrach Sepp Maier. Eine Frau im Publikum schüttelte den Kopf. Völlig zurecht. Der Moderator lachte. Und fragte mich etwas. Das Ende seiner Antwort war von mir als Signal loszureden verstanden worden. Darüber hinaus war die Antwort nicht weiter der Frage verpflichtet, schien es. Dann kam die nächste Frage, und Katja Riemann trank Wein und nickte dabei, Schnitt auf mich, ich fummelte an meiner Krawatte herum, und Björn Engholm redete über eine Ausstellung. Howard Carpendale hatte die Beine übereinandergeschlagen und seinen linken Lackschuh in der Hand. Er guckte, als habe er in seinem ganzen Leben noch nichts Interessanteres gehört als Björn Engholms Ausführungen über zeitgenössische Kunst. Diesen Blick mußte ich dringend noch üben. Ich trank Wasser, das war die einzige Geste, die ich draufhatte, wenn ich gerade nicht sprach. Manchmal knetete ich meine Lippen, aber das wirkte sehr manieriert, vor allem wenn man sah, daß ich sah, daß man mich sah, und ich mich blitzschnell aufsetzte, die Hand ans Kinn führte und interessiert zu blikken versuchte, interessant geradezu. Merkwürdigerweise sah es so aus, als säßen wir da schon jahrelang beisammen in irgendeinem Keller. Und auch noch jahrelang. Jede Widerborstigkeit, jeder Lacher, gerade auch jede Unsicherheit (authentisch!), jedes Inswortfallen wirkte abgesprochen, eingeübt, teilnahmslos. Ich hatte Magenschmerzen. Quotendruck? Ratlos bestellte ich Sandwiches beim Zimmerservice, schraubte den Minibarwein auf und guckte uns beim Reden zu. Ich hatte zwar keinen Hunger, und wer wußte schon, wann ich wieder ins Fernsehen durfte, habe ich durfte gesagt, *mußte* natürlich, also das diente ja alles nur dem Buchverkauf, klar, also freiwillig – nie, aber meine Agentin, jaja, klar. Die Sandwiches aß ich aber trotzdem komplett auf, sogar den Dekorationssalat, übrig blieb nur ein Zahnstocher mit Papierfähnchen dran, der mich an die Deutschlandkarte meiner Agentin erinnerte. Und schon kniete ich wieder vor dem Klo. Smells like Bulimie.

Here I am now
Entertain you

Wenn man das Essen zurückspult, wie ich als Kind statt Kotzen gesagt habe, und vor allem, wenn man es absichtlich herbeiführt, hat man solchen Druck im Kopf, daß auch die Augen kotzen, Tränen sagen die Wahrheit. Ich hörte mich einen Witz probieren im Fernseher, legte den Kopf auf den Badewannenrand und überlegte, wie ernst die Lage war. Der Witz mißlang, und der Moderator konnte zum Glück die Situation retten, indem er zur Hubschrauberlandung der dicken Operndiva überleitete. Wahrscheinlich saß die Operndiva jeden Abend sandwichessend in einem Hotelzimmer, und irgendwann hatte sie aufgehört, sich danach vors Klo zu knien, das ging mit der Zeit auf die Stimme und die war ja ihr Kapital, und nun war sie dick. Und durfte trotzdem ins Fernsehen. Wie schön es wäre, normal zu essen. Nicht so viel, gut verteilt über den Tag und einmal etwas sogenanntes Richtiges. Langsam kauen. Und sich AUFS Klo setzen, irgendwann. Und nicht davor zu knien und hinterher schwer atmend den Kopf zu schütteln. Ich würgte ein bißchen. Mit Mohrenköpfen ging es leichter. Am leichtesten, hatte ich mal in einem shocking Modeltagebuch gelesen, geht es mit Eis und Pudding.

Ich brach die unwürdigen Würgversuche ab und legte mich aufs Bett. Vielleicht sollte ich jemanden anrufen. Normal konversieren, zur Abwechslung. Aber mit wem, und es war ja auch schon viel zu spät. Am nächsten Morgen würde ich, das hatte doch schon beinahe Tradition, in die Sauna gehen und die Sandwiches wieder ausbalancier'n. Das Natreen-Evangelium: alles, alles, alles eine Frage der Ballance. Im Fernsehen wurde weitergeredet.

## Show #9

Im Zug traf ich eine, die auch schreibt und liest, und dann sagt man wohl: Kollegin. Damit mußte man auf dem Weg zur Messe natürlich verschärft rechnen. Bislang hatte ich (mit Ausnahme des god of hellfire Kracht) auf meiner Tournee die anderen nur, wie Fuzzi in Western von Gestern, als *stinkende Schatten* erlebt: in Erzählungen von Hotelpersonal, Veranstaltern, Buchhändlern, Publikum, auf Plakatwänden, in Autogramm- und Gästebüchern, in Veranstaltungshinweisen, Sammelbesprechungen. Manchmal nur knapp verpaßt – das Mikrophon war noch warm. Wenn es nichts zu reden gab, und das war oft der Fall, sagten die Veranstalter gerne Dinge wie

– Letzte Woche hatten wir ja auch regen Zulauf beim soundso, und wir freuen uns ja auch schon sehr auf morgen abend, da kommt ja die lalala, da sind wir doch sehr gespannt. Ein wunderbares Buch ist das, haben Sie's gelesen, ist wirklich aus dem Leben gegriffen, aber auch literarisch, durchaus mit Tiefgang, läuft bei uns wirklich sehr gut, das ist ein richtiger Geheimtip.

Normalerweise ignoriert man einander bei direkter Begegnung und erzählt hinterher überall rum, was DER für schlechte Zeitungen gelesen hat, und daß DIE mittags schon 0,2 Literflaschen Spätburgunder gekippt hat, und zwar wie Wasser, echt, und dann hat sie ein belegtes Brot ausgepackt, dessen Verbot wirklich nachträglich in die Genfer Konventionen aufgenommen werden sollte.

Aber da wir einander mal in einer Radiodiskussionssendung zum Thema, ja irgendein Thema halt, vorgestellt worden waren, fragten wir nun natürlich, wie es geht, gut, und selbst?

Autoren entscheiden sich bei Gesprächen untereinander, nach dem üblichen Klatsch- und Betriebsgebrabbel, schnell für einen von bloß zwei Stereotypen:

Typ A legt wie vor dem Familienrichter genauestens seinen Zugewinn dar, führt dezidiert aus, WAS er gerade alles *am laufen* hat, welches Hörspiel zu schreiben er dankend ablehnen mußte, damit folgendes Filmprojekt darunter nicht leide, wie er sich retten muß vor Lesungsanfragen, und wie seine Leser über seine Kritiker lachen.

Typ B dagegen glaubt, Niederknien sei die einzig richtige Haltung, ihm gegenüberzutreten, und stilisiert sich als BEOBACHTER. Macht Notizen und guckt schwul. Am liebsten liest Typ B über sich, daß er zuständig ist für die *leisen Töne;* zuständig sein aber langt ihm noch nicht, denn zuständig können ja viele sein, die Ehrenurkunde mit Wasserzeichen für Typ B ist: EIN MEISTER der leisen Töne. Und sogenannte entwaffnende Ehrlichkeit. Tagsüber redet Typ B metaphysischen Quatsch, geschickt unterfüttert mit unglaubwürdigen spontanen Interesseneruptionen fürs Erdennahe: Wie haben denn die Bayern gespielt? Ohhhh, jetzt ne richtig scharfe Currywurst, da würde ich sterben für.

Die Frau im Zug war eindeutig Typ B. Sie hatte die Schuhe ausgezogen, knickte ihren linken Nylonfuß unter den Po, stellte den anderen auf die Zugheizung und berichtete mir von einem Text, an dem sie gerade saß. Und weil sie Typ B war, sagte sie nicht, „damit beschäftige ich mich gerade", sondern „damit gehe ich derzeit schwanger". Ob sie ihren Lektor wohl Hebamme nannte? Typ A hätte des weiteren erläutert, wo der Text für wieviel wann abgedruckt wird, sie jedoch enthielt mir nicht die Geschichte selbst vor. Naja, Geschichte! Also, die ging ungefähr so:

Aus der Sicht einer Diakonisse geschrieben, der durch die tägliche Arbeit mit Behinderten plötzlich ein wahnwitziger Gedanke kommt – sind nicht vielleicht wir sogenannten Normalen die eigentlich Behinderten und die Behinderten bloß die VERhinderten?

Etwas ähnliches hatte ich mal im Kindergottesdienst gehört, aber natürlich kritisiert man sich unter Kollegen nur über Bande. Ich lobte diesen Ansatz und sagte

– Ja, ein behindertes Kind ist natürlich, ich sag das mal provokant, eine persona non grata gesellschaftlich, einfach in der Praxis – Behördengänge, schlichtweg die Verweigerung von Normalität, überall nur mitleidige Blicke statt Hilfe. Aber (mit diesem Satz hatte ich damals im Kindergottesdienst schon reüssieren können) ein behindertes Kind ist natürlich auch eine Chance.

Die Autorin nickte und massierte ihren eingeschlafenen Fuß. Der Fuß war unansehnlich, aber wenigstens ehrlich.

Ich erzählte ihr von meiner Lesereise und übte schon mal Typ A-Gerede für meinen Messebesuch. Dann stiegen wir aus und mußten zum Glück in verschiedene Hotels, ich wünschte ihr alles Gute für die Geschichte, und sie mir für die Tour. Und wir beide hofften, als nächstes mal wen Anständiges zu treffen.

Im Hotel aß ich ein „deftige Kleinigkeit" geheißenes Käse-Sandwich und las die Plattenbesprechungen einer Stadtzeitung. Wenn jemand ein paar Monate keine Single rausgebracht hat, wird diese Zeitspanne bei der nächsten Veröffentlichung als „halbe Ewigkeit" bezeichnet: *Im schnellebigen Popalltag ist das eine halbe Ewigkeit.* Gut gelaunt über diesen Satz, der im schnellebigen Popalltag immer wieder ran muß, biß ich in die Kleinigkeit und krümelte auf die Plattenbesprechung. Abends würde ich wieder auf einer Bühne stehen, endlich wieder, nach diesem desaströsen off-Tag, so ein off-Tag kann einem im schnellebigen Lesungsalltag vorkommen wie eine dreiviertel Ewigkeit.

Die Buchmesse. Das Schaulaufen, die Viehversteigerung. Seid ihr alle da? Ja, Kasper. Hier trifft sich das Hirn der Republik, aber auch Vertreter aller anderen Organe, der da zum Beispiel ist doof und der auch, na, und der erst. Signieren, Hände schütteln, ach SIE sind das, ja und Sie sind DAS, genau, freut mich, daß wir jetzt auch mal persönlich, wo ist denn, das ist in der anderen Halle, bis später, auch da, schon gesehen, schon gehört, schon betrunken? Ein Interview, zwei Interviews, und wums, die Taschenbuchrechte verkaufen. Vielleicht. Da, ein Plakat, dort ein echter Autor, da beides auf einmal. Ist auch jemand hier, der nicht auf irgendeinem Plakat lacht, nee, nicht lacht, sondern Stirnfalten macht? Im Ü-Wagen ist es eng, aber da haben wir unsere Ruhe. Ist das mein Handy, nein, das muß Ihr Handy sein. Jetzt ist es aus. Eine Luft ist das hier. Im Schwerpunktthemaland habe ich noch nie Urlaub gemacht, Sie denn? Ja, hab ich von gelesen, hab ich gehört. Essen? Bisher auch nur Kekse vom Droemer & Knaur-Stand. Da hinten gibt es Würstchen, aber man kommt zu nichts, und ich kann jetzt hier auch nicht weg. Schlimm, dieses Wettbieten. Weiß gar nicht, wie spät es gestern genau geworden ist. Klar, laß uns Bücher tauschen. Bestsellerliste, aber trotzdem Verlustgeschäft, na bei dem Vorschuß, das ist ja verlegerischer Selbstmord. Unser Hotel ist auch weit draußen. Selbst ein Verriß im Quartett vervierfacht den Umsatz. Der dort drüben, ist das nicht, na sicher, doch, wollen wir wetten? Werd ich alt oder ist es noch enger und lauter als letztes Jahr? Absolut unverkäuflich – 1000 Seiten und im Schuber, naja, weil er Geburtstag hat und auch dicke mit dem Verleger ist, muß man auch mal so sehen. Heute abend? So'n Buch verkaufste ja auch nicht über Presse, das läuft ausschließlich über Mundpropaganda, ein Frauen-Ding ist das. Hier, hab ich bei Rowohlt geklaut, war puppenleicht. Den *FAZ-Magazin*-Fragebogen ausfüllen zu dürfen, schmeichelt dem Autor, aber du verkaufst damit NICHT EIN Buch mehr. Sitzt gerade an einem großen Berlin-Internet-Roman, der verrennt sich, ist doch sonnenklar. Hast du gesehen – hackedicht und zwei Groupies im Schlepptau, man, dem ist ja gar nichts peinlich. Von einem Stipendium ins nächste schliddern, ich sag dir mal was, auf dem Arbeitsmarkt heißt das ABM. Bertelsmann – alles Bertelsmann. Nee, keinen Sekt vor sechs, kein Bier vor vier. Wenn du das siehst, dann kann man ja gleich Telefonbücher rausgeben, also, das ist ja echt das Ende. Den Sonntag schenke ich mir. Die wollen sich jetzt literarisch positionieren?, na Glück auf. Vielleicht nach der Lesung, ach, das ist heute abend auch. Zurück ins Funkhaus.

Ein Wahnsinn. So, als ob man das ganze Jahr durch Wald und Wiesen joggt und dann plötzlich mit den anderen im Stadion. Wer hat Vorsprung, wer die besseren Schuhe, wer drängelt, he, nicht schubsen, wer ist gedopt, wer macht schlapp, wer hat das bunteste Trikot und ist damit am häufigsten im Bild, der ist ein guter Sprinter – versagt aber bestimmt auf längerer Distanz, wer überholt da von hinten rechts, puh, ist der schnell, klar, die Innenbahn ist auch kürzer, Betrug! Fehlstart, Hürden reißen, Zerrung, Fotofinish auf Bioleks Parkett. Und alle laufen im Kreis.

Fast wie im Flugzeug mit Biggie, Uwe und Henry, als ich Lars Ricken war.

Die, die schon länger im Geschäft waren, verhielten sich gegenüber Debütanten so wie ältere Männer, denen im Park ein Fußball vor die Füße fliegt: Entweder sie versuchen, recht sportlich zu wirken und schießen den Ball zurück oder aber sie beschweren sich lauthals, als wolle man sie umbringen und sei in ihr Revier eingebrochen. Geht doch woanders spielen vs. Darf ich mitspielen? Ersteres findet die Ehefrau dann oft zu grob, letzteres aber auch nicht gut: Jetzt hast du dich schmutzig gemacht, jetzt bist du außer Atem.

Ich mußte mich dringend mal setzen, ah, ein großes blaues Sofa, warum saß denn da keiner, egal, das tat gut. Oh, Kameras, rote Lampen, böse blickende Männer mit Kopfhörern. Ich hatte mich direkt auf das Gästesofa einer Livesendung gesetzt, was liest man denn so dieses Jahr. Zwei Aufnahmeleiter zerrten mich vom Sofa, und der Moderator hielt gleichgültig ein Prominentenkochbuch in die Kamera.

– In seiner knapp bemessenen Freizeit backt VIVA-Moderator Mola Adebisi gern mal Pflaumen-Zimt-Kuchen.

Wohl weil ich einen Anzug trug und keine Jeans mit braunem Vom-Buchschreiben-alleine-kannst-du-nicht-leben-Jackett, wurde ich im Fünfminutentakt mit Manuskripten behelligt. Irr blickende Männer mit Stegbrillen traten an mich heran, zogen eng bedruckte Papierstapel aus Leinenbeuteln und redeten um ihr Leben und über ihr Leben. Ich lehnte alles ab. Nein, das sei im Moment kein Thema. Das können wir uns nicht vorstellen, das paßt bei uns nicht rein, wenn Sie mir das jetzt mitgeben, ich sage es Ihnen ehrlich, so wie es ist, hat ja keinen Zweck, daß ich Ihnen jetzt große Geschichten erzähle und am Ende sogar Hoffnung mache, also, das landet bei uns ungelesen auf'm Müll, die Messe ist der denkbar schlechteste Ort für solche Verhandlungen. Sicher, wir würden auch gerne solche Sachen machen, aber Schönheitspreise gibt es nicht zu gewinnen. Das rechnet sich nicht. Mischkalkulation hin oder her, wir müssen ja auch die Heizung zahlen. Vielleicht erweitern Sie das noch, lenken es eher so in Richtung Service, Lebensberatung, das ist der Renner im Moment, dann sehe ich da Chancen, aber das ist natürlich schwierig bei einer Rachmaninow-Biographie, das wissen Sie ja selbst am besten.

Vor der Tür erkannte ich die Fernsehfrau, die auch hier wieder nach Frechem Ausschau hielt. Sie stand neben einer Drehtür und mußte mehrere hundert Mal einen Aufsager in die Kamera sprechen, bis es unfallfrei klappte.

– Sie sehen hinter mir die Massen strömen, ja, wenn der liebe Gutenberg das noch erlebt hätte, und da sage noch einer, die Deutschen lesen nicht. Wir haben heute für Sie die wichtigsten Neuerscheinungen dieses Herbstes zusammengefaßt, und es ist eigentlich für jeden etwas dabei. Aber schauen wir doch zunächst einmal, wie es drinnen zugeht – einige Impressionen von der Messe.

Abends sollte ich auf einer Gala ein Grußwort sprechen. Auch das noch? Klaro. Meine Agentin hatte das *eingestielt, klargemacht, ausgecheckt, confirmed* – also machte ich das auch. Schon halbbetrunken, nach zwei Stunden Messe vollkommen wirr im Kopf, schnell mal ins Hotel. Neues Hemd. Es war das letzte saubere.

– Ihr Fahrer ist dann da.

– Danke, bin gleich soweit.

Mein Fahrer war dann da.

Drei Lifttüren nebeneinander, welche würde sich öffnen? Die mittlere, wahrscheinlich. Die linke bimmelte, ein Pfeil leuchtete, die Tür summte auf, Wette verloren. Im Lift: Marmor und Spieglein an der Wand. Ich hatte immer noch Blut in den Augen. In den anderen Gesichtsregionen nicht mehr soviel.

– Schnell, ich stehe im Halteverbot.

– Guten Abend, Sie müssen der Fahrer sein.

– Ja, 'nabend, habe ich doch gesagt.

Ein sogenannter Van. Darin sieht man auch Michael Jackson immer mal wieder verschwinden. Ein Van ist ein absolut lächerliches Auto. Dieser aber war nur mittellächerlich, weil immerhin die Scheiben nicht getönt waren. Hinten im Van, wenn man die Schiebetür aufgestoßen und die Trittstufe erklommen hat, steht man gebückt in einer Sitzgruppe, und in der saß ich jetzt, allein, und fühlte mich überbewertet. Auch mal gut. Vier Leute könnten hier konferieren, sie säßen im Kreis, nicht Bus-aufgereiht, wie man es noch von früher kennt. Sie könnten hier debattieren und sich Notizen machen, ihre Trinkgläser könnten sie bequem neben sich in Haltevorrichtungen stellen, auch in der Kurve würde das Getränk den Becher nicht schwappend verlassen. Natürlich könnten sie auch Skat spielen, wenn die Debatte mal gerade unfruchtbar versandet. Ich saß allein in der Sitzgruppe und konferierte mit mir selbst. Sagen Sie doch auch mal was.

Stau, weil, wie jetzt der Fahrer, der ja meiner war, wie also MEIN FAHRER sagte

– Weil jetzt natürlich alle unterwegs sind. Deshalb bin ich ja auch so früh gekommen, Sie abzuholen, weil das ja klar war. Wir werden aber rechtzeitig sein. Vom Prinzip her, rein die Strecke, ist das 'n Katzensprung. Nur jetzt ist natürlich alles dicht hier.

Ich bog die Leselampe so, daß sie meinen Schoß illuminierte, und entleerte die Klarsichthülle mit den mir vorliegenden Unterlagen. Ein Stadtplan, ein paar Aufkleber, ein Willkommensgruß, einige historische Eckdaten, ein Ablaufplan.

Aha ja. Ein dreiminütiges Grußwort. Meine sehr geehrten Damen und Herren, lieber Betrieb. 50 Jahre Buchmesse, das heißt auch 50 Jahre Deutschland, deutsche Geschichte unter unterschiedlichsten Vorzeichen. Als es anfing, na; und nun sehen Sie mal, wo wir heute und wir wollen natürlich nicht vergessen.

Die Parkplatzwächter sahen den Ausweis des Fahrers, ärmelten uns rein und schoben Stahlzäune zur Seite. Im Halbdunkel waren die Männer bloß Neonwesten. Ich guckte wieder in die Unterlagen, das wirkte seriös. Das Grußwort stand, das Auto auch, die Tür schnellte auf. So der Herr. Danke Ihnen sehr. Nein, kein Gepäck. Ich werde Sie heute abend auch wieder abholen, also heute nacht, denke ich, wann immer Sie wollen. Hier, meine Karte mit der Mobilnummer.

Drinnen wurde ich direkt vor die Bühne gesetzt und fing schnurstracks an, Wein zu trinken, war schließlich Buchmesse. Dazu aß ich Vorspeisen aus allen Teilnehmerländern und hatte bald einen opulenten Grand Prix im Bauch, sah mich schon vor dem Messehallenklo knien, da winkte mir der Moderator und sprach meinen Namen, und ich stieg auf die Bühne und stieß mit einem amerikanischen Bestsellerautor zusammen, der sehr ungehalten reagierte, er hatte Schwierigkeiten mit dem Übersetzohrstöpsel, hatte sich mit Mayonnaise bekleckert, und dann war er in einer Laudatio auch noch mit einem kanadischen Historiker verwechselt worden, na, in seinem nächsten Thriller würde er ein paar Deutsche extra umlegen, das sah man ihm an. Plötzlich fühlte ich mich, als müßte ich nach sechs schlaflosen Nächten vor 100 000 gelangweilten Menschen sämtliche Anschlußzüge in Hamburg Hauptbahnhof verlesen, die man so erreichen kann gegen 15 Uhr, inklusive Regionalbahnen. Hörte meine Stimme anheben und losreden und das drei Minuten lang, dreieinhalb sogar. Es gab genug zu trinken, ein internationales Büffet, und draußen regnete es. Hier bekam jeder Applaus.

Der herbeitelefonierte Van-Fahrer kam in einem Golf und erzählte so aufgebracht wie detailliert, wie ihm eine Preisträgerin den Van vollgekotzt hatte. Und „der Naumann", mit an Bord, hätte immer nur lachend gesagt

– Ja, Kinder, ist doch Messe!

Am nächsten Morgen bat meine Agentin zur ausführlichen Telefonkonferenz, um die weitere Vorgehensweise auszuhecken. Mir war es recht, kam ich doch so um das Hotelfrühstück herum. Vielleicht sollte ich nach der Tournee mal bei der *Für Sie*-Hotline anrufen oder die Koordinaten einer Selbsthilfegruppe in meiner Nähe herausfinden, denn irgendwas stimmte mit meinem Eßverhalten nicht. Den ganzen Tag dachte ich daran, bloß nicht zuviel zu essen, wegen der Fotos, des Fernsehens und meines Publikums und so weiter, und plötzlich saß ich dann doch irgendwo und aß eine ganze Menge, und für diesen Moment gelang es mir bedauerlicherweise dann sehr gut, NICHT an die Fotos und das Fernsehen und mein Publikum zu denken. Danach dann aber wieder sehr, und daraufhin saß ich neuerdings vor Klos und versuchte zu kotzen. Vielleicht gab es ganz leichte Tricks dagegen. Yoga oder Handschellen, irgendsowas. Eines Tages jedenfalls wollte ich der Vielfalt eines Frühstücksbüffets gerne wieder wie die meisten anderen Menschen begegnen können:

Man ißt, weil man Hunger hat.

Man ißt langsam und hört auf, wenn man nicht mehr hungrig ist.

Wenn man viele verschiedene Dinge essen möchte, in Ordnung, aber dann jeweils wenig, ist ja logisch.

Beim Essen dran denken: Dies ist nicht das letzte Mahl auf Erden. Deutschland ist schön, seine Landschaften typisch – und ÜBERALL kann man etwas zu essen bekommen. Auf Vorrat zu essen ist nicht notwendig.

Essen macht Spaß, aber
Dicke schwitzen wie die Schweine
stopfen, fressen in sich rin

und darum bin ich froh Komma daß, und so. Und so sollte das auch bleiben. Und gekotzt sollte auch nicht mehr werden. Alles sehr einleuchtend, und bis ich das wieder vollends begriffen hatte, war ich froh, wenn ein äußerer Anlaß, wie jetzt das lange Telefonat, mich ablenkte von den Gefahren des Hotelfrühstücks. Meiner Agentin sagte ich von all dem nichts, aber sie hatte bemerkt, daß ich etwas geschwächt war, und die für diesen Tag anberaumten Messeinterviews allesamt abgesagt, bis auf ein einziges Treffen mit irgendwelchen Damen einer Werbeagentur alle Termine storniert, ich solle mich etwas schonen, riet sie. War ich schon durchgefallen? Betrachtete sie mich schon als Pflegefall, als der Unterhaltungsindustrie nicht gewachsen? Es war doch absurd, daß ausgerechnet sie, deren einzige Antriebsfeder, Berechtigung und Einnahmequelle doch das MEHR und LAUTER und ALLESMACHEN war, nun auf die Bremse trat. Naja, wahrscheinlich glaubt sogar Herr Grisham, seine Bücher fänden zu wenig Beachtung. Und seine Person erst mal! Wirklich kein originelles Gefühl, aber ich hatte nicht den Eindruck, daß meine Agentin ALLES tat. Da mußte doch mehr drin sein. Interviews waren doch wichtig, die konnte sie doch nicht einfach so absagen! Wenn sich jemand schon die Zeit nahm, dann würde er später auch umfangreich berichten. Sind Interviews eine faire Chance? Quatsch. Hauptsache, man vergißt nicht rumzulügen. Ein paar gute Sätze, etwas Zurechtgelegtes, alert plaudern, anekdotisch kreiseln, im Rahmen überraschen und das Produkt nach Möglichkeit plazieren, nicht an die Wahrheit denken, die ist ja so langweilig. Und wen geht das was an, und was ist überhaupt die Wahrheit. Lieber in Überschriften und Bildunterzeilen denken, leuchtende Sätze raushauen, die sie dann einfach abdrucken müssen. Vielleicht ist der Interviewer nett. Das heißt noch gar nichts. Mit einigen kann man sich prächtig unterhalten, hinterher schreiben sie dann die hinterhältigsten Sachen, waren im direkten Aufeinandertreffen einfach zu feige gewesen. Was nicht das schlechteste ist! Sich auch noch richtig streiten, wozu das denn. Die meisten Interviewer sind kaum vorbereitet und haben bloß ihre paar Standardfragen auf Lager, derart allgemein, daß sie genauso gut einem Musiker zu seiner neuesten Platte oder auch einem Metzger zu seiner neuesten Wurst gestellt werden könnten. Das Buch nicht mal gelesen. Wozu das alles. Na, ist doch klar. Lustig fand ich die Frage

– Stört doch nicht, wenn ich mitschneide, oder?

Nichts besser als das, wir treffen uns hier doch nicht privat, zum sogenannten Vergnügen, nein, schneiden Sie mit, jedes Wort, dann haben Sie wenigstens ein schlechtes Gewissen, hinterher beim Verfälschen. Dann gibt es Beweise. Notizenmacher konzentrieren sich auf die Notizen und stellen keine gescheiten Anschlußfragen. Die meisten Print-Interviews haben ohnehin nichts mit dem Gespräch zu tun, auf dem die Veröffentlichung basiert. Man redet und redet, und dann wird es transkribiert, falls ein Band lief, und später sitzt der Journalist da mit 26 Seiten ähs und nunjas, und dann beginnt ER zu dichten. Sich selbst eine ungeheure Schlagfertigkeit beizubiegen.

Was ok ist. Wenn es fair bleibt.

So ist es, und doch klingt dies Bedingungsgefüge wie eine gemeinsame Kampagne von Lothar Matthäus, DAK und Deutschem Sportfernsehen.

Es gibt die O-Ton-Jäger. Die sagen von Anfang an, daß sie ganz dringend zwei bis drei O-Töne brauchen, weiter nichts. Ein O-Ton ist das Gegenteil eines Gesprächs. Ein O-Ton ist ein Slogan, ein aufgesagter Spruch. Können wir alles schneiden, sagt der O-Ton-Jäger. Oder war es der Schönheitschirurg? Der O-Ton-Jäger pegelt und steuert aus und hört nach und bemißt die Qualität eines Satzes zuvörderst an seiner Aufnahmequalität. Ein O-Ton hat zu Unrecht das Image, Thesen bewahrheiten zu können; der O-Ton steht am Ende einer Reihe von Behauptungen, und je nachdem, wie man den O-Ton anschneidet, kann die Behauptung so oder so sein. Trotzdem gilt der O-Ton als hinreichendes Beweismittel: Seht her, der Mann auf der Straße, der Mann mit dem Buch, alle sind meiner Meinung. Der Witz dabei ist, daß die Leute inzwischen ja so medientrainiert sind, daß sie nicht mal mehr stehenbleiben zum Gucken, wenn irgendwo ein Kamerateam herumdreht. Im Gegenteil: Sobald sie keines sehen, werden sie mißtrauisch, und die nächste Merkwürdigkeit, die ihnen widerfährt, kontern sie gleich lässig mit der Frage nach dem Standort der versteckten Kamera. Deshalb ist der O-Ton wertlos geworden. Der O-Ton ist bestenfalls Bandenwerbung im Beitrag, ich sage also einen Satz, und wenn der gut ist im Sinne von gut verwendbar, dann kommt er rein und überzeugt vielleicht auch den Zuschauerhörer, wo immer SIE uns sehenhören. Aber der eigentliche Sinn eines Interviews, nämlich Informationen zu sammeln, um daraus dann einen Beitrag aufzubauen, wird nicht erfüllt, denn die Geschichte ist schon vorher klar. Ruhig was Freches. Also denke ich mir meine Sätze auch schon vorher aus, was kümmern mich die Fragen, welche Fragen, na eben, sag ich ja.

Und es gibt die Checker. Die Checker wissen alles. Also: hinterher. Gib ihnen die Wirtschaftsdaten von Papua Neuguinea, und sie sagen dir in Sekundenschnelle, wie dem Land zu helfen ist. Gib ihnen ein Buch, und sie verstehen sofort alles. Checker sind ganz groß im Spurenfinden. Ihnen ist generell alles verdächtig. Ihnen macht keiner was vor. Checker wissen alles, nur nicht, wie man ein vernünftiges Gespräch führt, aber das ist auch nicht so wichtig, denn der Checker kommt ja nicht, um etwas zu erfahren, sondern um bestätigt zu werden und mal ein paar Sachen klarzustellen. Ich will mich nicht beschweren. Natürlich nehme ich alles persönlich, grolle jedem Nichtlober (oder Falschlober), bin in einem fort beleidigt und schmiede perfideste Rachepläne. Aber lauthals bessere Behandlung oder sowas einfordern kann meinetwegen Katja Riemann beim Verein Fair Press oder im großen offenen Interview mit Irgendwas der Frau. Ein „Zerrbild" kann sie monieren. Und damit eingestehen, daß sie gerne VERSTANDEN werden möchte und prinzipiell alles preisgeben würde, wenn es nur richtig wiedergegeben wird; daß sie also jeden in ihre Wohnung läßt, wenn er sich denn die Füße abtritt.

Man kann natürlich auf schriftlichen Interviews bestehen. Aber das ist erstens feige und zweitens auch unerträglich eitel. Warum sich nicht gleich mit dem Stadtzeitungspraktikanten beim Notar treffen?

Ich bin Freier, sagen manche. Und meinen: kein Knecht! Freier Autor. Zum Totlachen. Frei heißt ja in diesem Fall bloß: schlecht bezahlt, harte Sau, muß kämpfen, keinen Sitzplatz in der Redaktion, schwankendes Einkommen, Ärger mit vielen Behörden, unterschiedliche Konjunktur bei unterschiedlichen Blättern. Freier heißt ja auch: Ich suche mir die Prostituierte, zu der ich gehe, selbst aus. Ein Themenangebot faxen, dann darüber diskutieren, sich überzeugen lassen, und schließlich eine ganz andere Geschichte schreiben, schreiben müssen, sollen, dürfen, je nachdem, die man dann gedruckt meistens kaum wiedererkennt, weil sie nochmal von 17 verschiedenen Personen bearbeitet, gebürstet, planiert wurde – unfreier geht es ja kaum. Oder eine Geschichte mehrmals verkaufen, aber frei sein, ganz frei, bloß weil man morgens in kein Büro darf bzw. muß. Jeder Autor ist unfrei. Im besten Fall besessen.

Sie schreiben sehr kalkuliert, sagt jemand. Oh, vielen Dank. Nein, das ist ein Vorwurf! Ich bin Freier, aber Sie kalkulieren, äußern Sie sich bitte zu dieser schwerwiegenden Anklage! Aha. Und Sie schreiben unkalkuliert, ja? Und dann kommt Ihr Artikel Wort für Wort in die unkalkulierte Zeitung, ja? Zahlen die gut – ach, verstehe, Sie kalkulieren ja nicht.

Ich denke beim Schreiben an
– Erlebnisse
– Hoffnungen
– Leser
– Menschen aller Art
– morgen, gestern, jetzt
– Geld
– Musik
– Rhythmus
– Ruhm
– Selbstmord (selten)
– Sex (weniger sclten)
– Liebe (immer! Heißt nur manchmal anders, Haß zum Beispiel)
– Regeln
– Götter

Nicht in dieser, sondern in wechselnder Reihenfolge. Und Sie? An nichts? Warum ich lache, och nur so. Sie denken an gar nichts beim Schreiben. Das ist sehr gut, das muß ich mir merken.

Meine Agentin hatte mir eine Liste erstellt mit Interviewern, die ihr gefährlich schienen oder zweifelhaft oder einfach unangenehm. Mit denen sollte ich nicht reden, oder wenn, dann nur schriftlich. Meine Agentin schien zu glauben, das alles habe am Ende wirklich etwas zu bedeuten. Vor der Tournee hatte ich mal mit einem von ihrer Liste geredet, habe mir von meiner Nachbarin einen Kinderwagen ausgeliehen und den mit zum Interview genommen, dauernd auf die Uhr geguckt und beiläufig erwähnt, ich müsse jetzt bald „den Christopher" abholen. Der Mann war wahnsinnig freundlich – ich hatte mich aber auch wirklich sorgsam als ein in jeder Kategorie Versehrter getarnt, noch einen 15l-Sack Blumenerde unten aufs Windeltransportgitter gelegt und den Kellner gefragt, ob er auch Diabetikerkuchen dahabe, und den habe ich dann in zusammengesuchten Groschen bezahlt. So verständnisvoll wurde ich nie wieder befragt!

Ich traf also die Frauen von dieser Werbeagentur. Meiner Agentin würde ich es zeigen, schonen konnten sich andere, falls ich mal hingerichtet werden sollte eines Tages, würde ich selbst die Frage nach einem letzten Wunsch noch sendungsbewußt beantworten, mein Buch hochhalten und lächeln, ja, auf der Bahre noch würde ich mich wehren gegen Vorurteile und eintreten für irgendwas, und bei der Obduktion würden sie in meinem Blut etwas Sensationelles finden: das Telegen.

Die Werbetanten legten teure Kalender auf den Tisch, hörten ihre Mailboxen ab, rauchten und wollten etwas, aber sie wußten nicht was, und ich ja gleich dreimal nicht. Checkt den mal aus, hatte es wahrscheinlich geheißen, und jetzt checkten sie, und das klang dann so:

– Ja, erzähl mal.

– Und was?

– So alles, was du möchtest. Wir haben uns gedacht, Fragen von unserer Seite wären da eher ein Korsett.

– Ach. Vielleicht EINE Startfrage? Ich meine, worum geht's denn?

– Hm. Ja, da ist sicherlich einiges denkbar, wir müssen nur erst mal sehen, wie du tickst. Ok, ist Schreiben für dich mehr als ein Job?

Sie waren GAR NICHT vorbereitet. Das Selbstverständliche doppelten sie soweit es ging, damit sie wenigstens irgendwas sagen konnten

– Schön hier, wußte ich gar nicht. Ja. Also, du – ich sag einfach mal du, das ist sonst so förmlich. Also, du hast ein Buch geschrieben, das ist richtig, ja? Und, sitzt man da lange an so 'nem Buch? Und was ist das jetzt für ein Gefühl? Ich stelle mir das auch super schwer vor. Also, ich könnte das gar nicht. Und gibt es so Reaktionen aus deiner Umgebung, also die erkennen ja bestimmt einige Dinge wieder. Und ist Schreiben für dich so jobmäßig, also setzt du dich richtig hin und sagst, so, jetzt schreibe ich? Ich nehme an, Sprache ist dir sehr wichtig.

Es war schlimm. Für mich war es egal: Als Mitarbeiter der Unterhaltungsindustrie war ich selbstverständlich bereit, ihnen einige Sätze mitzugeben, von allem was, je nach Bedarf, die wollten es eher provokant oder lustig, so schien mir, kein Problem, ich hätte aber auch den nachdenklichen Zauderer auf Lager gehabt, den verzweifelt Suchenden, und, wenn das alles nicht zog, zur Not auch den pöbelnden Defätisten. Ich funktionierte leidlich, Membrane wurden Hornhaut, ich zog es durch, alles, fragte mich allerdings schon, wie DIE damit klarkamen, mit ihrem armseligen Gebröckel, wo doch aus jedem Halbsatz herausschimmerte: Keine Ahnung, kein Interesse, kein Gedanke, Hauptsache wir sind bis sechs durch, ich will noch einkaufen gehen.

Und dann sagte die eine tatsächlich beiläufig, sie versuchte es nicht mal zu überspielen

– Das Buch lese ich dann noch, der Verlag wollte es eigentlich schicken, aber es war ja noch nicht in der Post.

Beste Voraussetzung für ein mehrstündiges Gespräch. Interviews sind ein Teil der Arbeit, es ist weiß Gott nicht der angenehmste. Bis auf manchmal. Auf jeden Fall durfte man den GRUND nicht aus den Augen verlieren. Warum sitzen wir hier, wie ist das Verhältnis zueinander, was will der, was will ich, was ist der Deal. Denn ein Deal ist es immer. Es gibt keine Intimität, darauf sollte man besser nicht hereinfallen. Am intimsten tun sie ja im Fernsehen, und das ist nun wirklich am widersinnigsten. Aber wenn man zusagt, muß man mitspielen. Alles andere ist lächerlich, es gibt da ja nichts zu beweisen, was die Fernsehleute nicht selber wüßten. Es geht weder um Wahrheit noch um Klarheit. Der Übertritt in die Welt der Verstellung, Manipulation und Täuschung wird ja symbolisch vollzogen, indem der Fernsehgast vor dem Auftritt *in die Maske geht*. Dann ist er ein anderer und nichts gilt mehr, bis zum Abschminken.

Rüberkommen, aushalten, gesendet, gedruckt, zitiert, abgebildet werden. Die meisten Fragen kann man zwar mit WARUM NICHT? beantworten, aber das kommt nicht gut rüber, sagt dann später die Agentin.

Frage: Ist Ihr Buch autobiographisch?

Falsche Antwort Nummer 1: Ja

Falsche Antwort Nummer 2: Nein.

Annäherung an eine richtige Antwort (fürs Fernsehen!):

Kopf hin und her wiegen, Blick abwenden, am Hinterkopf kratzen (Befragte, die an gerade unter Literaten stark verbreiteter sebhorrhoischer Dermatitis leiden: aufgepaßt mit dunklen Oberteilen!). So tun, als sei die Frage erstens neu, zweitens interessant und drittens gar nicht so leicht zu beantworten. Dann irgendwas sagen, Oscar Wilde oder Woody Allen zitieren, kurze Sätze, alles möglichst unverbindlich und durch Fakten, Ironie oder leicht wahnsinnigen Blick abgesichert, sonst würde es einen jahrelang verfolgen:

– Sie haben ja mal gesagt
– Von Ihnen stammt ja der Satz
– Vor elf Jahren hat sich das aber noch anders angehört
– Wie stehen Sie heute zu Ihrer damaligen Aussage
– Gilt immer noch
– Wie erklären Sie sich und uns diesen Sinneswandel

Fürs Radio gilt dasselbe, jedoch ist die Kunstpause vor der Antwort zu streichen, denn Stille wirkt im Radio wie ein schwarzes Loch, ein Fehler, und das Kopfkratzen und Nikken kann man ja im Radio nicht sehen, und es gibt wohl keinen Radiobesitzer, der scharf drauf ist, einen Autoren kopfkratzen zu HÖREN. Klar gibt es die auch, aber das sind Hörer von nächtlichen Spezialsendungen mit Psychologen, und da hat ein Autor nichts zu suchen, höchstens was zu finden, ein paar langweilige neue Verrücktheiten als Nachweis für die schleichende Verkommenheit des Durchschnittsbürgers, ein Superthema. Also: Radio – einfach losreden.

Auch immer gut: Gegenfragen. Aber nicht aufmüpfig, sondern vertiefend, konstruktiv. Wenn ich Sie da richtig verstehe. Das ist die eine Seite. Ist es nicht sogar so, daß?

Und immer erst mal nicken (TV) oder bestätigend mit mhmhm ins Wort fallen (Radio). Sie haben da etwas sehr Richtiges angesprochen. Auch das ist ein Teilaspekt. Allerdings muß ich auch sagen, daß.

Wichtig ist, gute Stimmung zu haben. Sich an einem netten Ort treffen. Nicht zuhause, bloß das nicht. Man könnte denken, die sind dann netter, weil sie zu Gast sind. Anfängerfehler. Oder Wiederholungsfehler, ab dem dritten Mal dann eine Krankheit namens akuter Kerner. Einmal eingelassen, wäre ein wirklich schlechter Reporter, wer dann in seiner Geschichte diskret das eigentlich Interessante wegließe: Was für Klopapier gibt es da, Danke oder sechslagig Ladysoft? Und was liegt auf dem Nachttisch, was für Bücher, wieviel kostet die Wohnung ungefähr, wem gehört sie, wer wohnt da noch und seit wann, stinkt es, ist geputzt, aufgeräumt, ist EXTRA geputzt und aufgeräumt, klingelt das Telefon oft, Kinder, Nachbarn, Musikinstrumente, Hanteln unterm Sofa, was sagen die Nachbarn – WIE lebt dieser Mensch. Normalerweise ist man bei Interviews immer schnell im Bereich des kaum Sagbaren. Nicht WIE, sondern WARUM man lebt. Und wogegen.

Nicht, daß es etwas zu verstecken gäbe. Aber wenn man die Leute ins Schlafzimmer läßt, kann man sie ja auch gleich ficken. Auch das kommt vor, habe ich gehört.

– Wir melden uns, sagten die Werbetanten.

## Show #10

Abends wieder echte Leute: Publikum. Meine erste Lesung IN einer Buchhandlung. Unter sich. Zwischen den Stapeln. Als würde Mc Donald's ein Drive-in bei Bauer Ewald errichten, direkt aus dem Stall. Oder ein Musiker spielt im CD-Laden. Oder ein Kinofilm wird in einer Videothek gedreht, ein Kabarettist tritt am 1. Mai im DGB-Zelt auf. Alles sehr bei sich. Damit der Fall gleich klar ist: Der da vorne ist der von hier hinten, auf dem Buchumschlag, und lassen Sie den mal reden, der ist gleich fertig, und dann bitte kaufen, er signiert Ihnen das, ein super Mitbringsel, nehmen Sie doch gleich zwei, und gucken Sie sich gerne um, was wir sonst noch zu bieten haben. Immerhin stand ich im Schaufenster. Ein Pappaufsteller. Der Autor lebensgroß und daneben ein Stapel Bücher, ein handgeschriebener Hinweis HEUTE LESUNG, 19:30. Der Vorverkauf schien im Rahmen geblieben zu sein. Die Leute in der Fußgängerzone hatten auch besseres zu tun, als den Pappaufsteller anzugucken. Ich ging hinein und suchte mein Buch. Es stand unter Neuerscheinungen und nochmal im alphabetisch sortierten Regal. Ich war gut plaziert & gelaunt, ich war ein Pappstar. Im ersten Stock gab es eine Lounge, in der geizige Menschen Bücher lasen, um sie nicht kaufen zu müssen. Vielleicht traf man hier auch querlesende Fernsehmoderatorinnen. Über der Lounge war ein Schild angebracht, und ich fragte mich, ob das Wort nicht aus der Nazizeit stammte und es keiner ahnte: Leseratten. Hm. Ich stellte mich hinter einen Stapel-Stapel des Bestsellers „Singen ist die Antwort" von Gotthilf Fischer und beobachtete den Laden. Ich hatte noch nie gesehen, wie jemand in einem Laden, nicht an einem Büchertisch, mein Buch KAUFT. Also: sieht, greift, umdreht, durchblättert, nickt, damit zur Kasse geht. Aber es griff keiner. Die Menschen gingen daran vorbei, als existiere es nicht einmal. Wofür sprach ich denn mit lauter schlecht vorbereiteten Leuten, wofür der daily eye benefit, wofür reiste ich durchs Land und las mich heiser, warum litt ich im Fernsehen, warum behielt ich mein leckeres Hotelfrühstück nur noch selten bei mir? Ich sah jemanden Irving umtauschen, einen anderen tatsächlich Walser KLAUEN und eine Frau dreimal dasselbe Buch von Marianne Fredriksson zur Kasse tragen. Wo war denn meine Zielgruppe? Ja, wo kaufen sie denn? Daaaaa, eine Frau, sie nimmt das Buch, los, los, zur Kasse, was, um Himmels willen, sie legt es zurück und greift sich das Buch von diesem Dingens, och nee, überlegen Sie sich das doch nochmal, der ist doch, ich meine, der hat – zu spät. Sie nahm es, ging zur Kasse und ich, also: meins, blieb da liegen.

– Da isser doch oder isser das nicht?

Oh, meine Fans von hinten, hallo, wie nett, gut, daß ihr kommt, ich fühlte mich gerade so unbeachtet und nichtgekauft.

Nein, ein Kamerateam. Wieder nur Drittes, aber dreimal Drittes ist wie einmal Erstes, hatte meine Agentin gesagt, außerdem hätten von den Drittesguckern mehr Leute Abitur, im Verhältnis, und die würden mehr lesen, also. Masse sei nicht alles.

Sie bauten mich, mein Buch und zwei grelle Lampen neben einem Skelett in der Medizinbuchecke auf. Kommt affengeil, sagten sie, und um das auch zu finden, durfte ich mal durch die Kamera gucken, und dann setzte ich mich neben das Skelett und antwortete auf brisante Fragen. Was nun, Herr Autor. Ich hatte auf alles eine Antwort. Nicht immer gut, aber schnell, und so mögen sie's ja beim Fernsehen. Dann wurde es kurz kritisch, weil Drittes:

– Paul Auster warnt vor autobiographischen Erstlingswerken.

– Ja, warnen Sie ihn mal schön zurück, und zwar vor autobiographischen Spät-Verklärwerken. „Eine Chronik früher Fehlschläge" sollte man nicht zu spät schreiben. Das ist albern, eitel und uninteressant.

– Nun, ich kenne, das muß ich dazusagen, nur die New York-Trilogie.

– Tja, das müssen Sie dazusagen, stimmt.

Als wir diesen Quatsch sprachen, hustete ich und versprach mich und guckte in die falsche Richtung, damit sie es rausschnitten. Ich war ja kein Amateur.

Die Leseecke wurde klassisch präpariert: Stuhlreihen, der Tisch, die Lampe, das schwarze Tuch und das Wasserglas. In Buchhandlungen zu lesen würde nicht mein größtes Hobby werden. Das Ladenneonlicht blieb an. Und als sie es auf meine Anregung hin ausknipsten, sah es sogleich nach Weihnachtsfeier im Gemeindehaus aus. Las Vegas war weit weg – es gab nicht mal einen separaten Bühnenaufgang, der Künstler, der Autor, der Star, der vom Plakat, ich nämlich, mußte kurz vor Lesungsbeginn durchs Publikum hin zum Lesetisch gehen, und das ist dann recht unpop. Hallo, guten Abend. Isser das? Lassen Sie mich gerade mal vorbei? Zwei klatschen, aber lassen es dann, und das Ganze fängt so richtig bei Null an. Herausforderung? Nö, in erster Linie eigentlich unglamourös und vorauseilend kleinbeigebend. Wenn man aber aus dem NICHTS auf die Bühne tritt, klatschen alle, und die Sache sieht gleich ganz anders aus. Das erste Wort des Autors sollte nicht Entschuldigung sein, sondern Danke! Unwürdig auch der flehentliche Blick zur Kartenkontrolleurin: Bitte erkennen Sie mich. Bitte fragen Sie MICH nicht nach einer Karte. Soviel Distanz habe ich nicht zu mir selbst, daß ich das lustig finden könnte. Um mich dem Publikum vorzuenthalten, kein Sex vor der Ehe, kein Star vor der Veranstaltung, blieb ich also im Angestelltenaufenthaltsraum, obwohl es dort nach Sperrmüllmatratzen roch, nervös war ich eigentlich nicht, aber auch nicht cool genug zu beobachten, wie sich der Saal langsam füllte, oder wie er langsam, aber sicher – leer blieb. Wie dann Stühle weggetragen würden, damit es für den Autor nicht ganz so deprimierend aussieht. Leere Stuhlreihen antizipieren nichts Gutes, und während einer Lesung an die Zukunft zu denken ist fatal, dazu ist der Moment selbst zu fürsorgebedürftig.

Die Buchhändlerin zeigte mir ihr Gästebuch, so wie eine Oma, die ihren Besuchern Bilder von ihren anderen Besuchern zeigt, um der Konversation auf die Sprünge zu helfen. Viele Autoren hatten sich überschwänglich bedankt. Ich wußte auch warum: Aufgrund einer kommunalen Zuwendung zahlte diese Buchhandlung das doppelte. Aber die Kollegen nannten es Gastfreundlichkeit, warmen Empfang, optimale Betreuung, treffliche Organisation, Ausnahme im Supermarktsbetrieb und so weiter, lediglich einer war wie immer umstandslos:

Danke für das viele Geld. Herzlichst, Ihr Robert Schneider.

Ganz lustig war die Eintragung von Bodo Kirchhoff und Wolf Wondratschek, die gerade gemeinsam die großen

Hallen des Landes belasen mit ihrer Tour „Aufguß 99". Die beiden Teufelskerle hatten mit Wachskreiden schwungvoll das Motto ihrer Tour notiert:

Kein Schweiß aufs Holz!

Die Buchhändlerin hielt mir einen Stift hin und ging ins Buchhaltungszimmer, auf daß ich mich nicht zum Lobe gedrängt fühlte – wirklich, die Menschen hier sprachen wie Vikare beim Kennlernabend einer Tagung in Bad Bevensen. Ich schrieb einen kurzen Psalm und folgte der Buchhändlerin, die erstaunt aufschaute

– Herrschaftszeiten, gleich geht es doch los! Walser, Kinkel und auch Adorf, ALLE haben sie vorher fünf Minuten alleine sein wollen.

Dieser Brauch war mir unbekannt, aber ich reiste ja auch mit einem Debütroman. Also setzte ich mich den Legenden nachstrebend hin und hatte nichts zu trinken, nichts zu nehmen, zu machen, zu lesen.

Für die Zeitschrift *Schöner Rocken* mußte ich einmal einen Rockmusiker interviewen. Wir fuhren in seinem Privatauto durch seine Wahlheimat Schleswig-Holstein, und leider dauerte die Fahrt länger als meine Fragen. Also wühlte ich, um die Stille zu übertönen, in seinen Kassetten herum und schob schließlich eine mit bloß einem Ausrufezeichen beschriftete in den Rekorder. Zu hören war der Rockmusiker höchstselbst – zunächst vom Band, und kurz darauf live mit dem hektischen Zorn des Ertappten, ich sollte „den Mist" ausstellen. Ich fand es interessant, daß er sich offenbar selbst hörte, wenn er allein an Kühen und Strohballen vorbeifuhr. In welcher Stimmung wohl? Ob er davon gute Laune bekam? Neue Ideen doch ganz sicher nicht.

Ich begann, in meinem eigenen Buch zu lesen. Wie man sich in einem Backstageraum eine ganze Stunde lang verhielt, ohne etwas zu tun, war mir bekannt. Aber dies war kein Backstageraum, sondern ein Angestelltenaufenthaltsraum. Ich saß auf einem Plastikklappstuhl (bei Walser hatten sie den bestimmt auch noch als Zehnmarksnotsitz vermietet!), das Fehlen von Aschenbechern deutete Rauchverbot an, es gab weder einen Kühlschrank mit nichts als Bier drin noch belegte Brötchen unter Alufolie, die zunächst niemand anrührt, weil sie nach Ei riechen, selbst wenn Käse drauf ist, und die zum Schluß IMMER weggegessen sind, ach, es gab nicht mal einen Spiegel. Also mußte ich die Telefonbuch-CD-Rom aus dem Buchhaltungscomputer herausholen und mich darin angucken. Eitel? Nein: rücksichtsvoll und logisch. Wie geht es der Frisur, hängt irgendwas irgendwo raus – diese Fragen sollte man als Mitarbeiter der Unterhaltungsindustrie vor dem Gang auf die Bühne gewissenhaft geklärt haben, und zwar genreunabhängig. Es gibt ja auch Künstler, deren Image ästhetische Verstöße vorsieht, da spricht man von konzeptueller Kaputtheit. Und die muß ja ebenfalls exakt sein. Die Buchhändlerin verstand das. Sie begleitete mich auf die Bühne und begrüßte die Menschen routiniert talentlos

– Ich erspare Ihnen und mir lange Ausführungen.

Ich fand es nett, daß sie sich opferte. Zuerst verhält sich ein Publikum immer etwas abwartend (da gibt es natürlich regional starke Unterschiede!), aber der vervefreie Opener eines anderen verdoppelt immer die Anfangsnettigkeit, die dem Autor selbst dann entgegengebracht wird. Hauptsache, der Opener ist so kurz, daß er niemanden vertreibt.

So hatte ich mir ein Publikum in einer Buchhandlung

nicht gewünscht, aber vorgestellt. Die eine Hälfte guckte aus der Welt gefallen und mürrisch wie der Pförtner eines Atomkraftwerkes, wenn man nachts um drei vorbeikommt und fragt, ob man ein paar kritische Flugblätter in der Mitarbeiterkantine auslegen darf. Die andere Hälfte hatte mehrfarbige Halstücher umgewickelt und rief LAUTER!, bevor ich ein einziges Wort gelesen hatte, weil sie dachten, sie verpassen was, denn verpaßt hatten sie eine Menge in ihrem bisherigen Leben, und damit soll jetzt Schluß sein. Verwirrend war nur, daß die mit den Halstüchern die Pförtnerrequisite Nummer eins mit sich führten: Aus angeschmutzten, mit umweltpolitischen Kampfslogans bedruckten Leinenbeuteln zogen sie Thermoskannen und ließen daraus schon nicht mehr dampfenden Tee in den Draufschraubbecher bluppern, was so klang, als ob man mit einer Frau telefoniert, die gerade pinkelt. Denn Männer können ja leise pinkeln, aber Frauen ist es aus anatomischen Gründen kaum möglich, es dezent am Rand einlaufen zu lassen.

Draußen regnete es, und die Pförtner hatten Schirme dabei, die sie zum Trocknen aufgespannt in der Sachbuchecke aufgestellt hatten. Die Halstuchfraktion war mit dem Rad gekommen, und die Menschen hatten die Kapuzen ihrer Regencapes so festgezurrt, daß sie nun rote Pressuren auf der Stirn trugen. Aber das würde im Laufe des Abends besser werden. Die Stimmung auch. Die stadtunabhängig gutlaufenden Textstellen funktionierten selbst hier, wenn auch die Reaktion anders ausfiel: Statt zu lachen, nickten die Menschen hier eben mit dem auf beide Hände gestützten Kopf. Als ich das begriffen hatte, las ich beruhigt weiter, kurze Pause, kleines Interview, noch ein bißchen lesen.

Bis ICH keine Lust mehr hatte. Die Menschen hätten mich noch zwei Stunden lesen, aber auch eine halbe Stunde früher zornlos gehen lassen, es war ihnen ziemlich egal. Wieder eine kostenlose Lesung, die Buchhandlung wollte Menschen dahaben und dachte, es kommen mehr, wenn nicht bezahlt wird. Ist aber wirklich Blödsinn. Umsonst. In der Tat. Die wahrscheinlich schlimmste Teetrinkerin kam nach vorne und fing an zu reden. Ich packte meine Sachen und hörte nicht richtig zu. Sie wollte sich beschweren, aber sie wollte auch gerne reden, also so richtig mit Antworten und allem drum und dran. Sie trug ein am Kragen und an den Ärmeln mit der Schere von reaktionären Bündchen befreites schwarzes Sweatshirt aus dem Merchandising des Musicals „Cats". Die weißen Streifen in der Achselzone zu interpretieren, war dem Betrachter auf zweierlei Art möglich: gebleichte Batikversuche oder bloß Sekretausfällung, also Salzkruste. So wie sie diesen Lappen zugerichtet hatte, mußte man es wohl so nennen, wie meine Oma es tut: grungy. Auf der rechten Schulter war das fransige Rund zum Kopfraushalten heruntergerutscht und der Blick frei auf einen in völlige Farblosigkeit verwaschenen BH-Träger. Dieser Bruchteil meines Publikums würde seinen BH niemals werfen, höchstens mal als Zwille verwenden, um mir beim Vorlesen Unglückskekse ins Auge zu flitschen. Der Freund mußte ihren Leinenbeutel halten, sie einen Vortrag und ich den Mund. So hatte sie sich das gedacht. Aber ich sah es nicht ein, mich beschimpfen zu lassen. Zumal die paar netten Menschen, die im Raum waren und bereit und in der Lage, dem Autor die Stadt zu zeigen, die Orte, an denen es noch kracht jetzt, die IHM etwas bieten wollten, nachdem er etwas geboten hatte, faire Sache, die also sahen, daß ich noch zu tun hatte mit diesem Monster, und gingen nach und nach ihrer neonbeleuchteten Wege. Nö, dachten sie, dann nicht, wenn der mit DER redet, dann wollen wir gar nicht mit dem ausgehen. Aber ich wollte doch! Was ich nun tat, nennt man wohl abbügeln, aber es war mein gutes Recht, und der Freund mit der Teekannentasche sagte zu der Frau

– Siehst du, ist doch klar, daß der so reagiert.

Ganz recht. Ich wollte nicht mit solchen Menschen sprechen, es nützte ja nichts. Logischerweise saßen sie automatisch im Publikum, sobald es keinen Eintritt kostete, und das war ja wohl ein weiteres gutes Argument FÜR gepfefferte Eintrittspreise. Sollten Sie sich doch Laienspielgruppen angucken und mit denen nachher über die Postmoderne reden, im Bürgerfunk denen eine Stimme geben, die heiser sind; oder mit Pantomime-Ensemblen in Fußgängerzonen die Vergänglichkeit darstellen oder in Stadtparks unter undichten Zelttheaterdächern Texte von Paul Celan, Hermann van Veen oder Wolfgang Lippert interpretieren, bis das Ordnungsamt ihnen wegen Nichteinhaltung der Hygienekriterien den Zeltabbau befiehlt. Ich würde auch Geld stiften für Dispersionsfarbe, mit der man dann auf Bettlaken klagen könnte, daß es ja wohl offenbar wieder soweit sei, daß der oppositionellen Kunst die Heringe rausgezogen werden.

Nein, ich wollte von netten Menschen die Stadt und einiges sonst gezeigt bekommen. Ich wünschte mir, morgens in einer WG aufzuwachen wie in der Nescafé Frappee-Werbung. Neben der Schlafstatt sollte ein Gelenkwäscheständer stehen mit TOLLER Unterwäsche drauf (nicht extra hindrappierte Ausnahmeunterwäsche, und BITTE auch nicht so schlimme Unterhosen, die dann nachts noch schnell – Moment, kannst gleich reinkommen! – abgehängt werden müssen). Das Mädchen neben mir sollte morgens ohne Zutun eine Gesichtshaut haben wie die Damen, die für Esprit-Werbefotos in beigen Zahnarzttöchterpullovern (die sie *Pullies* nennen) nachdenklich an Nordseestränden sitzen und sich Sand durch die Zehen rieseln lassen. Und dieses Mädchen, nein, *Mädel* sollte dann mit nichts weiter als einem solchen Grazien allein vorbehaltenen schlampigen Überwurf in die Küche staksen, einen Schluck Buttermilch aus der Tüte nehmen, sich den Milchbart mit dem Handrücken wegwischen, dann den WG-Vogel namens Göring füttern, der ihr dabei in den Finger beißt, und sie schreit Arschlochvogel!, obwohl der Finger nicht mal blutet. Dann würde wie in der Werbung eine reinkommen und, weil ihr der Kaffee so gut schmeckt,

– JAMMI! sagen, und da wäre es dann auch nicht so schade abzureisen. Aber vorher zugucken, wie sie aufstehen und sich für den Gang ins Café vorbereiten, oder was sie sonst so zu tun hätten, vielleicht Leinenschuhe kaufen. Wie sie sich blauweißgestreifte enge Sachen anziehen, sich nach der HaarSPÜLUNG (nicht bloß –Wäsche!) so ein wahnsinnig adrettes Stirnband reinfummlen, dabei schon eine rauchen, und schlechterdings die Sache im Griff haben.

Das wollte ich und keine mißmutigen Beschwerdeführerinnen mit Röcken, die zeigen, was man mit schwarzen Autorenbeineverhängtüchern noch so alles machen kann. Aber diese Frau hatte ja den Saal leerlamentiert, und so mußte ich mich alleine zurechtfinden. Der geriffelte Blechfußboden war übersät mit kleinen schwarzen Kegeln, es sah aus, als hätte ich vor einem Rudel inkontinenter Rehe oder

Hasen gelesen, es konnten auch Katjes Katzenpfötchen sein, aber vielleicht waren es doch bloß Drecktörtchen, die meinem Publikum aus dem roten und dem grünen Sohlenloch ihrer Kickers-Schuhe gefallen waren. Ich wollte vor Stilettos lesen, verdammt!

Am Anfang der Tournee war ich unvorsichtig gewesen und hatte ALLES zugesagt, jeden Plan meiner Agentin abgenickt. Für den heutigen Abend war eine „Unterkunft: privat" im Tourplan angegeben. Bei der nächsten Tour würde ich mir sowas Unprofessionelles nicht mehr bieten lassen. Unterkunft vor Ort, Gästehaus, privat, das würde es nicht mehr geben auf meiner Reunion-Tour – oder wie heißt das, wenn ein Schizophrener sich nach einiger Abstinenz wieder vor Leute traut? Es war mir doch egal, ob hier zeitgleich eine Messe stattfand, die Hölle los war und kein Hotel zu kriegen, die Lesung aber wegen des Supereinzugsgebiets unbedingt stattfinden mußte – ich wollte ein HOTEL. Meine Ruhe. Es ist doch wichtig, daß eine Stütze der Unterhaltungsindustrie sich ausruhen kann und nach soviel *social acting*, das ein Auftritt immer ist, eine Tür zumachen kann, die dann, wenn überhaupt, ausschließlich dem Room Service geöffnet wird. Do not disturb! Ich wollte keine Abenteuer, sondern Abend teuer. Vorvorletzter Tourneeabend andererseits, also doch auch schon egal. Aber ich – nein, Ruhe jetzt und zur Privatunterkunft. Aus der Gegensprechanlage sagte niemand Guten Abend, es hieß bloß lapidar

– Fünfter Stock, Aufzug gibt es nicht.

Wer in einer Buchhandlung vor einem Haufen Pförtner und Regencapegezeichneter liest, kann auch fünf Stockwerke hochgehen. Rockbands müssen ja auch bis zur ersten goldenen Schallplatte ihre Gerätschaften von der Bühne in den Bus tragen, manchmal sogar hinter der Bühne unter Flipperautomaten schlafen. Meine Gastgeberin trug einen langen Pullover und keine Hose. Ich tat, als sei ich es gewohnt, so empfangen zu werden. Sie war eine Bekannte meiner Agentin, hatte dort mal gearbeitet, und seitdem waren sie keine Freundinnen mehr, sondern eben bloß noch Bekannte. Sie sagte einen Satz, den Frauen von ihren Müttern beigebracht kriegen, die ihn ihrerseits wie Kinder-Schokolade schon von ihren Müttern bekommen haben

– Ich mache mir gerade einen Tee, willst du auch einen?

Ich sagte antriebslos

– Gerne, aber muß auch nicht.

Doch war es von ihr nur ein Witz, und sie gab mir ein Bier. Wie nett. Dann war das Bier leer, und wir gingen raus, etwas zu erleben. Ich folgte ihr und war sicher, sie würde den richtigen Ort ansteuern. Keine Steak-Ranch, kein Irish Pub, keine Soul Disco („aber echt auch mit neueren Sachen"), keine erlebnisgastronomische Terrorschänke, kein Café, in dem Männer nachts Suhrkamp-Bücher hochhalten und denken, sie bekämen so die Kellnerin ins Bett. Es war schön, nicht gefragt zu werden „Und, was wollen Sie noch machen/Wonach steht Ihnen der Sinn/Und, was würde man jetzt bei Ihnen so machen in – wo wohnen Sie nochmal?" Und wie angenehm, daß ich mich endlich mal nach einer Lesung NICHT über das unterhalten mußte, was gerade auf der Bühne und früher in meinem Leben geschehen war, sondern über die Gegenwart. Nicht über das Buch, nicht über den Ich-Erzähler, nicht über mich, den Erzähler. Wozu auch. Gibt ja das Buch, gab ja die Lesung, mehr könnte ich jetzt gar nicht sagen. Oft denken Menschen ja, daß sie einem mit interessierten Sachfragen einen Gefallen tun. Daß sie damit Heimatgefühle herstellen, weil man sich willkommen fühlt und so – stimmt aber alles nicht, man hat soviel erzählt, jetzt sind die dran, jetzt soll die Stadt mir was erzählen. Oder, wie es Uschi Glas sagt, wenn sie am Vorabend im Fernsehen einen Hamburger besucht – „Zeig mir deine Stadt“, denn jeder wohnt ja in einer anderen Stadt, und das Hamburg Uwe Seelers ist mitnichten das Hamburg Helmut Schmidts, was sich auch deutlich unterscheidet vom Hamburg Jil Sanders oder Heidi Kabels oder dem Hamburg von Scooter-Schreihals HP Baxter. Wahrscheinlich ist das Hamburg von Scooter-Schreihals HP Baxter in einigen Punkten deckungsgleich mit dem Uwe Seelers. Aber es gibt auch Unterschiede: Wenn Uwe Seeler mal wieder den Luftschutzbunker zeigt, in „den wir dann direkt vom Bolzen rein sind“, dann sagt Scooter-Schreihals HP vielleicht „Genau, der Luftschutzbunker, da haben wir das Video zu unserem Hit „Rotfront verrecke“ gedreht.

Wie schrecklich die Stadt der Beschwerdefrau gewesen wäre, und wie schön die Stadt meiner Gastgeberin war, und das, obwohl die Stadt in beiden Fällen gleich hieß. Wir standen in einem genau richtigen Trinkladen und sprachen zunächst, um eine Sprache zu finden, eine Ebene, ein Tempo und eine Lautstärke, über meine Agentin. Man braucht solche Einsteiger. Und dann ging es lustig weiter, und wir tranken Averna. Man braucht solche Absacker.

Toll: Ich dachte nicht an Liebe, ich dachte nicht an Sex. Ich dachte nicht, schade, daß ich nur auf Tour und morgen woanders bin. Ich dachte nicht, zum Glück bin ich der vom Plakat, da ist alles viel leichter. Zum Glück bin auf Tournee, noch so ein Drink, komm, zahl ich von der Gage, ist wurscht, und dann aber. All das dachte ich nicht, sagte ich nicht, taten wir nicht. Es wurde auch nichts Beschwörendes geredet, was man ja immer gerne tut, wenn die Faszination gerade nachläßt

– Voll witzig irgendwie, wir kennen uns ja erst so kurz, aber es kommt mir echt so vor als ob bläbläblup.

– Das ist selten, stimmt.

– Verdammt selten. Also SO ist mir das auch noch nicht passiert.

Leuten, die auch den Begriff „Gute Laune-Musik“ nicht scheuen, gefällt es, mißliche Lagen als „wie in einem schlechten Film“ zu bezeichnen. Doch gibt es ja auch gute Filme. Das vergessen die Leute immer. Stets sei alles nur wie in einem SCHLECHTEN Film. Dieser Abend aber schien mir jetzt mal wie in einem GUTEN Film. Das lag ganz beträchtlich an meiner großartigen Begleitung und vor allem auch daran, daß keine Not bestand, das alles überzubewerten. Aber dann kam der Typ, der in der Lesungspause mit mir im Angestelltenaufenthaltsraum ein Interview geführt hatte. Ein richtig mieses Interview. Nicht böse, sondern mies. Keine Idee, keine Ahnung, und wirklich absurd mißlaunig. Dabei hatte er ja um das Interview gebeten. Klar, mein Leben hatte keinen Sinn, wenn ich in dieser Stadtzeitung, wie hieß die noch gleich, nicht auftauchte, logisch, aber seine Übellaunigkeit schien gar nicht weiter mit mir oder meinem Werk zu tun zu haben, und ganz ehrlich, da interessierte sie mich dann einfach nicht. Thema war ja ich und nicht er. Wenn er erzählt hätte, Freundin gerade weg, und jemand hat in der Redaktion das Rezensionsexemplar der neuen !K7-Platte mitgehen lassen, und die rückten vernünftigerweise keine zweite raus, außerdem muß ich noch die Kleinanzeigen abtippen und ein Streitgespräch zwischen Michael Naumann und den Venga Boys moderieren für die nächste Ausgabe, und übermorgen müssen die Seiten belichtet werden – wäre mir zwar egal gewesen, aber wenigstens nachvollziehbar. Naja, es war unser beider Job, in Ordnung, ihn allerdings nun auch noch nachts zu treffen, war mir zuviel. Er stellte sich einfach dazu und fragte nicht mal nach, ob er, weil er: störte. Als gehöre er jetzt zu meinem Leben dazu und müsse sich nicht mal an die offiziellen Sprechzeiten halten. Inzwischen waren ihm einige Argumente eingefallen. Das Diktiergerät hatte er nicht dabei, aber einen Freund, der uns ebenfalls nicht vorenthalten wurde. Vielleicht gab es das sogenannte Private gar nicht. Auf einer Tour zumindest. Trotzdem fühlte ich mich vorhin noch überwältigt (Applaus, Applaus) und jetzt schon vergewaltigt (Äußere dich da mal zu!). SO nah und dicht wollte ich es nicht. Zumal ich auch so dumm war, mich auf einen Streit einzulassen.

Nein, sieh es doch mal so. Ja, vielleicht, aber ist nicht auf der anderen Seite und vergißt du da nicht und wer sagt denn eigentlich, daß. Amerikanische Erzähltradition, haha.

Er hatte mich am Wickel. Meiner so famosen Gastgeberin wurde es zu langweilig, sie guckte ein paarmal auf die Uhr, kippte dann zum letzten Mal ihr schon seit geraumer Zeit leeres Glas senkrecht in den Mund, und in Verbindung mit dem Uhrblick bedeutete das

– Schluß jetzt.

Himmel, das mußte der Typ doch merken. Sie machte sich auf, guckte mich verschworen, aber mitleidig an, erlaubte mir, später zu klingeln, und ich blieb tatsächlich da und verschwendete weiter meine Zeit mit diesem Kerl, wollte ihn umstimmen, überzeugen oder wenigstens zurückbeleidigen. Scheißegal, ob ich hier halbprivat war oder viertelprivat oder sogar ganz, sein Termin war gelaufen, die Chance vertan, aber wenn ich ihn jetzt aufmerksam gemacht hätte auf erstens seine schlechten Manieren, zweitens seine schlechte Vorbereitung, drittens seinen auch nicht zu knapp nervenden Freund und viertens die äußerst marginale Bedeutung seines BLÄTTCHENS für die Welt, den Medienbetrieb, meinen Buchumsatz, diesen Abend, und den morgigen gleich mit – und überhaupt mein LEBEN, dann: Ja. Ja, was dann? Verriß, Kleinkrieg, Geschichte GANZ kippen? Oh.

Jeder würde sagen: Na und. Ich sagte: Nein, bloß das nicht. Und merkte erst hinterher im Bett, als sich meine Faust immer wieder in sein Gesicht wünschte, daß ich mich ver- und ihn überschätzt hatte. Dem nächsten würde ich es zeigen.

Am krankesten waren wirklich die Windelweichen, die billig und oberflächlich schrieben, wie billig und oberflächlich mein Buch sei, und ich obendrein sowieso auch, und die dann abends in ihre Gratisexemplare eine Unterschrift reinhaben wollten („Ist für eine Freundin, die hat Geburtstag“) und alsdann den Ton änderten, weil sie irgendwas wollten, Getränkebons oder Aufmerksamkeit oder Ansprechpartner beim Verlag, weil sie nämlich, daß ich nicht lache, „auch schreiben“. Naja, dieser Artikel, das hätte ich doch hoffentlich nicht persönlich genommen, sondern sportlich!

Hä?

Ja, nun, sie hätten das ja auch nicht so gemeint, das sei eben auch der Schlußredakteur gewesen, der da noch eine ganze Menge umformuliert hätte und das Lob rausgekürzt, naja, so laufe es nun mal, könne doch passieren, müßten sie mir als Profi doch nicht erzählen. Nee, eben – mußten sie nicht. Wollten sie aber und taten das. Mir war es egal, NACHDEM es da stand, was sollte jetzt dies Herumgeeier. Ich war auf Tournee, ich konnte mich nicht darum kümmern, es war nur klar, mit wem ich an diesem Abend nicht reden wollte, und zwar mit denen. Aber das begriffen sie nicht. Lachhaft, wirklich, der nächste, der mich oder sich oder irgendwen FREIER AUTOR nannte, konnte sich auf was gefaßt machen.

Am nächsten Morgen machte meine Gastgeberin dann wirklich einen Tee, und sie hatte schon wieder keine Hose an, und jetzt hatte ich mich wirklich schon beinahe daran gewöhnt, dann sagten wir uns tschüß. Und nicht auf Wiedersehen.

# Show #11

Das Blut aus meinen Augen war beinahe verschwunden. So ein Glück, denn auf dem Plan stand ein weiterer Fototermin. Allerdings nicht EIN Foto, nicht zwei und nicht wie die für die Lokalzeitungen „mit Buch vor das Plakat und lächeln", sondern an 12 Orten mit 17 verschiedenen Pullovern und Hemden („Schade, daß Du jetzt nichts Türkises da hast, das käme natürlich super mit dem Hintergrund") und das am besten über 9 Tage verteilt, wenn es denn reinpaßt. Als Therapie gegen Eitelkeit nicht unbedingt zu empfehlen. Das heißt dann auch nicht mehr ein paar Fotos zum Text, das heißt dann zunächst mal

– FOTOSTRECKE!!! (meine Agentin war begeistert) und ein bißchen Text zu den Fotos, aber nicht übertrieben viel.

– Ich bin doch kein Kleiderständer, hatte ich vorschriftsmäßig zu meiner Agentin gesagt. Und kein Model. Autor! Und sie hatte trocken entgegnet

– Die machen es aber netterweise trotzdem, also.

Also. Immerhin, die Augen sahen wieder normal aus, ansonsten war der Autor, dessen Buch zum Teil autobiographisch ist und der vom Schreiben leben kann und der keine Hobbys angibt, weil er nicht genau weiß, was das immer soll, mit den Hobbys, also was das an dem Buch ändert, der Typ also, der war ein bißchen müde, aber bei der Sache. Zur Agentin hatte er zunächst gesagt, Nee, er fühle sich nicht, und da hatte die Agentin ihn gefragt, ob er noch richtig ticke, und ob er mal bitte schleunigst kalt duschen wolle und eine Tonerdemaske auflegen, dann nochmal anrufen und einfach nochmal diesen Satz sagen, und dann würde sie auch einen Satz sagen, einen noch, das gäbe es ja wohl gar nicht. Sie war wieder die alte, meine Schonzeit vorbei, na also. Morgens hatte der Autor sein Frühstück planmäßig ausgekotzt, und kam sich nun schlank genug vor. Naja, andererseits. Der Fotograf war natürlich schwul, das sind gute Fotografen meistens. Schwul und nett. Wir fuhren mit seinem Fotografen-Kombi durch die Stadt und übers Land, ich sparte mir die Zugfahrt, denn meine Agentin hatte ihn überredet, mich einfach in die nächste Stadt des Tourplans zu fahren, dafür durfte er im Gegenzug den ganzen Tag mit mir verbringen. Meine Agentin kannte wirklich gute Tricks.

An einer Raststätte parkten wir und machten die ersten Fotos. Real Life!, erklärte der Fotograf und stellte mich neben eine Mülltonne, einen Brötchenautomaten und an einen Bistrotisch mit leeren Plastikbechern drauf. Dann mußte ich mich umziehen, was schwierig war, da der Toilettenboden nicht gerade einlud, in Strümpfen drauf zu lustwandeln. Also hielt der muskulöse Fotograf mich in die Höhe, wie Eltern das machen, wenn sie ihre kleinen Töchter in Büsche pissen lassen, und in der Luft hängend wechselte ich Hose und Schuhe, und hatte ein bißchen Angst, daß der Fotograf mir ins Ohr küßt. Die Fahrt dauerte viel länger als mit dem Zug, da wir im Viertelstundentakt anhielten und ich durch die Gegend rennen mußte und versuchen, mal anders zu gucken als auf den vorigen Bildern. Mithilfe von Polaroids wies der Fotograf mir nach, daß ich exakt über ZWEI Gesichtsausdrücke verfüge, und darüber mußte ich lachen, er schrie BLEIB SO! – und damit waren es immerhin schon drei.

Um mich bei Laune zu halten und mich vor allem von

dem pervers großen Objektiv abzulenken, fragte der Fotograf mich allerhand.

– Knips, und schreibst du gerne, knips, bleib so, knipsknips, worum geht es denn in dem Buch, ja, nochmal die Hand so, knips, ist es eher witzig oder eher traurig, knips, und schreibt du schon am nächsten, knips, laß uns nochmal da an die Wand gehen, und wie sind so die Reaktionen, knips, so, Klamotten und Film wechseln.

Es war mir etwas peinlich, daß ich zunächst wirklich bemüht war, ihm staatstragend zu antworten, meine Standards runterzuleiern; wie lächerlich das war, fiel mir auf, als er mich sinnlos mit einer neuen Frage unterbrach und herumkommandierte, nicht unhöflich, aber einfach seine Arbeit machte, dann weiterfragte, also, wie war das?, und ich tatsächlich gedacht hatte, auch hier seien gewichtige Auskünfte gefragt, ausgewogene Verlautbarungen, Neugier-Köder. Ihn interessierte, und das war doch okay!, mein Buch gar nicht, er wollte nur, daß ich mich entspannte. Und mich interessierte doch mein Buch gerade auch nicht, ich fing aber sofort pawlowsch an zu erklären. Die Quersumme Sensibilität setzt sich bei Mitarbeitern der Unterhaltungsindustrie zu nicht immer gleichen Teilen aus Empfindlichkeit und Empfindsamkeit zusammen, dachte ich, sagte es aber nicht, schließlich waren die Bilder ohne Ton.

Am frühen Abend waren wir in der Stadt meines vorletzten Auftritts angekommen, die Filme allesamt voll, der Fotograf fuhr ab und durfte in seinem Auto endlich wieder so laut wie er wollte Marianne Rosenberg hören.

Der Fotograf hatte mir die Nase gepudert, und jetzt endlich waren die Regentropfen egal, vor denen ich den ganzen Tag zwecks Pudererhalt geflohen und mir dabei halbtot und unecht vorgekommen war, oder – um es mit Roncalli zu sagen – *irgendwie maskenhaft.* Es regnete, und ich lief nicht wie die anderen Menschen in die nächste Telefonzelle oder irgendein Geschäft, ich ging sogar langsamer und hielt mein Gesicht in den Regen. Jetzt durfte ich ja. Damit mein Gepäck nicht vollständig durchweichte, brach ich diesen Lebensbeweis ab und nahm ein Taxi ins Hotel. Die Stadt war egal. Es war nicht so, daß ich nicht wußte, in welcher Stadt ich war, dieses Tourneeklischee ist einer speziellen Hirnweichheit von Künstlern zuzurechnen, die auch einiges sonst nicht wissen. Man weiß ja eben ganz genau, welche Stadt es ist, schließlich ist dies die signifikanteste Änderung von einem Tag auf den nächsten, das kann man sich ja wohl gerade noch merken. Es steht im Tourbuch. Man spricht mit der Lokalzeitung, in deren Namen die Stadt ebenfalls vorkommt. Am Bahnhof stehen große Schilder, erst wenn man die sieht, steigt man ja aus. Veranstalter oder Buchhändler sagen „Herzlich willkommen in soundso". Beim Signieren schreibt man auf besonderen Wunsch auch das Datum neben den Namenszug, und zum Datum gehört in Widmungen immer auch die Stadt, weil es eben so ist. Und im Hotel liegen Stadtpläne und Kurzinformationen zur Stadthistorie, eines also ist klar: der Name der Stadt. Trotzdem war sie egal, weil man sie eben nur in Relation zum Auftritt erlebte. War der Auftritt ein Erfolg, behielt man die Stadt in guter Erinnerung; gab es Ärger und Mißverständnisse, neigte man zu Pauschalurteilen im Extremfall gegenüber ganzen Bundesländern. Obwohl also der Name der Stadt klar war, blieb ihr eventueller Charakter natürlich weitestgehend unerschlossen. Man checkte ins Hotel ein und damit aus der Stadt aus. Denn

Hotels verstehen sich aufs Spurverwischen. Der Name der Stadt ist präsent, aber austauschbar, schließlich ist die Badewanne stets dasselbe bißchen zu klein, das Bettlaken immer gespannt wie Jürgen von der Lippes Hemden, die Minibar identisch sortiert, ebenso das Frühstücksbüffet, das Telefon riecht überall nach Aschenbecher, und bevor man nicht die AMT-Taste gedrückt hat, erklingt dieses begriffsstutzige Hoteltelefontuten, im Lift ist die Erdgeschoß-Messingtaste immer am zerkratztesten, und das Personal ist allerorten gleich zuvorkommend. Man kann das Zimmer verwüsten, wie man will, wenn man nach ein paar Stunden zurückkommt, ist alles wieder wie zuvor. Doch wenn ich schon jeden Abend identisch las, warum sollte dann ausgerechnet das Hotel um Variantenreichtum bemüht sein. Man soll sich zuhause fühlen. Haha – man fühlt sich überall gleich fremd. Aber dabei sicher und versorgt. Bestimmte Verantwortungen, die das Leben oft zäh erscheinen lassen, sind hier delegiert. Zwar denkt man jeden Tag ans Sterben, aber das rührt wahrscheinlich von den Desinfektionsmitteln und den nicht zu öffnenden Fenstern her.

Ich hatte mich für die Fotos so oft umgezogen, daß ich orientierungslos war, was die Abendgarderobe betraf. Unschlüssig wühlte ich und fand einen hellblauen Pullover, der gar nicht mir gehörte, wahrscheinlich dem Fotografen, und ich hatte ihn versehentlich eingesteckt. Vorne stand Homo drauf und hinten dann aber Sapiens. Er roch humorlos nach Kernseife und paßte mir gut. Warum nicht mal aus einem Pullover rausgucken beim Lesen, immerhin hatten so gekleidet einige Ikonen der Nachkriegsliteratur ihre größten Erfolge erzielt.

Vielleicht wirkte der Pullover nicht autoritär genug, auf

jeden Fall war das Publikum in dem Theaterkeller sehr unruhig. Ich sprach gezielt Personen an, aufs Podest zu kommen und mit mir Dialoge zu lesen, und da wurden die Menschen sofort ruhiger und interessierter, erstens aus Schadenfreude und zweitens aus lauter Angst, sich durch auffälliges Verhalten ebenfalls für einen Auftritt zu empfehlen. Ich stellte den Auserkorenen einige Fragen zu ihrem Werdegang, Einkommen, Glauben, Lieblingsessen und Sexualleben, dann durften sie einige Passagen lesen, bekamen mit freundlicher Unterstützung des Büchertisches ein Buch geschenkt, dazu einen Applaus, und bald schon hatten wir die schönste Schankstubenstimmung. Als sich jedoch herausstellte, daß der Maschinenbaustudent Jörg deutlich besser lesen konnte als ich, er sich KEINMAL verlas und es verstand, Satzzeichen als Indizien für Stimmschattierungen zu interpretieren, brach ich diesen Folkloreteil ab und las alleine weiter, danke Jörg. Am Ende schrien die Zuschauer „Jörg, Jörg!“, und ich ließ den Gefeierten an meiner statt die Bücher i. A. signieren, somit fanden die Leute mich immerhin noch „bescheiden“, und warum nicht auch mal das, wenn ich schon einen hellblauen Pullover trug.

Jörg bedankte sich danach höflich und überreichte mir ein in Plastik geschweißtes kleines farbiges Papierstück.

– Hier, sagte er, ein Freddy für dich, viel Spaß damit.

Ich wußte das nicht zu deuten. Jörg erklärte mir, es handle sich um die Droge LSD, und wenn ich die nicht kennte, wüßte ich zuwenig über die Welt und es würde Zeit. Allerdings empfahl er mir, unbedingt vorsichtig zu dosieren, ein Viertel sei genug für den Anfang. Das Papierstück war kleiner als eine Briefmarke, und das sollte ich vierteln? Auch weil es so übermütig bedruckt war wie ein Bazooka Joe-

Comiceinlegeblättchen oder ein Hello Kitty-Heftpflaster, konnte ich es nicht recht ernst nehmen. Doch ich dankte dem verkommenen Jörg und brachte meine Sachen ins Hotel. Im Hotel war mir langweilig. Zwar war ich etwas müde, aber es war der vorletzte Abend, und ich wollte nicht später einmal an meine Tournee zurückdenken und mir dann eingestehen müssen, daß ich am vorletzten Abend klein beigegeben und ein Stück Papier namens Freddy verschmäht hatte. Es war ja auch unklar, wie lange das seine Wirkung behielt, vielleicht war es ganz frisch und schon morgen wertlos? So viele Fragen hätte ich jetzt an Jörg gehabt, wie wirkt das, wann wirkt das, wie lange, ist es – nicht lachen! – gefährlich, trinkt man dazu besser nichts oder doch ganz viel, runterschlucken oder kauen, wird man träge oder hibbelig – aber nach der Nichtkennblöße hatte ich da schnell weggewollt, außerdem fand ich die Buchhändlerin stillos und ekelhaft, weil sie direkt nach der Lesung, während sie noch MIR die Gage hinblätterte, tatsächlich Jörg anbot, doch bald mal wieder dort vorzulesen. Wirklich bösartig fand ich ihr Werben, als sie mich zum Blindtexter degradierte, indem sie Jörg umschmeichelte

– WAS Sie dann lesen, ist ja beinahe egal.

Vielleicht hatte der Maschinenbaustudent, der ganz in Ordnung zu sein schien, mir allerdings ein bißchen ZU abgeklärt tat, so ein Typ, der sein ganzes Leben darauf wartet, in irgendeinem debilen Quiz mal abzuräumen mit dem Satz: „Eben nicht Sydney, auch nicht Melbourne, nein, nein, die Hauptstadt von Australien ist Canberra“, vielleicht hatte der also, der mit der Vorlesestimme (die ganz so toll nun auch wieder nicht war, aber mir schenkte ja keiner Beachtung, mir schenkte man ja nur Halluzinogene) sich auch einen bösen Streich erlaubt, und dieser Freddy sah nicht nur aus wie eine kleine Ecke buntes Vorschullöschpapier, sondern es WAR schlicht und einfach eine kleine Ecke buntes Vorschullöschpapier.

Ok, das mußte ich natürlich testen. Also trennte ich ein Viertel ab, das ging problemlos, denn dieser Freddy war perforiert. Ich steckte das Viertel in den Mund und wartete, dann begann ich zu kauen, und das Ding verhedderte sich in meinem Kaugummi. Also schraubte ich eine 0,2-Literflasche Dreckswein auf und schluckte damit das Knäuel runter. So. Ein wirklich guter Moment ist das immer zwischen ICH MERKE NOCH NICHTS und ICH MERKE NICHTS MEHR.

1.) Warten auf das Einsetzen der Wirkung

2.) Das teilweise Aussetzen der Hirnfunktion freudig beklatschen

3.) Hinsetzen und nicht nachdenken, sondern nachlegen

4.) Hinlegen und nachdenken übers Absetzen sämtlicher Chemikalien

5.) Je nach Lebensumständen unterschiedlich langes Einhalten der Schwüre aus 4.)

6.) = 1.)

Vor allem wenn es dann wirklich losgeht, WENN!, dann also das Lachen darüber, was man in emsiger Erwartung schon vorher für die Wirkung hielt. Diese nervöse Spannung war doch wirklich durch kein Auftrittslampenfieber zu ersetzen, da konnte mir die Unterhaltungsindustrie nichts vormachen (auch wenn sie dafür ja erfunden wurde).

Was auch immer mich erwartete, ob bräsige Weltverliebtheit, nie gekannte Todessehnsucht oder bloß ein handelsüblicher Herzinfarkt oder die Enttäuschung über das Ausbleiben jeglicher Wirkung – ich wollte es nicht im Hotel erleben, also tauschte ich den Pullover gegen ein schon mal getragenes, aber noch ausreichend sauberes Hemd, und einen stets Kontroversen hervorrufenden Lederschlips. Um nicht Gefahr zu laufen, eine religiöse Drogenzentriertheit zu erleben, deren Macht zur Hälfte auf Langeweile zurückzuführen war, um einfach das Ganze bloß nicht überzubewerten, mußte ich irgendwohin, wo viele andere auch auf die Wirkung von irgendwas warteten. Mit dem Kiffen zum Beispiel war es bei mir genauso wie mit Karl May-Büchern: Es funktionierte bei mir einfach nicht, es ließ mich unberührt, oft genug hatte ich es probiert, aber wenn ich dann miterlebte, was es bei anderen auslöste, bog ich es so hin, daß ich mich auch amüsierte. Also, mit anderen im Kreis sitzend schaffte ich es, mir die Wirkung eines Joints immerhin recht passabel EINZUBILDEN, die hysterisch Lachenden NICHT für schlechte Schauspieler zu halten, sie vielmehr um die bei mir partout ausbleibende Wirkung zu beneiden, und genauso habe ich auch mal ein nettes Wochenende bei den Karl May-Festspielen in Bad Segeberg erlebt, obwohl ich die Bücher und Filme immer blöd gefunden hatte. Demzufolge mußte ich einen Kreis finden, einen – Eduard Zimmermann, Ihr Einsatz! – Drogen-Zirkel und dort die Freddy-Festspiele erleben.

An der Rezeption erhielt ich beim Schlüsselabgeben eine Telefonnotiz. Ich sollte meine Agentin anrufen. Die konnte jetzt warten, ich aber nicht, jeden Moment konnte es losrummsen, meine Agentin mußte sich gedulden. Der Taxifahrer schüttelte den Kopf – meine Zielvorgabe „laut, kaputt und gefährlich“ war ihm nicht präzise genug. Am Ende wollen sie einen immer nur in Vertreterfallen mit französischen Namen chauffieren und warten, bis man drin ist, klingeln und Provision abkassieren. Er tat wirklich so, als seien wir in einem Luftkurort, vier Uhr morgens. Immer wieder murmelte er

– Wüßte ich jetzt nicht.

Ich sagte ihm, ich sei hier auf einem Polizeilehrgang, und wo es denn die meisten Razzien gebe, ich wolle mir das mal vor Ort anschauen, von einem Keller hätte ich gehört, mir fiele aber der Name nicht ein. Er guckte in den Rückspiegel, sah meinen Lederschlips, meinen Kurzhaarschnitt, meinen fragenden Blick, stellte ENDLICH unauffällig sein Taxameter an und gab Gas.

Der Keller war super. Ich hatte vor der Tür ein weiteres Viertel von diesem Papierding (noch immer GAR KEINE Wirkung) geschluckt und den Rest weggeworfen, um eine eventuelle Zivilfahnderparanoia oder tatsächliche Begegnung mit dem Gesetz im Vorwege so unbelastend wie möglich zu gestalten. Glücklich vorbei an einem Türsteher, dessen Verhalten sich vom grassierenden Comedyboom unbeeindruckt zeigte, ging es eine blau beleuchtete Betontreppe hinunter, und mit jeder Stufe merkte man: Abwärts geht es, hinab, jetzt wird es hart. Und laut! Und dunkel! Wahrscheinlich sogar wirklich gefährlich. Der DJ räumte gehörig auf mit der weitverbreiteten Ansicht, Melodie und Schönklang seien in der Musik dringend erforderlich. Ich wußte nicht, wie das hieß, was er dort machte, welcher Weltkrieg da Partitur war, aber es war genau das, was man hören wollte am Ende einer solchen Treppe. Sehen konnte man nichts, allenfalls Schemen, aber keines davon war F.

Hier ging es um alles. Alle Sinne mußte man beisammen haben, oben abgeben und dann los. Der Raum bebte von kollektivem Selbstbewußtsein, unter anderem weil ALLE hier wegen irgendwas ein schlechtes Gewissen hatten. Es erschien mir alles richtig: das Licht, die Musik, der Nebel, die Luftfeuchtigkeit, das Getränk (das auf meiner Späterzahl-Lochkarte eine schöne Strecke hinlegte), die BESCHLEUNIGUNG, die jede ohnehin schon hektische Bewegung durch flackernden Lichtirrsinn und das Augenzucken des Betrachters erfuhr – und vor allem die Entscheidung, alleine mit einem Lederschlips am vorletzten Abend der Tournee in einem Keller zu stehen und auf alles gefaßt zu sein.

NOW bzw. WOW.

Das schien mir die Droge zu sein, mein Herz meldete sich, und mit dem Herzen war es ja genau wie mit Behörden – der ganze Apparat hängt dran, wenn man nichts merkt und hört, ist das das allerbeste Zeichen für einwandfreie Funktion, aber sobald man in irgendeiner Form Bescheid kriegt über Unregelmäßigkeiten und Fehlfunktionen, wird es in jedem Fall hochkompliziert. Bei lärmlosem Normalbetrieb neigt man deshalb auch zum Unterschätzen der Bedeutung. Mein Herz wurde zu groß, oder ich zu klein. Nicht eine dort verortete Emotionalität, sondern das tatsächliche ORGAN fing an, mich zu irritieren. Irgendwas war auch mit meinen Beinen geschehen, die Knochen schienen parallel zum Hirn zu erweichen. Ich war etwas nervös, aber doch froh, wie erstaunlich sich die Wirkung im Verhältnis zur Größe dieses Papierchens verhielt. Dabei war es noch gar nicht richtig losgegangen.

Mein Bewußtsein wurde nicht direkt erweitert, aber erstmals bekam ich eine AHNUNG davon, was im Kopf des

Bühnenbildners von Pink Floyd früher losgewesen sein muß. Nicht viel, aber das sehr.

Ich hielt mich mit einer Hand an einer feuchtkühlen Betonsäule fest, mit den Augen an einem durch Tanz und kalkulierende Nachsichtigkeit freigelegten Stück Mädchenrücken zwischen Oberteilsaum und Hosenbund. Ich hoffte, die Besitzerin würde eine Weile in Sichtweite bleiben, denn ich konnte gerade nicht weg von der Säule. Warum nicht? Wußte ich auch nicht.

An solchen Orten gibt es immer mindestens ein Sofa. Ich fing an, danach zu suchen, und war froh, wieder zu wissen, wo ich hinwollte – zum Sofa, es mußte eins geben, meistens gab es sogar mehrere. Auf diesen Sofas sitzen Zwischenstadien mit Armen und Beinen: kurz davor, kurz danach, kurz geschlossen. Meistens sitzen die Menschen darauf so, als begänne der Oberkörper erst ab Hals aufwärts. Die Rükkenlehne wird zur Nackenstütze, die Knie stehen den Passanten im Weg. Aber in dem Moment macht das wie das meiste nichts.

Es gibt auch nie Streit um die Sitzplätze – wer da sitzen will, hat es bestimmt nötig, keine Frage, und so verbringt man die Hälfte der Sitzzeit damit, ein sogenanntes Stück zu rutschen.

Dieser Keller war in jeder Disziplin einige Maßeinheiten härter als alles, was ich kannte. Also gab es auch kein Sofa, sondern nur stahlharte Bushaltestellensitzbänke auf dem Weg zum von Scherzbolden weiterhin Toilette genannten Fixerraum, vor dem ein kittelbeschürztes Clementine-Double saß, Ernte 23 rauchte und – trotz Ohrstöpseln im Takt wippend – darauf wartete, daß man ihr Münzen auf die mit einem 50 Pfennig-Köder beklebte gesprungene weiße Untertasse warf. Sie bot für eine Mark Einwegzahnbürsten mit Zahnpasta drauf feil. Ich kaufte zehn Stück und aß die Zahnpasta von den Bürsten runter, um mithilfe beißender Minze vielleicht meinen Mund wieder zu spüren. Die Einwegzahnbürstenfirma warb auf der Verpackung mit einem Gedicht von Monika Maron

Ich bitte Dich
Benutze mich
Vor einer Verabredung
Nach dem Essen
Für einen Kuß

Selten hatte mich Product-Placement so euphorisiert, das wollte ich unbedingt auch haben, also nahm ich die Dinger mit, um sie daheim meiner Agentin vorzuführen. Ich saß auf der harten Bank in dem harten Keller und dachte über das harte Leben in den Fängen der Unterhaltungsbranche nach. Ich schwitzte gehörig und hatte es gerade mit einer ordentlichen Angstattacke zu tun, als ich Jörg erblickte, den Vorlesejörg. Ich rief ihm etwas zu, das ich nicht verstand. Er kam herüber und fragte, wie es gehe und wie es wirke. Ich berichtete ihm, bislang ganz zufrieden zu sein, sicherheitshalber jedoch ein weiteres Viertel gegessen zu haben. Da wurde Jörg etwas unruhig. Wie Jürgen Fliege kniete er sich neben mich, legte mir die Hand auf die Schulter und mühte sich um warmherzigen Augenkontakt. Meine Augen waren zugleich gekochte Eier (berichtete er) und Rühreier (fühlte ich). Da lief also irgendwas schief. Ich bat ihn, aufzuhören mit der ALLES OK?-Kacke und einen Drink zu holen. Er sprang auf und rief, Ja, viel trinken, das sei ganz wichtig jetzt. Von mir aus. Viel trinken ist ja immer wichtig: bei Fieber, bei Diät, bei Geburtstagen, bei Allergie, bei

Schlafstörungen. Warum nicht auch bei einer Löschpapier-Überdosis? Außerdem ging es mir immer noch passabel. Und genau deshalb war ich ja in diesem Keller: Man mußte sich nur umgucken, und schon sah man viele, denen es noch schlechter ging, und das schützt vor übertriebenem Selbstmitleid, genau wie das Elvis-Buch. Jörg kam mit ein paar kleinen Wasserflaschen und einigen Zitronenscheiben zurück und bat mich, die Zitronen auszulutschen. Wahrscheinlich wollte er sich nur wichtig machen. Ich erlebte die folgenden Stunden auf zwei Tonspuren, es war ein OmU, wie Programmkinofreunde sagen. Ich dachte mich fest in einem Gedanken, zog Schleifen drumherum und hatte damit gut zu tun, kreiste in Hochgeschwindigkeit und verpaßte immer die weiterführende Abzweigung; ähnlich wie beim Hallen-Radrennen, wo das ZIEL-Schild ja bloß die Rückseite des START-Schildes ist und man nie ankommt, bloß irgendwann erschöpft stehenbleibt. Davon konnte aber erst mal keine Rede sein. Auf der anderen Spur passierte auch eine Menge, und es schien, als machte ich da sogar mit. Ich redete und bekam Antworten, die ich erneut parierte, der eventuell ja doch in Spuren vorhandene INHALT dieser Wortwechsel indessen blieb mir gütig vorenthalten. Wohnort: Lallemagne. Wahrscheinlich war die von mir sehr bewunderte Gelassenheit, die Sepp Maier im Talkshowsessel ausgestrahlt hatte, gar nicht – harmlos vermutete! – Routine des Erfahrenen, sondern eine handfeste LSD-Abhängigkeit des lustigen Exnationaltorwarts! Diese Droge schien mir, und diese Deutung mußte ich dringend dem deutschen Rockmusikerverband für sein Textarchiv überantworten, wie ein Kaleidoskop: Sah bunt aus, sah viel aus, sah interessant aus – und in Wahrheit waren es nur Scherben.

Zwar sah ich mich irritierenden Temperaturschwankungen ausgesetzt, kalte Stirn/heiße Wangen, vereiste Handinnenflächen/glühende Fingerknöchel, aber insgesamt blieb es erträglich, fatal waren lediglich die Anflüge von Wohlbefinden, die eben gerade nicht rauschhaft blendeten, sondern tückisch scheinnormal daherkommend die Suggestion von Restauration boten. Aha, alles wieder gut, endlich vorbei, alles nur Einbildung – und kurz darauf hatte man wieder den Zonk hinter der Tür und ein ziemliches Schweppes-Gesicht.

Ich dachte über Jörgs Prognose nach, so ginge das jetzt noch ungefähr 12 Stunden, und es würde eher noch ein bißchen schlimmer. Oder besser, je nachdem. Dabei unterhielt ich mich mit ihm übers Vorlesen und bekam heraus, daß er in Wahrheit die deutsche Synchronstimme von Johnny Depp war und außerdem die Stimme aus einer Menge Werbespots. Vor diesem Hintergrund wurde meine Niederlage bei der Lesung relativiert, und da ich Jörg ja nur zufällig aus dem Lesungspublikum ausgewählt hatte, war ich nun überzeugt, mein Publikum bestünde nahezu ausschließlich aus Menschen mit interessanten Tätigkeiten und einzigartigen Talenten. Dieser Gedanke wärmte mein Herz (vielleicht war es auch das Löschpapier). Für die Menschen, die das Land nie verlassen, gibt es pro Jahr drei Anlässe, die Uhr umzustellen – Sommerzeit, Winterzeit, LSD-Zeit. Womit auch klar ist, wie oft man dieses Papier schlucken sollte, nämlich nicht, gar nicht oft, war mein Eindruck. Erstens hielt es ewig, und zweitens war es mir etwas ZU ____________ (dort bitte ein Hippiewort nach eigenem Geschmack einsetzen, eins aus der nach Möglichkeit zu meidenden Wortfamilie abgefahren, ausgefreaked, weird, strange, crazy, flashy, spacig, kraß). Am besten sollte man seine Uhr zur LSD-Zeit wegwerfen, sie ist nicht hilfreich, verwirrt nur zusätzlich, ich hatte ja zum Glück ohnehin keine dabei. Denn meine Wahrnehmung, Sprache und mein Reaktionsvermögen purzelten durch die Zeitzonen wie Würfel in einem Kniffelbecher; eben noch in Höchstgeschwindigkeit, ging ohne Vorwarnung oder Übergang plötzlich alles nur noch in Zeitlupe, und alles bewegte sich, veränderte die Oberflächenstruktur bei Berührung und war ein einziges großes Rätsel mit vielen daran anknüpfenden Eingangstüren zu neuen Irrgärten. Weil es draußen hell war, konnte ich schätzen, daß es ungefähr drei Stunden gewesen waren, die ich da in höchstwahrscheinlich äußerlich schockgefrorener Bewegungslosigkeit und innerlich im Zustand maximaler Verwirrung und Synapsenknabberei auf der Bank gesessen hatte, Hand in Hand mit Jörg, der Synchronstimme. Wir hatten eher zufällig unsere Hände ineinandergefaltet, und von den drei Stunden habe ich bestimmt zweieinhalb darüber nachgedacht, was zum Teufel meine Hand da machte, aber vom entscheidenden Link von innen nach außen, von Gedanke zu Aktivität, war ich einige Redoxreaktionen entfernt gewesen. Immerhin hatte Jörg dieselben Sorgen, und ich war zumindest eine los: Ja, er hatte mir KEIN Fakepräparat gegeben, nein, das nun wirklich nicht.

Draußen war es also hell, was aber machte das, und was verdammt sollte ich jetzt machen? Immerhin hatte ich noch eine Lesung zu absolvieren. Die Synchronstimme brachte mich zum Hotel, und obwohl es von dem Keller „nicht mehr als einen Kilometer Luftlinie“ entfernt war, wie er mit der Akkuratesse eines Städteplaners immer wieder betonte, brauchten wir ungefähr weitere drei Stunden. Vielleicht auch dreißig, wir wußten es nicht, aber ich glaube, zwischendurch wurde es NICHT nochmal dunkel, und im Hotel machte man mir auch keine Schwierigkeiten, also schien lediglich EINE Nacht vergangen, verkraftet leider noch nicht. Zum Abschied schenkte Jörg mir seine Hornsonnenbrille, und obwohl ich mir vorgenommen hatte, dieses alberne Rock&Roll-Accessoire auf dieser, auf meiner Tournee nicht zur Anwendung kommen zu lassen, setzte ich sie sofort auf, und gleich war der Ausblick deutlich angenehmer, und weil meine Generation *Computer mit der Muttermilch aufgesogen* hat, wie der Moderator der Knoff Hoff-Show, der so ähnlich heißt wie Buback, immer ganz richtig sagt, bediene ich mich gerne dieser Terminologie: Die Sonnenbrille fungierte als Bildschirmschoner.

Mindestens eine Stunde lang war ich damit beschäftigt, im Sessel zu sitzen und darüber nachzudenken, WIE SCHÖN es jetzt wäre, die schwere orientalisch gemusterte sogenannte Tagesdecke vollständig hochzuheben, mehr als dieses Begrüßungseckchen (derselbe Winkel wie das geknickte Klopapier! Weltverschwörung!) und dann drunter, und drüber über diesen chemischen Verwesungszustand, entgiften, halbschlafen, runter da.

*Wenn Elvis endlich am späten Nachmittag aus seinem Koma erwacht, ist er ein Wrack. Statt erfrischt zu sein, ist er groggy, verwirrt und kaum zu irgend etwas fähig.*

Gerade hatte ich es in Superzeitlupe unter die orientalische Decke geschafft und begonnen, mich auf die Tapete als 3D-Simulation einzulassen, da fiel es mir wieder ein: Viel trinken! Wasser war nicht greifbar, und als ich an der Rezeption stand, bemerkte ich mit leichter Verzögerung, daß ich zwar Schuhe trug, dafür aber keine Hose. Doch die Rezeptionistin hatte schon viel Leid gesehen, gleich war ihre Schicht zu Ende, und sie gab mir ohne zu zögern einige Flaschen Wasser und bat mich sogar noch, eine Eintragung im Gästebuch vorzunehmen.

„Was wir gemacht haben, war Rudern & Segeln, und das war 'ne schicke Sache" schrieb ich, denn diesen Satz Helmut Schmidts über seine Zeit in der HJ wendete ich seit geraumer Zeit auf einer der inzwischen ca. 48 Spuren in meinem bedenklich mürben Hirn umher. Zurück im Zimmer wurde ich alsbald von einer virtuellen Agentin angeleitet: Schluß jetzt, anziehen, Sachen packen, klären, was es zu klären gibt, und dann weiter im Plan, letzter Tourtermin, einer geht noch, einer geht bestimmt noch rein. In der Fußgängerzone hatte ich das Gefühl, GANZ DEUTSCHLAND beäugte mich kopfschüttelnd, ich machte kehrt und lief zurück ins Hotel, irrte mich aber leider im Eingang und stand in einer Mövenpick-Filiale.

Eine Frau mit einem Hygienepapierhut schaute mich dienstleistend an und sprach

– Guten Morgen, wollen Sie mit uns brunchen?

Niemand sonst brunchte dort, aber ich sagte ja, weil mir das Wort NEIN gerade nicht einfiel.

Die Frau wies mir einen sonnenbeschienenen Fensterplatz direkt neben der „Pinocchio-Zone für Kids" zu und fragte mich einige Dinge, aber ich war leider nicht in der Lage zu antworten. Sie versprach, später noch einmal wiederzukommen. Im Fenster konnte ich mich selbst betrachten, und zwar als einen Kerl mit einem Gesichtsausdruck wie die Mutter von Dieter Gorny, als sie, nach einigen Jahren wohlbehalten zurück von einer Weltreise, zum ersten Mal das Lebenswerk ihres Sohnes mit allem Mutterstolz genießen wollte, VIVA einschaltete, und hintereinander Videos von Oli P., Acqua und Mr. President erblickte, anmoderiert von Nadine Krüger.

Irgendwann saß ich im Zug, und mein Gepäck war auch mitgekommen – es sind die kleinen Dinge, die einen Mann im letzten Drittel eines aufdringlichen Drogenerlebnisses beruhigen. Ich hatte einen 12er-Träger 0,33-Literflaschen Mineralwasser gekauft, die ein Unhold ziemlich geschüttelt haben mußte, denn beim Öffnen sprudelte jeweils ein Drittel des Flascheninhalts übermütig heraus, ich erschrak jedesmal wieder außerordentlich, wurde kurz klar und hielt die Flasche in den Gang, damit sie dort fertig sprudeln konnte, eine Sekunde später aber hatte ich das vergessen, und auch die nächste Flasche ließ ich stumpf sprudeln. Als alle 12 Flaschen leer waren und ich wirklich ziemlich naß, war es bald Zeit auszusteigen. Ich mußte vorlesen, unterhalten, signieren, Eintritt wert sein! Ich konnte ja nicht mal gehen. Doch nach 11 Lesungen war ich routiniert genug, auch mit einem derart weichen Kopf ein Taxi anzuhalten und in einer dem Deutschen entlehnten Sprache den Veranstaltungs- und damit Zielort kundzutun. Meine Agentin konnte stolz auf mich sein.

## Show #12

Die letzte Show in einer zurecht so genannten Kultur-FABRIK. Als das Wesen von Industrie und Arbeit sich dahingehend geändert hatte, daß viele Riesengebäude leer herumstanden, begannen Kulturämter sozialdemokratisch geleiteter Kommunen, dort Kabarettisten hinzuschicken, die direkt vor Ort Witze über Arbeitslosigkeit machen durften. Künstler aller Art fanden preisgünstigen Unterschlupf, und beim Publikum konnten sich diese Häuser als Veranstaltungszentren vor allem deshalb etablieren, weil man in der Umgebung gut parken konnte und außerdem auf den Boden aschen durfte.
Und so wurde auch noch der letzte Maschinenraum zur Kleinstbühne, auf dem Dachboden konnten Requisiten gelagert werden, im Keller bekamen Bildhauer und Bands Platz und konnten lärmen und schmieren wie sonst nirgends, waren unter sich, und gefördert wurde es auch. Das Ambiente gab einen postmodernen Ton vor, den in einer Mehrzweckhalle zu induzieren sehr teuer geworden wäre, aber in einer Kulturfabrik gab es das gratis, und so wurden die Überbleibsel zur sinnstiftenden Kulisse. Es waren Mehralszweckbauten, in denen jedes Konzert zum Workshop geriet, jedes Lesung zum Parteitag, jeder Töpferkurs zur Bündelung außerparlamentarischer Opposition. Hippie-Utopien taten etwas, was sie seltenst tun, ja, was ihrem Wesen entgegensteht – sie schienen Realität zu werden. Es war ein einziges Miteinander, ein Singen, Tanzen und Brainstormen, Trommeln und Batiken. Es gab Werkstätten neben Bibliotheken, und das fanden die Betreiber natürlich

einen Brückenschlag (die Leser in der Bibliothek fanden es mitunter einfach nur laut, aber das war zu kurz gedacht!).
Die Vielfalt war verwirrend, und wenn es irgendwo monoton klackerte, wußte man nie genau, ob gerade jemand mit elektronischer Musik experimentierte oder doch nur wieder die Buttonmaschine strapaziert wurde, die für die verschiedenen Gruppen eine Art Dorfbrunnen darstellte – an der Buttonmaschine hatte jeder mal zu tun, denn ob Hanfblätter, Gitarren, zerbrochene Raketen oder NEINs oder JAs oder durchgestrichene Allerleis abgebildet waren, einen Button wollte jeder spazierentragen. Es waren alle mit unterschiedlichen Dingen beschäftigt und gerade dies ebnete einer Gleichheit den Weg. Statt Logen gab es Betonrampen. Und Unkraut, das hier und da den Beton durchbrach, wurde als Zeichen gefeiert und fortan gegossen, und nicht etwa der Riß ausgebessert. Die Natur fand ihren Weg, das war es doch! Und das galt insbesondere auch für den Kühlschrank, den ein Ortsfremder schon mal versehentlich mit dem Kompost verwechselte, das konnte passieren.

Wenn ich das bei der Fernsehübertragung des Kirchentagsschlußgottesdienstes richtig verstanden habe, waren diese Kulturfabriken für viele Großstädter die einzige Möglichkeit, nochmal nostalgisch zu werden und *Spuren zu hinterlassen* angesichts einer „zusehends sterilen Welt“ (Hans W. Geißendörfer*)* und zum Beispiel Teerflecken auf der Hose davontragen, das war in der Großstadt nicht mehr möglich, aber beim Jazzkonzert in der Kulturfabrik, wenn man sich an eine Wand lehnte, dann konnte man Glück haben und tags drauf endlich mal wieder von der Reinigungsfrau den Satz hören

– Versuchen will ich es wohl, aber versprechen kann ich nichts.

Inzwischen sind diese Kulturfabriken etwas gemäßigter; zwar sitzen immer noch in allen Ecken Frauen mit indischen Röcken auf Heizungen, umschließen mit beiden Armen ihre hochgezogenen Knie, halten eine Tasse in beiden Händen, in die sie öfter hineinpusten als draus trinken, und debattieren mit Männern, die sich dabei gleichzeitig Zigaretten drehen und den Rücken kratzen können. Doch anders als früher sind diese Figuren mittlerweile eher Dekoration und nicht mehr für das Programm und die Organisation zuständig, das wurde nach einigen Finanzskandalen und Schludrigkeiten an Fachkräfte von außen delegiert, und es gibt unter reisenden Mitarbeitern der Unterhaltungsindustrie selten einen, der diese Entwicklung beklagt.

In dieser Fabrik paßte auch das Wort Unterhaltungsindustrie ganz vortrefflich, wer hier Applaus wollte, mußte zunächst mal was bieten, besser sein, lauter sein. An einem Abend unter einem Dach: Zwei Lesungen, ein Diavortrag über Alaska, ein Gitarrenduo namens „Akkord-Arbeiter", die lange Filmnacht mit allen Til Schweiger-Filmen, eine etwas kürzere Filmnacht mit einem einzigen Lars von Trier-Film, ein HipHop-Nachwuchswettbewerb in Kooperation von Moses Pelham und der Commerzbank, das Kindertheater „Klein aber oho", ein Casting für „Verbotene Liebe" (mit dem nachdenklich machenden Programmpunkt „Tanzen ohne Musik"), der „Unemployment Rave" mit DJ Mandy Wötzel (die sich verbat, als „Djane" bezeichnet zu werden, hatte ich in *Frau aktuell* gelesen), ein Benefiz-Torwandschießen mit Lars Ricken & Britta Steilmann, eine ARD-Sause mit dem schönen Titel „Öffentliches Löschen blöden Archivquarks, der nur Platz wegnimmt" und ein Brecht-Abend für 1 Marionette und 1 Drehorgel. Es wurde also eine Menge geboten, doch war das Programm so geschickt komponiert, daß die einzelnen Veranstaltungen einander kein Publikum streitig zu machen drohten. Wer haderte, ob er nun zum Alaska-Diaabend, zum Unemployment Rave oder zu meiner Lesung gehen sollte, verfügte wirklich über eine multiple Persönlichkeit, und auf solche Zuhörer verzichtete ich ganz gerne, mit denen gab es nur Ärger. Und auch die parallel stattfindende Doppellesung der beiden Giganten Wondratschek und Kirchhoff im Rahmen der Tournee „Aufguß 99" brachte mein Publikum höchstwahrscheinlich nicht vom rechten Pfad ab. Trotzdem, man konnte nie wissen, und deshalb löste ich sämtliche, rätselhafterweise mit dem stark behaarten Oberschenkel von André Agassi werbenden Plakate der beiden Poeten von den Stellwänden, warf sie aber nicht weg, denn das gehörte sich nicht, das konnte zum Ausschluß aus der Künstlersozialkasse führen, ich hängte sie lediglich etwas, nein, schon ZIEMLICH nach unten und ließ noch wie zufällig Ankündigungen der „Brandenburgischen Bluesnacht" und anderer Publikumsmagneten drüberlappen. Es sah sehr organisch aus, so wie Plakatwände sich eben entwickeln: Der eine überklebt den anderen, der klebt zurück, die kopierten Zettelchen werden mitleidig lebengelassen, die vierfarbigen Hochglanz-Großplakate mit derselben Rücksichtslosigkeit übertapeziert, die deren Aufhänger hatten walten lassen. Es ist ein Verdrängungswettbewerb. In dem Punkt ist nicht kein Business wie, sondern da ist JEDES Business wie das Showbusiness.

Ich mußte diesen Bernhard finden. Im schlauen Buch stand unter „Ansprechpartner“ für diesen Abend „Bernhard, kannst Du nicht verfehlen, es gibt nur einen“, und egal wonach ich fragte, wo geht es denn zum Backstageraum, wo gibt es denn die Gagen, wer macht mit mir Soundcheck, gibt es Interviewanfragen oder Fototermine zu koordinieren, wer bringt mich ins Hotel, bekomme ich was zu essen oder Getränkebons oder ZUWENDUNG irgendeiner Art, ich bin schließlich EINGELADEN, bestellt und nicht abgeholt – alle, die ich fragte, sagten, Nee, das ist Bernhards Baustelle, mußt mal gucken, wo du den findest. Auf dem Klo traf ich Bodo Kirchhoff, der ja auch lesen sollte und dessen Plakat ich vorher gemobbt hatte. Ich riß die Klotür auf, und er schreckte ordentlich vom Spiegel weg, wo er sich offenbar gerade Nasenhaare entfernt hatte, und das macht man ja lieber alleine. Nun plättete er mit den Händen seinen Resthaarschnitt und tat so, als hätte er das schon die ganze Zeit getan. Ich stellte mich an ein Pissoir und gerade als ich anfing zu pissen, sagte er den Namen meines Verlages. Hinten die Stimme leicht angehoben, also als Frage, Anrede – oder Vorwurf? Mir fiel sein Verlag nicht direkt ein, und so nickte ich bloß und tat das zurück in meine Hose, was Kirchhoffs Duettpartner Wondratschek gerne als „Lustschwengel“ oder „Liebesschwert“ bezeichnet (das zumindest behaupteten einige aufgebrachte Halbtagslesben, die am Eingang Flugblätter verteilten).

– Mehr als dreimal schütteln dient nicht mehr dem Zweck, sondern der Befriedigung, sagte Kirchhoff. Ich drängte ihn zur Seite und wusch mir die Hände. Als ich den Waschraum verließ, stellte er sich zurück vor den Spiegel.

Bernhard war nicht zu finden, und ich hatte noch zwei

Stunden rumzukriegen, also stellte ich mich auf den Hof und unterhielt mich dort mit einer der Flugblatt-Lesben über Hulk Hogan, als plötzlich eine verärgerte Frau eine Stahltür hinter sich zuwarf und dabei schrie

– Bernhard, du bist eine miese Sau, du zockst uns alle ab!

Das MUSSTE der Veranstalter sein. Ich klopfte an die zerdellte Stahltür. Das hatten schon einige gemacht, unbezahlte Künstler wahrscheinlich und meuterndes Personal – die Tür hatte von all den erbosten Faustschlägen richtige Orangenhaut. Über mir war hinter Gitter eine Kamera angebracht, da winkte ich hinein, und dann summte es, und ich konnte die Tür aufziehen. Die Lesbe, mit der ich so nett über Hulk Hogan geredet hatte, hatte mich gewarnt und vom „Führerhauptquartier" gesprochen. Bernhard saß an einem orange-schwarzen Kinderschreibtisch und schnitt sich die Fußnägel. Ein Typ, dem man ohne zu zögern JEDEN Gebrauchtwagen abkaufen würde, den er einem anbietet, damit er einen nur bitte nicht über den Haufen schießt. Bernhard war nicht mein allergrößter Fan, doch er gab mir ohne ein Wort zu sagen einen Hotelgutschein, einen Verrechnungsscheck und 10 Getränkebons. Offenbar mied er Bargeld; vielleicht waren die Papiere, die er mir gab, auch komplett wertlos, aber ich fragte nicht nach, denn es soll ja wirklich schwierig und kostspielig sein, Schneidezähne kosmetisch befriedigend zu ersetzen. Eine mit Klemmbrett und Kopfhörer bewehrte Frau kam herein, band mir ein Plastikarmband um und begleitete mich in die *Künstlerlounge*, in der ich meine Getränkebons einlösen und auf meinen Auftritt warten durfte. Auf dem Klemmbrett mußte ich unterschreiben, daß ich da war, für einen eventuellen Soundcheck bereit und eine Viertelstunde vor Auftrittsbeginn selbständig hinter die Bühne kommen würde, andernfalls für den Schaden aufkäme. Ich setzte mich auf einen Campingstuhl und dachte nach über Würde, Schmerzgrenzen und den Bildungsauftrag meiner Vortragsreise. Sie nannten es zwar weihevoll Künstlerlounge, aber es war eigentlich nur ein Atombunker mit Ausschank. An den Wänden hingen Plakate aus 30 Jahren Klein-, Mittel- und Großkunst, an der Bar lagen Frikadellen aus, die einem nicht mal ein Mitropa-Kellner anbieten würde, und quer durch den Raum verteilt saßen Menschen auf Partykellersitzelementen und meditierten ihrer Definition von Entertainment entgegen. Eine Lesung, die ja sonst von den Beteiligten oft mit einem solch heiligen Ernst betrieben, bestuhlt, besucht und besprochen wird, als sei es die letzte Olivenölung, stand hier in Konkurrenz zu den verschiedensten Unterhaltungsangeboten, war EINE Veranstaltung von vielen. Oft wird sich ja gerade auch bei geringem Zuschauerzuspruch eingeredet, man sei zahlenmäßig klein, das vielleicht, aber sonstwie viel: weit vorn, weit oben, weit gereist, weit unterschätzt. Doch als Mitarbeiter der Unterhaltungsindustrie sollte man solche Einschätzungen anderen überlassen und sie nicht als Rechtfertigung mißbrauchen, das suppt andernfalls herüber in die Arbeit. Je mehr desto besser, diese Dieter Bohlen-Regel stimmt nun mal. Wenn die Masse fernbleibt, lügen Künstler gerne, die „viel intimere Atmosphäre kleiner Clubs“ sei ihnen ohnehin viel lieber, die „großen anonymen Mehrzweckbauten“ seien doch nichts, auf die Dauer. Die besseren Veranstaltungen fänden zweifellos im kleinen Rahmen statt. Was für ein Unsinn. Groß muß es sein, voll muß es sein, leistungsstarke Anlage, zu wenig Platz, zu wenig Luft, zu wenig Bier. Und dann das Ventil: Applaus. Mengesein. Hallo, Berlin! Danke, München. Am Anfang kommen natürlich nur einige wenige, aber dann muß man so die Bude rocken, daß man Gerücht wird, und nächstes Mal statt 23 Leuten eben 50 kommen, und beim übernächsten Mal dann ist der Laden ausverkauft, vielleicht. Wer diese Aufschauklungsvorgehensweise ablehnt, diesen Größenwahn nicht aufbringt, kann ja auch gleich am ersten Weihnachtstag zuhause lesen oder mit freundlicher Unterstützung von Kwai Knoblauchpillen in einem Literaturhaus. Zwar gibt es dort am Ende vertraglich vereinbarten Applaus, und für Zeugnisse der Sorte „bedrückend klaustrophobische Schilderung", „beklemmend tonloser Aufschrei" oder „eigenwillige Herangehensweise" wird es auch reichen, aber das ist ja eh klar, daß man dafür nicht angetreten ist. In einem Literaturhaus zu lesen ist in etwa so, wie einen Autoreifen zu ficken.

Daß so viele Mitarbeiter der Unterhaltungsindustrie Schwierigkeiten haben, mit Alkohol maßvoll umzugehen, war angesichts dieser Warterei und Konkurrenz nur allzu gut verständlich. Ein Moment, in dem ich DOCH gerne eine Band gehabt hätte, ein paar Freunde, mit denen ich hätte reden können, trinken und running gags hinterherlaufen. Sowieso, ich wollte nicht mehr allein verantwortlich sein – mit einer Band könnte ich mich streiten, entzweien, wiedervereinen, wir könnten ein Comeback feiern und in Interviews erklären, daß die ganze Sache VOR der nun annulierten Trennung zu einer reinen Geschäftspartnerschaft verkommen sei, und dafür hätte man einst nicht begonnen. Jetzt sei wieder alles gut. Mit einer Band könnte man viel besser von sich ablenken.

Moses P und Mandy Wötzel schrien sich an, Kirchhoff

malte Aquarelle von der Bedienung, und Wondratschek lag regungslos unter einer Pinnwand, mit einer bordeauxfarbenen Schlafbrille im Gesicht, die Kirchhoff später dann auch noch malte. Das Ehepaar mit dem Kindertheater spielte Stadt Land Fluß, allerdings mit eigenen Rubriken, und zumindest ich fand es besorgniserregend, daß beide in einer Rubrik jedesmal sogar MEHRERE Wörter eintragen konnten: „Scheidungsgrund". Britta Steilmann saß an der Bar, trank grünen Tee und winkte mir heftig zu, aber ich war ja gar nicht Lars Ricken, und da hörte sie wieder auf zu winken, rührte ihren Tee, bis ihm schwindelig wurde und las weiter im Donnerstags-Kicker. Ich hatte immer davon gelesen und gehört, aber jetzt SAH ich es wirklich: Die Unterhaltungsindustrie kannte das Wort Gnade nur in der verneinten Form. Hinterm Tresen bedienten zwei Männer, die auch mal davor gestanden hatten: Hendrik Martz aus dem Fernsehen und Enrique Dingens, der einige Jahre als Sänger des spanischen Rock-Irrtums Heroes Del Silencio gearbeitet hatte. Martz hatte in seiner Jugend einiges dafür getan, das Jeanshemd in Deutschland populär zu machen, und wenn jemand nicht wußte, was genau man mit dem Wort Popper-Haarschnitt meinte, konnte man auf Hendrik Martz verweisen, und alle sagten Ach so.

Britta Steilmann antwortete einem Profiinterviewer auf die Frage, ob die Unterhaltungsindustrie eventuell oberflächlich sei, ganz gewiß sei sie das, niemanden interessiere doch, wie es drinnen aussieht. Nun sieht Britta Steilmann schon von außen nicht sehr interessant aus, wie konnte sie da erwarten, daß es jemandem sinnvoll erscheinen könnte, drinnen weiterzuforschen? Und was könnte das Resultat dieser Suche sein? Das Lyrikbändchen „Endoskopie" mit dem griffigen Untertitel „26 mal gequirlte Kacke“? Dann ging ich lesen. Ich gab mir ordentlich Mühe, um noch eine Weile VOR der Bar stehen zu können in Zukunft. Das Publikum flippte nicht aus, machte aber auch weiter keinen Ärger, und ich war immer noch so grundsätzlich irritiert vom Vorabend, rechnete jede Sekunde mit einem Kollaps, daß ich mich vor lauter Angst kein einziges Mal verlas, Premiere diesbezüglich am letzten Abend dieser Tour, Jörgs Sieg somit egalisiert, Jörgs Droge überstanden. Trotzdem war ich nicht zufrieden, es war mir alles zu abgeklärt, so wie der erste Abend mit einer frisch entflammten Liebe, an dem man vorher KEIN Kaugummi kaut.

## Break-Beat

Bei mir zuhause sah es gar nicht so aus, wie man es sich vorstellt, wenn man von einer Tournee kommt: Weder quoll der Briefkasten über noch war ein Rohrbruch oder ein Schwelbrand über die Wohnung gekommen. Es war wie vorher. Es war ziemlich langweilig. Das beste war die niedrige Telefonrechnung. Zwar, immerhin, hatte ich einiges zu erledigen, Ämter mußten besucht, Wäsche gewaschen, Faxe beantwortet, Anrufbeantwortergebrabbel erwidert werden, Nachbarn fürs Briefkastenleeren Merci-Schokolade vorbeigebracht kriegen, was eben so anfällt. Ich stand frühmorgens auf und fing an zu erledigen, abzuhaken. Nachmittags dachte ich „Huch, schon Nachmittag?“. Auf Tournee muß man ja auch nicht staubsaugen, putzen, abwaschen. Fahrrad? Taxi. Ich kam mir vor wie eine vom karrieremachenden Mann am Krisenherd alleingelassene Hausfrau in einem von der Zeitschrift *Petra* präsentierten ZDF-Film, kurz bevor sie, während sie sich in einen lange nicht getragenen Minirock zwängt und ihr Gesicht verrucht verrouged, mit dem Satz „So kann es nicht weitergehen, Birgit“ ihr Leben zu ändern beginnt. Um 7 Uhr morgens öffnete der Kiosk, um 1 Minute vor 7 guckte mich der Kioskbesitzer fragend durch die Scheibe an, weil ich schon ungeduldig sämtlicher Zeitungen und Magazine harrte, in denen eventuell eine Replik auf Tour, Buch, Leben und Werk meiner Person zu finden sein könnte. WER schrieb WAS, da mußte doch jetzt das Interview drin sein, und die hatten doch, war zu hören gewesen, sollte nicht eigentlich, wann kam denn, die mußten doch auch, was war mit.

Die große Ernüchterung, wieder alles auf Anfang, allein – auf der Tour hatte ich jeden Tag die Flasche bekommen, nach der Still- kam jetzt die Ruhezeit, und die war hundertmal so anstrengend. Bevor die Post wirklich im Briefkasten lag, hatte ich schon sechsmal nachgeschaut, dann war sie Trarira da, aber jedesmal eine Enttäuschung, Waschkörbe konnten in der Waschküche bleiben, doch gab es immer noch die Zweithoffnung: Paketpost. Ich erwartete Einladungen, Danksagungen, Lobpreisungen, Geschenke, also eigentlich so etwas wie postalischen Applaus. Kalter Truthahn, schlimme Zeit. Wenn das Telefon klingelte, war ich nach dem ersten Läuten atemlos am Hörer. Hallo? Hallo! Aufgelegt: schüchterner Fan oder verwählt. Im Viertelstundentakt kontrollierte ich, ob e-mails eingegangen waren, und hieß es wieder einmal

„Es sind keine neuen e-mails für Sie auf dem Server vorhanden“

klickte ich zwar, fand das aber gar nicht: OK.

Ob ich *offline* gehen wollte, fragte der Computer noch höflich – dabei war ich es doch schon, seit Tourende.

Wieso, verdammt noch mal, kam nicht wenigstens Herr Lerchenbrink *erneut auf mich zu*? Wenn es unbedingt nötig gewesen wäre, hätte ich mich mittlerweile auch gegen den Zeitgeist oder den Anstand oder gegen (oder für) SONSTWAS geäußert.

In der Post dann endlich ein Stapel neuer Besprechungen. Lustig die Meldung „Unbekannte Vandalen nach mäßiger Lesung im Kult&Kultur-Zelt“; abartig die Lesungskritik dieses Kerls, der die Privatunterkunfts-Bekannte meiner Agentin und mich nach der Lesung belästigt und schließlich entzweit hatte, der in der Besprechung sogar diese phänomenal hübsche, kluge und charmante Dame erst als „des Autors Gespielin“ desavouierte, um anschließend auch noch statt Lesung, Buch oder meinetwegen mir, diese Frau, vor der demütig im Staub niederzusinken, die dieses Schmierlings einzig zustehende Körperhaltung wäre, zu rezensieren: Hübsch sei sie ja nicht gerade. Unfaßbar. Gegendarstellung! Dieses sehnsüchtige Aufpostwarten, bloß um dann eine schriftliche Begründung zu haben, den Tag als versaut abtun zu können, hatte eindeutig sadomasochistische Züge, vielleicht konnte man in der Richtung was lancieren, Auftritt bei Hans Meiser, ich würde es meiner Agentin vorschlagen.

Die schickte ein Fax mit den nur mitteleiligen Anfragen, die sich während der Tour bei ihr gestaut hatten: einige Interviews, gegen die im Vorfeld nichts sprach, niemand dabei von der schwarzen Liste; daneben Angenehmes wie Radiosender besuchen und Lieblingsplatten anmoderieren und eher Verstörendes

– der Proust'sche Fragebogen in der Version der Angler-Zeitschrift *Route & Rolle*

– Anfrage zur Moderation einer Gegenveranstaltung zur Bundesgartenschau

– eine Diskussion über die Wehrmachtsausstellung, gemeinsam mit Kathi Witt, Roberto Blanco und einem Viva-Moderator

– meine Meinung zu einem Bürgerkrieg, meine Meinung zur Drogenpolitik, Loveparade, was frühstücken Sie, wie verhüten Sie, was würden Sie ändern, wenn Sie könnten, welche militärische Leistung treibt Sie ins Uniformgeschäft, bei welchen historischen Gestalten wollen Sie sich gerne kurz vor Ihrer von wem gehaltenen Grabrede in der

Sauna für Ihre heimlichen Leidenschaften entschuldigen, was liegt auf Ihrem Schreibtisch rum, was ist mit dem Staatsbürgerrecht, dem Tempolimit, der Rechtschreibreform, verfolgen Sie die Handball-EM, woran ist Ihrer Meinung Peter Handke erkrankt, wie begehen Sie den Muttertag und so weiter.

– Was haben Jungliteraten auf Tournee in ihrer Reiseapotheke, fragte *Unsere Apotheke*, die *Bäckerblume* meldete sich partout nicht, aber

– Kann Literatur Pop sein? bittet zu klären mit freundlichen Grüßen, Ihre *Bravo-Sport.*

Da gab es einigen Nachholbedarf. Vom Schlafnachholen konnte indessen keine Rede sein. Nicht, daß ich *in Form* gewesen wäre, ganz bestimmt nicht, aber morgens wachte ich automatisch vor Ende des Frühstücksfernsehens auf, obwohl ich ja eigentlich frei hatte, Pause, Auszeit – ich war ja *freier Autor*, hoho. Mittags wurde ich dann verläßlich sehr müde, legte mich hin (das ging ja, frei wie ich war!), starrte auf die Digitalanzeige meines Weckers und fragte mich, wie der das macht, daß er immer weiterweiß. Er stand in direktem Funkkontakt zu irgendeiner Atomuhr, war also komplett weisungsgebunden, hatte aber exekutive Autorität, und ich und jeder, der ihn sah, glaubte ihm alles. Er zog das durch, konsequenter sogar noch als die Scorpions, mein Wecker. Ich lag dort und wußte den Tag nicht zu nutzen, und der Wecker gab stoisch zählend den Todesbeat vor, the final countup. Beim nächsten Ton ist es. Ist es was?

Uhrzeit ist Behauptung, Lebenszeit ist Glückssache, Garzeit steht auf der Packung, Winterzeit ist Schnupfenzeit, Spielzeit ist rum, Auszeit ist die Hölle.

Sobald ich mich nämlich zu meinem Wecker gelegt hatte, konnte ich nicht mehr schlafen. Wieder hoch, bald darauf zurück, dasselbe, so verbrachte ich den Tag, wartete hochvernünftig, wie in *Unsere Apotheke* empfohlen, abends bis zum Augenzufallen, begab mich dann ins Bett, umgehend, aber auch eben nicht hastig, damit der Kreislauf nicht wieder hochfuhr – und da lag ich dann, und war nie weniger müde gewesen. Irgend etwas war komplett durcheinandergeraten.

Wenigstens meine Agentin klang euphorisch, als sie mich UMGEHEND zu sich nach Hause bestellte. Es schien klar gegangen zu sein mit der Titelstory, den Filmrechten, dem millionsten Buch, dem Auftritt bei Wetten daß oder so – auf jeden Fall schien es dringlich, und ich war froh, daß mir jemand sagte, was zu tun war. Die Tür öffnete mir ihr Mann, er hatte eine Schürze umgebunden mit der Aufschrift „Der Chef", aber entweder war das sehr sehr selbstironisch – oder die Schürze meiner Agentin. Die hockte vor dem Kühlschrank, hatte den Kopf geneigt, um zwischen Ohr und Schulter das kabellose Telefon festzuklammern, wie immer machte sie drei Dinge gleichzeitig, hielt einen Fön ins Eisfach, und der Fön war ziemlich laut, deshalb schrie sie ins Telefon

– Du, sorry, ich kann dich kaum verstehen, es ist tierisch laut hier bei uns.

– Ich kann es doch auch mit heißem Wasser abtauen, erbot sich der Mann, doch meine Agentin beachtete ihn gar nicht. Sie guckte mich an. Dann auf die Uhr (zu früh war ich nicht!). Dann zum Kinderzimmer. Dort sah man hinter einer Milchglastür schemenhaft mindestens zwei Kinder in eine Kissenschlacht verwickelt.

– Ich muß Schluß machen, sagte sie, klappte das Telefon zusammen und warf es aufs Sofa.

– Das dauert mir alles zu lang mit deinem schwulen Blätterteig, knurrte sie. Ihr Mann sagte gar nichts, ging gebeugt ins Kinderzimmer und versuchte, pädagogisch wertvoll die Schlacht zu beenden, bekam aber bloß ein Kissen in den Magen, probierte es zu fangen, aber es prallte ab und landete in einer Playmobilburg. Da schritt meine Agentin herbei und befahl

– Zähneputzen jetzt, Abmarsch!

Keine Widerrede, Kinder ab, der Mann guckte schildkrötengleich und ging nach dem schwulen Blätterteigkram gucken, der natürlich immer noch nicht fertig war, und deshalb sagte meine Agentin, daß er ja nachkommen könne, es sei nur so, wir würden uns ja nicht zum Vergnügen treffen, wir seien drüben beim Jean-Luc.

Drüben beim Jean-Luc aßen wir komplizierte Sachen und besprachen die Lage.

– Setz dich erst mal. (Ich saß bereits.)

– Und jetzt halt dich fest. (Fest hielt ich mich nicht. Ich saß ja.)

– Jetzt wird VERDIENT.

– Was – und womit?

– Ich sag nur ein Wort: Werbung! Wir haben's, jetzt geht es los.

– Werbung wofür?

– Für DICH, man! Und mit dir, also von dir. Vergiß alle Lesungsbesuchszahlen und Buchverkaufszahlen. Jetzt wird es 6stellig, Junge. Ach was, 7stellig – Millionen!

– Mark?

– Unsinn – Kontakte!

– Und wie das?

– Völlig abgefahren. Nach dem großen Erfolg von „Birkel Buchstabensuppe präsentiert das literarische Quartett" legen die jetzt nach: Literarisches Toastbrot!

– Hä, was?

– Limited Edition-Toast. Du schreibst eine Kurzgeschichte. Ok?

– Und dann?

– Also, keine Vorgaben, völlige inhaltliche Freiheit, aber es müßte schon im weitesten Sinne um Toast gehen. Und die wird dann fortlaufend mit Vollkornmehl auf die Toasts gebracht, frag mich nicht, wie das genau geht, aber man sieht es ungetoastet nicht – und wenn das Ding aus dem Röster kommt, steht da was drauf. Von dir! 150 Anschläge passen auf einen Toast, so daß es gut lesbar ist. Eine Pakkung hat 31 Scheiben Toast, also schreibst du eine Geschichte mit 31 Sätzen á 150 Anschläge. Thema: der Toast. Und auf jeden Fall irgendwie positiv.

– Na, das ist ja mal inhaltlich frei.

– Sag ich ja! Und die bewerben das im Print und im Funk, und zwar ganz direkt bei den Leuten, die auch lesen. Kaum Streuverlust. Und das wird natürlich auch redaktionell überall abgefeiert, klar, und du bist halt der erste, also auf dem Peak der Kampagne, der Start findet natürlich am meisten Beachtung, und da haben wir Eins-a-Cross-Promo. Und die verlosen ein Toast-Frühstück bei dir zuhause, und der Gewinner ist dann zusätzlich die Hauptperson in deinem nächsten Roman.

– Das haben die vorgeschlagen? Unglaublich.

– Nein, das habe ICH vorgeschlagen, wir müssen ja auch was bieten, das ist ja logisch.

Wir konnten das nicht ablehnen. Sagte meine Agentin. Und ich hatte natürlich überhaupt nichts dagegen, eines Tages Millionär zu werden. Ich fand es auch gut, auf Toastpackungen – nein. Moment. Doch. Nein. Ist unwürdig? Ist Masse. Was werden denn die Leute – ach, neidisch! Bloß neidisch. Ich mußte mir das genau überlegen. Ich erzählte meiner Agentin von meinen Problemen mit dem Erkanntwerden. Und dem Ignoriertwerden. Ob sie das nicht merke, wie fast ALLE Besucher des Restaurants unverhohlen zu mir rübergestarrt hätten, sogar zu zweit, mit dem Finger in meine Richtung gezeigt und diskutiert, skrupellos und aufdringlich, da müsse man doch durchdrehen, normales Verhalten könne ja nun keiner mehr von mir verlangen, ich selbst würde es aber tun und sei ratlos. Meine Agentin lachte sehr. Natürlich, sie hatte weit prominentere Klienten, aber schon auf diesem niederen Level war die öffentliche Aufmerksamkeit (die zu vergrößern ja Aufgabe meiner Agentin war) für mich ein solches Störsignal, das mich elementar durcheinanderbrachte, da konnte sie doch nicht einfach lachen. Sie lachte aber weiter, es wurde sogar mehr, sie streichelte mir über den Kopf und lachte, nicht auszuhalten.

– Natürlich gucken die alle hierhin, sagte sie in ihr Restkichern hinein.

– Aber wie soll das erst nach der Toast-Kampagne werden? fragte ich verzweifelt.

– Du mußt auch bedenken, also bei allem Ruhm, es ist einfach so: Direkt über dir hängt die Tageskarte.

Ich war blamiert. Die Toastkampagne, wo sollte ich unterschreiben?

Am nächsten Tag mietete ich mich in einem Hotel ein, fünf Minuten Fußweg von meiner Wohnung entfernt. Vielleicht war es das, was ich vermißte, was mir die gerade abgeschlossene Tournee als die unwiderbringliche, schönste Zeit, nach der alles nur noch schlechter werden konnte, erscheinen ließ, und wenn es das allein war, dann war es ja relativ leicht zu synthetisieren. Guten Tag, Zimmer soundso, danke. Ich erwartete weniger eine Wiederkehr des behaupteten Exglücks, vielmehr eine mich mit der Realität versöhnende, handfeste Desillusionierung. Die bekam ich.

Ich lag auf der Standardtagesdecke und guckte einen TV-Bericht über die Auftragsflaute eines Seriendarstellers. Diverse Projekte seien in der Mache, sagte er und guckte dabei so ungläubig, konnte die Brutalität selbst gar nicht fassen, denn natürlich war gar nichts in der Mache. Da stußt man ein paar Monate in einer minderwertigen Serie rum, beschwert sich vielleicht mal über den Drecktext, und schon schreiben sie einen raus, lassen einen supergrotesk entführen oder bei einer völlig abseitig herbeierzählten Verfolgungsjagd draufgehen, und das wars dann, dann hört die *Funk Uhr* auf anzurufen, drei Wochen später auch die *Freizeit Revue*, und dann wird es bald ernst, die Leute erkennen einen nicht mehr, es kommen keine schwachsinnigen Einladungen mehr, keine Gastauftrittsanfragen, größere Angebote sowieso nicht mehr, wie klein sollten die kleinen noch werden, vielleicht würde er nie wieder den Ichkannsnichtfassenunddankemeinenfans-Klassiker sagen dürfen: *Wenn mir das jemand vor einem Jahr vorausgesagt hätte, was jetzt abgeht, den hätte ich für verrückt erklärt!*; keine Fanpost und keine Fragebögen mehr, keine 10 Marksspenden mehr mit der Begründung *Uns geht es so gut, da helfe ich gerne, die Aktion ist supersinnvoll.* Einfach Ende, und der Darsteller muß ehrlich sagen: Hey, das war doch nur so n Schauspielersatz, ich dachte, das muß man sagen in Fragebögen, aber mit meinem großen Ziel „ernste Rollen übernehmen" hatte ich doch nicht mein Leben gemeint!

Ich rief einige Freunde an und fragte WIE GEHT'S? Das ist die Kurzform für Wie geht es dir. Und nicht die Frage danach, wie ES geht, wie man das alles machen soll. Kracht war, nachdem er von Schwanitz zum Flughafen gebracht worden war, direkt zurück nach Fernost gereist, wo er wohnte und angeblich auch arbeitete. Er riet mir, schnell einen billigen Flug zu buchen und ihn zu besuchen. Dort sei alles besser. Man käme nicht auf böse, sondern auf sehr böse Gedanken, und die setze man dann um, oder man gehe Ananas essend an schmutzigen Flüssen lang, außerdem sei es dort warm und preisgünstig, die Menschen bedeutend freundlicher und Huhn mit Reis doch schließlich auch meine Leibspeise. Das stimmte natürlich.

# Big in Bangkok

Zwei Tage später saß ich ungeimpft in einem Flugzeug voller dicker Männer. Es war ihr erster Flug, und sie zogen immer ihre speckigen Männerportemonnaies aus den Popotaschen, wenn sie „Bier für mich" riefen. Den Stewardessen war es egal, sie hatten wohl seit Jahren damit zu tun. Zum Glück hatte ich von einem drogenabhängigen Freund ein äußerst wirksames Schlafmittel für den Flug bekommen, denn ich war nicht gewillt, neun Stunden lang alle vier Minuten aufzuwachen, weil der Kopf nach vorne kippt, der Nachbar aufs Klo muß, eine Wolke den Gleitflug stört oder ein ekelhaftes Beschäftigungsprogramm, das sie Essen nennen, serviert wird. Ich brach die rugbyeiförmige weiße Chemikalie in der Mitte durch, weil mein drogenabhängiger Freund ein harter Bursche ist, und wenn der sagt, daß eine ganze vonnöten ist, dann ist klar, eine halbe reicht vollkommen, nachnehmen konnte ich ja immer noch, und so steckte ich sie in ein nach Mousepad schmeckendes Gratis-Käsebrötchen, biß rein, kaute, schluckte, bildete mir gleich ein, müde zu werden – und als ich aufwachte, waren wir da. Die Stewardeß rüttelte an meinem Arm, Endstation sagte sie auf deutsch, dabei werde ich immer so gerne auf englisch angesprochen in Touristenzusammenhängen.

Am Kofferband wartend schlief ich beinahe schon wieder ein, gegen einen Kofferkuli gelehnt. Die Tabletten waren wohl aus einem Zoo entwendet worden, schien mir, als das Regal mit den Elefantenmedikamenten gerade mal unbeaufsichtigt war.

Dummerweise habe auch ich so einen Koffer, über den in

den 80er Jahre-Werbespots Lastwagen fuhren, um seine Hartschaligkeit zu demonstrieren – der Koffer blieb ganz, die Straße dagegen gab nach und bettete ihn im Teer, so stabil waren die. Eigentlich reisen alle mit diesem Koffer. Bei der Farbwahl im Kofferfachgeschäft wählen die Menschen ja gerne *ruhig was Freches*, also knallgelb oder orange, weil sie finden, daß der Urlaub dann schon beim Kofferpacken beginnt. Ich sehe das etwas anders. Aber die frechfarbenen Koffer haben natürlich einen Vorteil: Man sieht sie schon von weitem, atmet auf, drängelt ans Band und ist erleichtert, daß das Gepäck in keinem anderen Land gelandet ist als man selbst. Und weil die frechen Farben auch begrenzt sind, und der Frechfarbenwähler die Hälfte seines Lebens damit verbringt, Risiken kleinzuhalten, sind auf diesen Koffern zusätzlich beidseitig großflächige Aufkleber angebracht, damit es auch ganz bestimmt keine Verwechslungen gibt. Meine Kofferfarbe war mit dunkelblau wirklich maximal schlecht gewählt – einen dunkelblauen Koffer zu kaufen ist so wie ein Halbprominenter zu sein und auf die Frage nach der Lieblingsspeise Fragebögen vollzulangweilen mit einem immerguten „Pasta in allen Variationen". Durch die Farbe dunkelblau wurde ein Koffer auf einem Kofferband nahezu unsichtbar. Und dummerweise hatte ich es erneut versäumt, Aufkleber auf meinem anzubringen, es baumelte nicht mal ein Adresskärtchen am Griff, so daß ich tatsächlich erst mal ungefähr 35 Koffer herunternahm, genau besah, sogar mal öffnete, und zurückstellen mußte.

Mit einer Kasernenladung Miracoli und Weißwein, die Kracht per Dringlichkeitsgesuch geordert hatte, ging ich durch den Zoll, und zwar durch die grüne Tür – wohl mit rotem Kopf, aber keiner hielt mich auf. Überhaupt wäre das eine super Bühnentür für meine nächste Tournee: nothing to declare. Kracht stand in einem hellrosafarbenen Unternehmerhemd am Ausgang und begrüßte mich überschwänglich. Er hängte mir eine Blumenkette um den Hals und versuchte, mir meinen Koffer abzunehmen, aber er konnte ihn nicht heben, da er seit Jahren schon keinen Sport mehr treibt. Ich erzählte ihm von den Lesungen nach unserem Monsters of Rock-Abend, und während die Hitze es sich in meinem Körper bequem machte, schloß ich die Augen und legte den Kopf auf die Hutablage des Taxis. Es sei wundervoll, einige Wochen nicht zu lesen, murmelte ich und versuchte, mir zu glauben. Da lachte Kracht nur sadistisch. Gleich am nächsten Tag würde die Bühne mich wiederhaben, es sei ja gefährlich, aus dem Takt zu kommen, man müsse so schnell wie möglich wieder vor Leute treten, am besten morgen, sonst würde es mit jedem Nichtbühnen-Tag schwieriger, und dann gäbe es ein Trauma, und am Ende zöge ich eine Papiernummer auf dem Warteflur der Gesellschaft für Zwangserkrankungen. Er hatte mit dem örtlichen Goethe Institut gesprochen, und für den nächsten Tag einen Termin dort vereinbart, um die Möglichkeiten einer Lesung auszuloten.

Im Foyer des Goethe Instituts Bangkok hing eine große Pinnwand, deren einziger Zweck es sein konnte, wißbegierige Thais abzuschrecken. Auf einem Plakat mit dem Slogan „Deutschland erleben“ war eine Vielzahl Fotos collagiert, die ein weltoffenes Land symbolisieren sollten. Aber trotzdem Deutschland. Die Fotos zeigten eine Kuh, zwei bärtige Rucksacktouristen mit Blumen im Mund, einen Gitarrenspieler, eine Horde Radfahrer, zwei Dachdecker, die mit Hämmern in die Sonne winkten, einen Mönch auf einem Hollandrad, ein Sportflugzeug, ein paar Oktoberfestsäufer, eine Fußgängerzone, einen gelben Strandkorb und den Schwarzwald. Deutschland erleben. Ein an Unvollständigkeit nur noch von der Knoppers-Werbung unterbotener Landesverrat, morgens, halb 10 in Thailand.

Um viertel nach 10 klopften wir ans Lehrerzimmer und erlebten Deutschland. Ein Mann öffnete und sagte, daß wir aber früh wären, dabei waren wir für 10 Uhr angesagt. Aber der Mann wollte bloß was sagen, und das möglichst unfreundlich, merkten wir bald. In seinem Bart hingen Anassplitter.

– Jetzt sind Sie einmal da, dann kommen Sie mal rein in die gute Stube. Wir kamen mal rein in die gute Stube. Die Stube war sogar ziemlich gut, ein prachtvoller Bau, und beinahe wirklich interessiert fragten wir, was denn das für ein Haus sei, was es vorher beherbergt habe und seit wann das hochwohlverehrte Institut hier seine Heimstatt – Ja, da fragen Sie mich jetzt was, wenn ich das so genau wüßte, lautete die Antwort. Der Mann war eine ziemliche Pfeife. Sein linkes Brillenglas war gesprungen, aber er schaute so selbstverständlich hindurch, wahrscheinlich war das Glas schon seit Jahren gesprungen, und ihm war es einfach egal. In der Ecke der guten Stube stand ein Wasserautomat mit einem Einwegpappkegelspender. Immer wieder sagte der Mann

– Bitte, bedienen Sie sich, wenn Sie ein Wasser wollen, kleine Erfrischung, ist reichlich da, keine falsche Bescheidenheit.

Er wollte ablenken. Unsere Lesung war ihm kein Anliegen. Was er uns bieten konnte, war ein Wasser aus einem Pappkegel, gerne auch zwei. Mehr war nicht drin. Eine Frau mit einem in verschiedenen Herbstfarben gehaltenen

Chiffonrock kam herein, knallte das Lehrbuch „unterwegs“ auf den Tisch und sagte gar nichts, nicht mal Guten Tag. Wir stellten uns vor, weil die Sprungbrillenpfeife dazu nicht in der Lage war, und da sagte die Frau unwirsch, sie wisse ja gar nicht, was wir wollten, außerdem müsse sie auch gleich weg. Das, sagte der Mann, sei ein gutes Stichwort, er müsse nämlich auch gleich weg. Geschäftigkeit vortäuschend beugte er sich über ein kleines Lehrerwaschbecken und wusch sich die Hände. Er formte die Hände zu einer Tasse und warf sich das so gesammelte Wasser ins Gesicht. Die Ananassplitter klebten danach an seinen Händen, und dann an seiner Hose, an der er sich die Hände abrieb.

Wir verstanden beim besten Willen nicht, warum der Lehrer uns nicht vor seinen Schülern lesen lassen wollte, ja er gestattete uns nicht einmal, einer Unterrichtsstunde beizusitzen. Doch statt uns vernünftig anzuschreien oder einzuladen, eines von beidem, lavierte er unsympathisch herum, sagte, er werde sich was einfallen lassen. Das von ihm für die Schüler in jener Woche zusammengestellte Programm zeigte, was in diesem Fall passieren konnte, es war ein wahres Feuerwerk des Geistes. Dieser Mann, den die Schüler sicherlich respektvoll DAS HIRN nannten, reichte uns eine Broschüre, in der er, als „Programmleiter des Goethe-Instituts” erklärte, warum zum Beispiel das Figurentheater Tübingen zum Straßenfeger in Bangkok taugt

– Ein Spiel mit der Erinnerung und dem Vergessen, der Täuschung und Enttäuschung zwischenmenschlicher Sehnsüchte. Im spartanisch eingerichteten Bühnenraum – Erdball, Sahara, Kneipenparkett der Halbwelt – entspinnt sich zwischen dem Figurenspieler und seinen für das Menschliche zu feingliedrigen, fürs Animalische wiederum zu vergeistigten Zwitterfiguren ein szenisches Mosaik zwischen Varieté, Tanz und Theater.

Weitere Programm-Höhepunkte waren
– Diaabend „Zum Beispiel Hannover“
– Goethe für alle mit Johannes B. Kerner
– Ostereierausstellung
– Workshop „Future in Mind“

Wer hier einen Deutschkurs bestand, „beherrscht die wesentlichen grammatikalischen Strukturen. Er kann an Konversationen über allgemeine Themen teilnehmen“, behauptete der Prospekt des Hirns. Wir versprachen ihm, noch direkter das allgemeine Thema Kneipenparkett & Halbwelt zum Gegenstand unserer geplanten Darbietung zu machen. Das Hirn nickte teilnahmslos und drehte eine Silberdose mit der Gravur

NOCH EINMAL VORM VERGÄNGNIS BLÜHN

in den Händen.

– Oh, Benn! bemerkten wir ehrfurchtsvoll.

– Werbegeschenk vom Verlag, sagte das Hirn gleichgültig.

Der Tag war verdorben, wir fühlten uns wie Fußballspieler, die statt aufopfernd und selbstlos ihr Land bei der WM vertreten zu dürfen, eine Autogrammstunde in einem Sanitärfachgeschäft geben müssen, zu der dann keiner kommt. Immerhin erlebten wir einmal, warum ein Drugstore Drugstore heißt, als wir Taschentücher und Aspirin kaufen wollten. Vor uns wurde ein dürrer, extrem aufgekratzter Tourist bedient. Er erkundigte sich zuckend, was man denn machen könne gegen ständige Müdigkeit und Fettleibigkeit.

Der Apotheker zog nickend eine große Schublade auf und sagte sachlich

– What you need is amphetamine.

Der Tourist streckte begierig seine von Einstichen, Tatoos und vielleicht auch Heidelbeeren blaugefleckten Hände aus und erhielt ein vielversprechendes Pillensortiment. Taschentücher und Aspirin konnten wir ja auch woanders kaufen, und Kracht sagte in seinem schönsten Einwandererslang

– Same problems!

Der Apotheker gab uns eine Dose mit rosa Pillen. Er nahm sie aus einer anderen Schublade, und sie sahen auch ganz anders aus, aber wahrscheinlich war das zweitrangig.

– More, sagte Kracht.

– Please, ergänzte ich.

– More please, sagte der Mann, and brought us fire, gab uns noch ein Glasrohr mit gelben Kapseln und eine Tüte mit einem Totenkopf drauf, dazu wedelte er lachend mit den Armen, als sei er der Engel in einem ökumenischen Krippenspiel. Wir waren die Esel. Zum Glück trug Kracht stets seine Polaroid-Kamera bei sich, und als wir dem Apotheker im Rahmen einer Routineüberprüfung die Fotos der beiden Instituts-Deutschlehrer zeigten, denunzierte er sie schwungvoll als beste Kunden

– Prozac, Prozac!

Da erschien der Lehrbuchtitel „unterwegs“ natürlich in einem neuen Licht, und dieses Licht war nicht hell. Draußen kauften Touristen Maiskolben, Ananas am Stiel, Musikkassetten, Bronzefeuerzeuge in Form von Motorrädern, Pistolen oder Stiefeln; T-Shirts, Sonnenbrillen, neonfarbene Hosenträger und Gürteltaschen. Man wähnte sich am

Merchandisingstand von Wolfgang Petry, aber es war nur Bangkok, früher Nachmittag, und die Karaoke-Bar direkt über dem Drugstore schon geöffnet. Kneipenparkett & Halbwelt luden zu einem Spiel des Erinnerns und Vergessens: Die Fenster waren verdunkelt, und der Barkeeper selbst stand wippend vor einem Bildschirm und sang mit beachtlicher Falsettstimme Volkslieder. Als er uns sah, dirigierte er uns an die Bar, sang erst sein Lied zu Ende, verbeugte sich kurz und öffnete uns dann seinen Kühlschrank. Wir nahmen von jeder Pille erst mal eine und schrieben mehrere dutzend „Song Request"-Zettelchen voll mit ganz besonders perversen Liedwünschen. Das Sortiment umfaßte die fürchterlichsten Popsongs, die bis Mitte der 80er Jahre geschrieben wurden. Dazu sah man auf den Bildschirmen unter der Texteinblendung ungeschnittene Videos, die eine sehr freie Umsetzung der Liedtexte darstellten. Das häufigste Motiv war der mit den Händen in einem Springbrunnen wühlende, mit Fotoapparaten behängte, lachende Mitteleuropäer, über dem ein Segelflugzeug kreiste.

Mitten im schönsten „California Dreamin'" oder auch „Honesty" und erst recht „It's Raining Again" wurde ich eins mit meinem Publikum, das ja bloß aus Kracht bestand, und wir sangen die ganze Nacht hindurch. Wir ließen uns nicht von Kulturbeamten an der Durchführung unseres Unterhaltungsauftrags hindern. Das Goethe Institut konnte uns nicht stoppen. Natürlich wäre ein Publikum schön gewesen, auch als objektiver Seismograph, dessen Reaktion uns irgendwann ein Ende hätte nahelegen können. Denn der Barkeeper war froh, daß wir sein Bier leertranken, und wir waren durch die Pillen so überzeugt von unserer Sangeskunst, daß wir sogar des Barkeepers Offerte, einige Songs direkt auf CD zu brennen, jubelnd annahmen, teuer war es nicht. Damit wollten wir am nächsten Tag erneut beim Goethe Institut vorsprechen. Zum Schluß war der einzige ungesungene englische Song „Hold The Line" von Toto, und da wußten wir, daß es Zeit war zu gehen.

Draußen war es schon wieder hell, und wir waren nicht müde, also gingen wir direkt zurück zum Goethe Institut und zwangen den Professor, uns noch eine Chance zu geben. Er sagte, es sei schwierig mit dieser Art von, nun ja, Literatur, seine Schüler verstünden ja gerade mal das Postkartendeutsch aus „unterwegs Band 1", und da seien also Figurentheater oder Musik einfach besser geeignet als Transportmittel deutscher Kultur.

Wir legten eine Handgranate auf den Tisch, so muß das ausgesehen haben, langsam, wortlos, mit zu allem entschlossenem Killerblick aber es war nur die am Vorabend aufgenommene CD.

Der Herr legte sie apathisch (das kam vom Prozac!) in seine vom Steuerzahler finanzierte Bang & Olufsen-Anlage.

Erbärmliches Gewinsel hob an, und ich hoffte inständigst, es handle sich um die blaue Stunde im offenen Kanal Bangkok, und das Hirn müsse noch von Tuner auf CD umstellen, aber leider WAR dieses nonmusikalische Gequake schon unsere Bewerbung, kein Zweifel, wir hörten Krachts emphatische Coverversion von „Against All Odds". Der Mann fragte

– Darf ich? und skippte weiter. Ein wirklich unangenehm Betrunkener lallte „You Are So Beautiful", unterbrach die schaurige Weise für ein quengeliges „Ey Christian, was ist denn jetzt mit neuem Bier" und ein mitteilsames „Oooooh, jetzt merke ich auch was, Hilfe, Hilfe, jetzt kommt es aber massiv", und uns wurde sehr heiß. Wir entnahmen dem Spender einen Wasserkegel und lächelten verbindlich. Vielleicht ging es als Comedy durch. Der Mann drückte open-close, gab uns die CD zurück, guckte betreten auf seinen Bayern München-Kalender von 1985 und kratzte sich den Backenbart.

– Wenn Sie jucken, entzündet es sich nur, erklärte Kracht.

Die Situation war verfahren. Ich fragte, ob es noch Karten für das Figurentheater gebe. Das Hirn warf einen Dartpfeil auf eine Styropor-Goethebüste und schwieg. Goethe wackelte. Wir schlichen zur Tür, und auf dem Flur hörten wir den Mann Pillen aus einem Aluminium-Plastikträger drücken. Da war was fällig.

Wahrscheinlich würde der Professor dieses Dokument des Grauens kopieren und als Warnung an alle Buchhandlungen und Theater der Bundesrepublik Deutschland verschicken. Die CD durfte nicht in falsche Hände geraten, ich mußte dem Hirn zuvorkommen.

Also rief ich umgehend meine Agentin an und bat sie, neue Lesungen zu buchen. Richtige Lesungen, ohne Karaoke und Durchdrehpillen. Die Unterhaltungsindustrie erschien mir wie Hundetraining: Jemand wirft Bälle, und man rennt hinterher, holt den Ball, gibt ihn ab, damit der Kopf kurz gestreichelt, der Ball unterdessen aber schon wieder weggeworfen wird, und man erneut hinterherrennen kann. Ob der Ball dann allerdings auch einer ist oder ein Stock oder eine Apfelsine oder ein Sockenknäuel, davon macht man das Loslaufen nicht abhängig. Der will nur spielen. Und wenn man nicht mehr kann und um Gnade oder Pause bittet, heißt es „Der bringt es nicht mehr". Beziehungsweise: Ich faß es nicht.

Ich trat die Heimreise an.
Der Vorverkauf hatte begonnen.

Honorarfrei fotografiert und auf eigenen Deckel im Drogeriemarkt entwickeln lassen hat dies: Florian Illies.

Beeindruckend, was vor allem Kerstin Gleba, Claudia Kaloff, Helge Malchow und Christoph Reisner von diesem unscheinbaren Gebäude aus geleistet haben. Dafür vielen Dank!

Paperbacks bei Kiepenheuer & Witsch

KiWi

# Benjamin v. Stuckrad-Barre
# Deutsches Theater

KiWi 650
Originalausgabe

»Der Fotoroman einer Gesellschaft, die nur in der Öffentlichkeit und im Rollenspiel noch zu sich selbst zu kommen vermag.« *FAZ*

»Sein bislang wohl bestes Buch.« *Der Spiegel*

»Klug, witzig, lakonisch. Geht doch!« *Gala*

»In« *Bild*

»Wirklich großartig!« *Harald Schmidt*

»Kein Wort ist überflüssig. An einigen Stellen dachte ich: Donnerwetter! Das wäre eigentlich dein Thema gewesen.« *Walter Kempowski*

www.kiwi-koeln.de

GOLDMANN

Benjamin v. Stuckrad-Barre

Soloalbum 45203

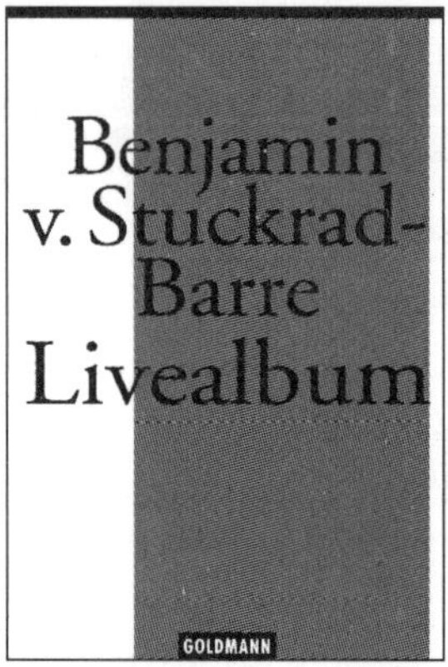


Livealbum 45204

Remix 45167

Blackbox 45166

Goldmann • Der Taschenbuch-Verlag